KB145129

유튜브로 쉽게 배우는

5일 특강
SKCT

SK그룹 온라인
종합역량검사

SD에듀
(주)시대고시기획

2024 최신판 SD에듀 유튜브로 쉽게 배우는 5일 특강
SKCT SK그룹 온라인 종합역량검사

Always **with you**

사람의 인연은 길에서 우연하게 만나거나 함께 살아가는 것만을 의미하지는 않습니다.
책을 펴내는 출판사와 그 책을 읽는 독자의 만남도 소중한 인연입니다.
SD에듀는 항상 독자의 마음을 헤아리기 위해 노력하고 있습니다. 늘 독자와 함께하겠습니다.

자격증 · 공무원 · 금융/보험 · 면허증 · 언어/외국어 · 검정고시/독학사 · 기업체/취업
이 시대의 모든 합격! SD에듀에서 합격하세요!
www.youtube.com ➜ SD에듀 ➜ 구독

머리말

SK그룹은 '기업경영의 주체는 사람이며, 사람의 능력을 어떻게 개발하고 활용하느냐에 따라 기업의 성패가 좌우된다.'는 인재관리 철학을 바탕으로 1978년 국내 기업 최초로 인적성검사를 도입하였다. 그리고 객관적이고 공정한 채용절차를 실현하기 위하여 꾸준히 부분 개정 작업을 진행해 왔으며 일 잘하는 인재의 요건을 보다 면밀히 분석하여 2013년 하반기부터는 새로운 검사인 SKCT를 도입하였다. 2023년 상반기까지 SKCT는 계열사에 따라 온라인 또는 오프라인으로 시행되었지만 2023년 하반기부터는 모두 온라인으로 시행되었다.

SKCT는 SK그룹에서 직무 수행을 위해 요구되는 역량을 다양하고 종합적인 관점에서 측정하고 있으며, 업무에 필요한 복합적이고 고차원적인 사고능력을 측정하는 인지검사와 SK그룹에 적합한 성격, 가치관, 태도를 갖추고 있는지를 측정하는 심층검사로 구성되어 있다. 따라서 SKCT는 기업체 인적성검사 중에서도 난도가 상당히 높은 편이므로 철저한 대비가 필요하다.

이에 SD에듀는 수험생들이 SKCT를 문제없이 준비할 수 있도록 교재를 구성하였으며, 이를 통해 단기간에 성적을 올릴 수 있는 학습법을 제시하였다.

도서의 특징

❶ 2023~2020년 온라인 SKCT 기출복원문제를 수록하여 출제경향을 한눈에 파악할 수 있도록 하였다.

❷ SKCT 출제영역인 언어/수리/추리의 대표유형을 수록하여 문제유형별 접근 전략을 학습할 수 있도록 하였다.

❸ 모의고사와 도서 동형 온라인 모의고사를 수록하여 실제 시험처럼 연습할 수 있도록 하였다.

❹ 심층역량/면접을 수록하여 한 권으로 SK그룹 채용 전반에 대비하도록 하였다.

❺ 유튜브 무료 동영상 강의를 제공하여 핵심 문제를 자세하게 학습할 수 있도록 하였다.

끝으로 본서로 SK그룹 채용을 준비하는 여러분 모두의 건강과 합격을 진심으로 기원한다.

SDC(Sidae Data Center) 씀

경영철학

구성원의 지속적 행복

SK 경영의 궁극적 목적은 구성원 행복이다.

SK는 구성원이 지속적으로 행복을 추구하기 위한 터전이자 기반으로서, 구성원 행복과 함께 회사를 둘러싼 이해관계자 행복을 동시에 추구해 나간다.

이를 위해 회사가 창출하는 모든 가치가 곧 사회적 가치이다.

SK는 이해관계자 간 행복이 조화와 균형을 이루도록 노력하며, 장기적으로 지속 가능하도록 현재와 미래의 행복을 동시에 고려해야 한다.

VWBE를 통한 SUPEX 추구

구성원 전체 행복을 지속적으로 키워나가면 구성원 개인의 행복이 더 커질 수 있다는 것을 믿고 이를 실천할 때 구성원은 자발적(Voluntarily)이고 의욕적(Willingly)인 두뇌활용(Brain Engagement)을 하게 된다.

VWBE한 구성원은 SUPEX* 추구를 통해 구성원 행복과 이해관계자 행복을 지속적으로 창출해 나간다.

＊ Super Excellent Level의 줄임말로 인간의 능력으로 도달할 수 있는 최고 수준

⟳ 인재상

> ### 스스로가 더 행복해질 수 있도록
> ### 자발적이고 의욕적으로 도전하는 패기 있는 인재
>
> ⋯⋯⋯
>
> 기업경영의 주체는 구성원이며, 구성원 스스로 기업의 경영철학에 확신과 열정을 가지고 이를 실천해 나가야 한다.

**SK 경영철학을
이해하는 인재**

SK 경영철학에 대한 믿음과 확신
구성원 전체의 행복을 지속적으로 키워 나가면 구성원 개인의 행복이
더 커질 수 있다는 것을 믿고, 이를 실천할 때 자발적이고 의욕적인 두뇌
활용이 가능하다.

구성원의 행복	SUPEX Company	VWBE 문화

**SK 경영철학을
잘 실행할 수 있는 인재**

패기
스스로 동기부여 하여 문제를 제기하고 높은 목표에 도전하며 기존의
틀을 깨는 과감한 실행을 하는 인재

| 과감한
실행력 | 기존의 틀을 깨는 생각의 전환을 바탕으로
새롭게 도전하는 과감한 실행력과 |
| --- | --- |
| 역량 강화와
자기 개발 | 그 과정에서, 필요한 역량을
개발하기 위해 노력하며 |
| 팀웍의
시너지 | 다른 구성원들과 함께 적극적으로
소통하고 협업하여 더 큰 성과를 만들어 간다. |

2023년 하반기 기출분석 ANALYSIS

총평

계열사에 따라 온라인 또는 오프라인으로 시행되던 SKCT가 모두 온라인으로 시행됨에 따라 많은 변화가 있었다. 문항 수가 늘어나고 영역이 변경되어 수험생들이 많이 혼란스러웠을 것이다. 하지만 수열추리를 제외한 나머지 영역은 기존 SKCT에서 출제되었던 유형과 유사하므로 기출문제를 포함한 다양한 유형의 문제로 학습한 수험생이라면 분명 좋은 결과를 얻었을 것이라 예상된다. 영역별로 난이도 차이가 있었지만, 전체적으로 높은 난도라는 의견이 많았다. 언어이해와 자료해석은 중상의 난도였으며, 창의수리와 언어추리는 비교적 평이했다는 후기가 있었다. 다만, 수열추리는 기존 SKCT에서 출제되지 않은 유형이기도 했고, 다양한 규칙으로 제시되어 까다롭게 느껴졌다는 의견이 대부분이었다.

✪ 온라인 SKCT 핵심 전략

기존 온라인 SKCT에 있던 문항별 제한시간이 사라지고 영역별 제한시간으로 변경되었으므로 풀리지 않는 문제는 과감히 넘기고, 풀 수 있는 문제에 시간을 투자하여 정답률을 높이는 것이 중요하다. 다만, 문제를 넘어가면 이전 문제로 돌아갈 수 없으므로 시간 관리에 유의해서 전략을 세워야 할 것이다.

자체 프로그램으로 진행되는 온라인 SKCT는 프로그램에 내장된 계산기와 메모장(그림판)이 있어 시험 도중에 사용이 가능하다. 온라인으로 진행되는 시험이므로 이를 준비할 때 실제 시험과 유사한 환경을 구축하여 눈으로 푸는 연습을 한다면 크게 당황하지 않을 것이다. 다만, 온라인 시험이니만큼 당일에 서버나 통신 오류 등이 발생할 수 있으므로 미리 준비를 철저히 하도록 하며, 혹시라도 시험 도중 오류가 나면 침착하게 마음을 잘 가다듬고 대처하는 것 또한 중요하다.

✪ 시험 진행

구분	영역	문항 수	응시시간
인지검사	언어이해	20문항	15분
	자료해석	20문항	15분
	창의수리	20문항	15분
	언어추리	20문항	15분
	수열추리	20문항	15분
심층검사	PART 1	240문항	45분
	PART 2	150문항	25분

↻ 필수 준비물

❶ 신분증 : 주민등록증, 외국인등록증, 여권, 운전면허증 중 하나

❷ 그 외 : 휴대폰, 휴대폰 거치대, 노트북, 웹캠, 노트북/휴대폰 충전기

↻ 온라인 종합역량검사 프로세스

❶ 전형 안내사항 확인

❷ 응시자 매뉴얼 숙지/검사 프로그램 다운로드 및 설치

❸ 지정 기한 내 사전점검 진행

❹ 본 검사 응시

↻ 유의사항

❶ 시험 당일 주변 환경 점검을 실시하므로 미리 정리를 해두어야 한다.

❷ 시험 시작 10분 전까지 휴대폰, 화장실 이용이 가능하다.

❸ 프로그램 안에 내장되어 있는 계산기, 메모장(그림판)만 사용 가능하며 필기구는 일절 사용 불가하다.

↻ 알아두면 좋은 TIP

❶ 원활한 시험 진행을 위해 삼각대와 책상 정리가 필요하다.

❷ 인터넷 연결이 원활하며 최대한 조용히 시험을 치를 수 있는 장소를 확보한다.

❸ PC 전원공급 상태를 확인하고, 배터리 충전기는 미리 꽂아두어야 한다.

❹ 시험에 응시하기 전 반드시 안내사항과 매뉴얼을 숙지한다.

❺ SK그룹의 심층검사를 위해 평소 SK의 인재상에 대해 숙지해 둔다.

신입사원 채용 안내 INFORMATION

↻ 채용시기
수시채용으로 진행되며 계열사별로 여건에 따라 채용일정 및 방식이 다를 수 있음

↻ 지원자격
❶ 정규 4년제 대학 졸업(예정)자
❷ 남성의 경우, 병역 필 또는 면제자
❸ 해외여행에 결격사유가 없는 자

↻ 채용전형 절차

 **서류전형**

- 지원자의 경력/활동과 모집 직무와의 연관성을 검토하고 결격 사유 유무를 확인한다.
- 자기소개서는 HR 부서와 지원 부서가 함께 검토한다. 이 과정에서 지원자가 보유한 역량과 가치관이 선발 중인 직무와 잘 맞는지를 검증한다.

 **필기전형**

- 객관적이고 공정한 인재영입을 위해 SK는 1978년부터 국내 최초로 인·적성 검사를 도입하였으며, 2013년부터 '일 잘하는 사람'의 요건을 분석하여 SKCT를 선발 도구로 개발·활용하고 있다.
- SKCT(SK Competency Test)
  - 인지검사 : 언어 및 수/도형으로 구성된 자료를 통해 그 의미를 해석하고 수리적, 논리적으로 사고, 유추하는 능력을 측정하는 검사
  - 심층검사 : SK의 '일 잘하는 인재'가 직무를 원활히 수행하기 위해 필요한 성격, 가치관, 태도를 측정하는 검사

 **면접전형**

- 지원자의 가치관, 성격 특성, 역량을 종합적으로 검증하기 위하여 다양한 면접 방식을 활용한다.
- 프리젠테이션, 그룹 토론, 심층 면접 등 1~3회 이상의 심도 있는 과정으로 지원자의 역량을 철저히 검증하고 있다.
- 직무 역량에 필요할 경우, 글로벌 커뮤니케이션 능력을 검증하기 위하여 외국어 구술 면접을 진행한다.
※ 면접 전형은 관계사별, 직무별로 상이하다.

❖ 시험 내용은 채용유형, 채용직무, 채용시기 등에 따라 변동될 수 있으므로 반드시 발표되는 채용공고를 확인하기 바랍니다.

합격 선배들이 알려주는

SK그룹 SKCT 필기시험 합격기

"기출복원문제를 통해 출제 경향 파악!"

SKCT 준비하시는 분들 중에 한 권만 풀고 준비하시는 분들 별로 없으시잖아요. 저도 여러 권을 구입해서 풀었습니다. 너무 가고 싶은 회사라서 미리 준비하고 연습하다 보니까 정작 시험 준비할 땐 안 풀어본 책이 몇 권 없었습니다. 그래서 SD에듀 책을 구입했는데, 기출문제 복원이 정말 잘 되어 있더라고요. 책을 펴자마자 기출복원문제가 보이는데 정말 도움이 많이 됩니다. 꼭 풀어보고 시험장 가세요! 시험 볼 때 가장 도움이 된 부분이었습니다. SKCT의 악명을 맛보기로 느낄 수 있어서 시험장에서 당황을 덜 했던 것이 SKCT를 합격할 수 있었던 요인이라고 생각합니다. 다들 준비 잘하셔서 SK에서 만나면 좋겠어요!

"가성비 최고인 책!"

설마 제가 SK 서류에 합격할 줄은 몰랐습니다. 그래서 항상 다른 기업 시험 준비만 했는데 합격 메일을 받고서 바로 서점에 달려가 구입했어요. 시간은 없고 그렇다고 공부를 안 할 수도 없고……. 뭐 이런 마음으로 준비했는데 풀면서 느낀 점은 구성이 잘 되어 있는 좋은 책이라는 점입니다. 생각보다 눈에 쏙쏙 들어왔어요. 특히 기출복원문제부터 모의고사까지 SK만의 출제유형을 확실하게 학습할 수 있다는 점이 제가 합격할 수 있었던 요인이라고 생각합니다. 특히 전체적으로 문제 난이도가 잘 맞았어요. 저는 딱 일주일 공부했는데 가성비가 최고인 좋은 책이었습니다.

❖ 본 독자 후기는 실제 SD에듀의 도서를 통해 공부하여 합격한 독자들께서 보내주신 후기를 재구성한 것입니다.

주요 대기업 적중 문제 TEST CHECK

언어이해 ▶ 비판 / 반박

Hard

15 다음 글의 주장에 대한 반박으로 가장 적절한 것은?

> 인간은 사회 속에서만 자신을 더 나은 존재로 느낄 수 있기 때문에 자신을 사회화하고자 한다. 인간은 사회 속에서만 자신의 자연적 소질을 실현할 수 있는 것이다. 그러나 인간은 자신을 개별화하거나 고립시키려는 성향도 강하다. 이는 자신의 의도에 따라서만 행위하려는 반사회적인 특성을 의미한다. 그리고 저항하려는 성향이 자신뿐만 아니라 다른 사람에게도 있다는 사실을 알기 때문에, 그 자신도 곳곳에서 저항에 부딪히게 되리라 예상한다.
>
> 이러한 저항을 통하여 인간은 모든 능력을 일깨우고, 나태해지려는 성향을 극복하며, 명예욕이나 지배욕, 소유욕 등에 따라 행동하게 된다. 그리하여 동시대인들 가운데에서 자신의 위치를 확보하게 된다. 이렇게 하여 인간은 야만의 상태에서 벗어나 문화를 이룩하기 위한 진정한 진보의 첫걸음을 내딛게 된다. 이때부터 모든 능력이 점차 계발되고 아름다움을 판정하는 능력도 형성된다. 나아가 자연적 소질에 의해 도덕성을 어렴풋하게 느끼기만 하던상 태에서 벗어나, 지속적인 계몽을 통하여 구체적인 실천 원리를 명료하게 인식할 수 있는 성숙한 단계로 접어든다. 그 결과 자연적인 감정을 기반으로 결합된 사회를 도덕적인 전체로 바꿀 수 있는 사유 방식이 확립된다.
>
> 인간에게 이러한 반사회성이 없다면, 인간의 모든 재능은 꽃피지 못하고 만족감과 사랑으로 가득 찬 목적적인 삶속에서 영원히 묻혀 버리고 말 것이다. 그리고 양처럼 선량한 기질의 사람들은 가축

창의수리 ▶ 방정식

☑ 제한시간 60초

09 S씨는 뒷산에 등산을 갔다. 오르막길 A는 1.5km/h로 이동하였고, 내리막길 B는 4km/h로 이동하였다. A로 올라갔다가 B로 내려오는 데 총 6시간 30분이 걸렸고, 정상에서 30분 동안 휴식을 하였다. 오르막길과 내리막길이 총 14km일 때, A의 거리는?

① 2km ② 4km
③ 6km ④ 8km
⑤ 10km

언어추리 ▶ 조건추리

03 고등학교 동창인 A ~ F 여섯 명은 중국음식점에서 식사를 하기 위해 원형 테이블에 앉았다. 〈조건〉이 다음과 같을 때, 항상 옳은 것은?

> **조건**
> • E와 F는 서로 마주보고 앉아 있다.
> • C와 B는 붙어 있다.
> • A는 F와 한 칸 떨어져 앉아 있다.
> • D는 F의 바로 오른쪽에 앉아 있다.

① A와 B는 마주보고 있다. ② A와 D는 붙어 있다.
③ B는 F와 붙어 있다. ④ C는 F와 붙어 있다.
⑤ D는 C와 마주보고 있다.

삼성

수리 ▶ 자료해석

2023년 적중

06 다음은 지역별 내·외국인 거주자 현황을 나타내는 자료이다. 이에 대한 설명으로 옳은 것은?

〈지역별 내·외국인 거주자 현황〉

지역	2020년		2021년		2022년	
	거주자 (만 명)	외국인 비율 (%)	거주자 (만 명)	외국인 비율 (%)	거주자 (만 명)	외국인 비율 (%)
서울	1,822	8.2	2,102	9.2	1,928	9.4
인천	1,350	12.2	1,552	15.9	1,448	16.1
경기	990	14.6	1,122	14.4	1,190	15.7
강원	280	1.8	221	1.2	255	1
대전	135	4.5	102	3.1	142	3.5
세종	28	5.2	24	5.3	27	5.7
충청	688	1.2	559	0.5	602	0.7
경상	820	2.8	884	2.1	880	6
전라	741	2.1	668	1.9	708	1.7
대구	1,080	0.8	1,011	8.1	1,100	18

추리 ▶ 명제

※ 제시된 명제가 참일 때, 빈칸에 들어갈 명제로 가장 적절한 것을 고르시오. [1~3]

01

> 전제1. 포유류는 새끼를 낳아 키운다.
> 전제2. 고양이는 포유류이다.
> 결론. _____

① 포유류는 고양이이다.
② 고양이는 새끼를 낳아 키운다.
③ 새끼를 낳아 키우는 것은 고양이이다.

추리 ▶ 진실게임

Hard

05 하경이는 생일을 맞이하여 같은 반 친구들인 민지, 슬기, 경서, 성준, 민준을 생일 파티에 초대하였다. 하경이와 친구들이 함께 축하 파티를 하기 위해 간격이 일정한 원형 테이블에 다음 〈조건〉과 같이 앉았을 때, 항상 참이 되는 것은?

> **조건**
> • 하경이의 바로 옆 자리에는 성준이나 민준이가 앉지 않았다.
> • 슬기는 성준이 또는 경서의 바로 옆 자리에 앉았다.
> • 민지의 바로 왼쪽 자리에는 경서가 앉았다.
> • 슬기와 민준이 사이에 한 명이 앉아 있다.

① 하경이는 민준이와 서로 마주보고 앉아 있다.
② 민지는 민준이가 바로 옆 자리에 앉아 있다.
③ 경서는 하경이 바로 옆 자리에 앉아 있다.

주요 대기업 적중 문제 TEST CHECK

언어추리 ▶ 참/거짓

Easy

11 A ~ E는 점심 식사 후 제비뽑기를 통해 '꽝'이 적힌 종이를 뽑은 한 명이 나머지 네 명의 아이스크림을 모두 사주기로 하였다. 다음의 대화에서 한 명이 거짓말을 한다고 할 때, 아이스크림을 사야할 사람은 누구인가?

> A : D는 거짓말을 하고 있지 않아.
> B : '꽝'을 뽑은 사람은 C이다.
> C : B의 말이 사실이라면 D의 말은 거짓이야.
> D : E의 말이 사실이라면 '꽝'을 뽑은 사람은 A이다.
> E : C는 빈 종이를 뽑았어.

① A
② B
③ C
④ D
⑤ E

자료해석 ▶ 자료계산

05 다음은 소비자 동향을 조사한 자료이다. (A)+(B)+(C)−(D)의 값으로 알맞은 것은?

〈2022년 하반기 소비자 동향조사〉

[단위 : CSI(소비자 동향지수)]

구분	7월	8월	9월	10월	11월	12월	평균
생활형편전망	98	98	98	98	92	92	96
향후경기전망	80	85	83	80	64	(B)	76
가계수입전망	100	100	100	99	98	97	99
소비자지출전망	106	(A)	107	107	106	99	(C)
평균	96	97	97	96	90	(D)	-

① 176
② 186
③ 196
④ 206

창의수리 ▶ 경우의 수

14 L사의 마케팅부, 영업부, 영업지원부에서 2명씩 대표로 회의에 참석하기로 하였다. 자리배치는 원탁 테이블에 같은 부서 사람이 옆자리로 앉는다고 할 때, 6명이 앉을 수 있는 경우의 수는 몇 가지인가?

① 15가지
② 16가지
③ 17가지
④ 18가지
⑤ 20가지

포스코

자료해석 ▶ 자료이해

Easy

01 P편의점은 3 ~ 8월까지 6개월간 캔 음료 판매현황을 아래와 같이 정리하였다. 다음 자료를 이해한 내용으로 적절하지 않은 것은?(단, 3 ~ 5월은 봄, 6 ~ 8월은 여름이다)

〈P편의점 캔 음료 판매현황〉

(단위 : 캔)

구분	맥주	커피	탄산음료	이온음료	과일음료
3월	601	264	448	547	315
4월	536	206	452	523	362
5월	612	184	418	519	387
6월	636	273	456	605	406
7월	703	287	476	634	410
8월	813	312	513	612	419

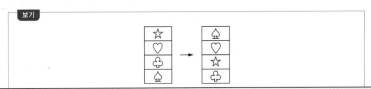

추리 ▶ 버튼도식

※ 다음 규칙을 바탕으로 이어지는 질문에 답하시오. **[9~12]**

작동 버튼	기능
A	홀수 칸의 도형을 서로 바꾼다.
B	짝수 칸의 도형을 서로 바꾼다.
C	첫 번째와 두 번째의 도형을 서로 바꾼다.
D	세 번째와 네 번째의 도형을 서로 바꾼다.

09 〈보기〉의 왼쪽 상태에서 작동 버튼을 두 번 눌렀더니, 오른쪽과 같은 결과가 나타났다. 다음 중 작동 버튼의 순서를 바르게 나열한 것은?

보기

$$\begin{array}{c} \boxed{☆} \\ \boxed{♡} \\ \boxed{♧} \\ \boxed{♤} \end{array} \rightarrow \begin{array}{c} \boxed{♤} \\ \boxed{♡} \\ \boxed{☆} \\ \boxed{♧} \end{array}$$

추리 ▶ 수추리

※ 일정한 규칙으로 수를 나열할 때, 빈칸에 들어갈 알맞은 숫자를 고르시오. **[14~15]**

14

$$-11 \quad -22 \quad -12 \quad -3 \quad -6 \quad (\quad) \quad 1$$

① −9 ② 2

③ 4 ④ 6

도서 200% 활용하기 STRUCTURES

01 4개년 기출복원문제

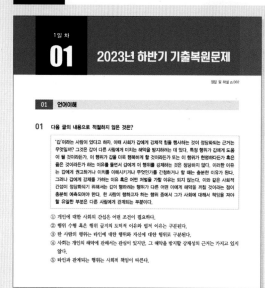

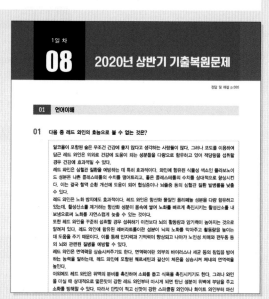

▶ 2023~2020년에 시행된 SK그룹 SKCT 기출복원문제를 수록하였다.

▶ 4개년 기출복원문제를 토대로 학습 전 자신의 실력을 판단하도록 하였다.

02 언어 + 수리 + 추리

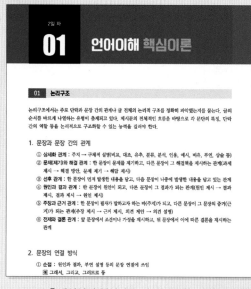

▶ SKCT 출제영역별 핵심이론 및 대표유형·유형분석을 수록하였다.

▶ 언어/수리 및 추리 문제유형별 접근 전략을 학습할 수 있도록 하였다.

合格의 공식 Formula of pass | SD에듀 www.sdedu.co.kr

03 모의고사 + OMR 답안지

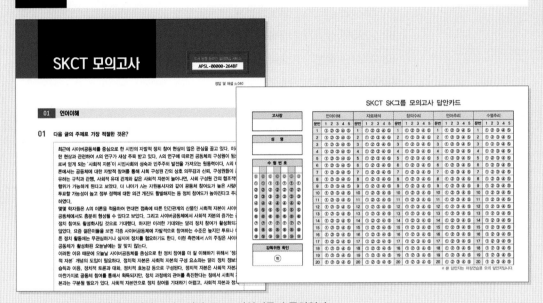

▶ 실제 시험과 유사하게 구성된 모의고사와 OMR 답안지를 수록하였다.
▶ 도서 동형 온라인 실전연습 서비스를 제공해 실전처럼 연습할 수 있도록 하였다.

04 심층역량 / 면접

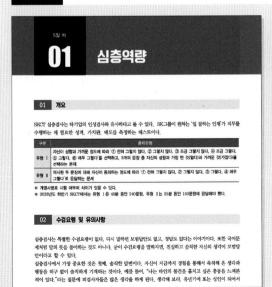

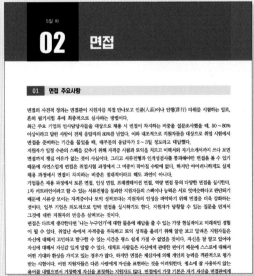

▶ 심층역량 모의연습을 통해 SK그룹 인재상과의 적합 여부를 판단할 수 있도록 하였다.
▶ SK그룹 면접 기출 질문을 수록하여 한 권으로 채용 전반에 대비할 수 있도록 하였다.

목차 CONTENTS

1일 차

최신 출제 경향 파악하기

※ 2023년 하반기 기준 출제 영역이 변경되어 이전 기출복원문제 모두 변경된 영역에 맞춰 반영했으니 참고하기 바랍니다.

※ 기출복원문제는 수험생들의 후기를 통해 SD에듀에서 복원한 문제로 실제 문제와 다소 차이가 있을 수 있으며, 본 저작물의 무단전재 및 복제를 금합니다.

01 언어이해

01 다음 글의 내용으로 적절하지 않은 것은?

> '갑'이라는 사람이 있다고 하자. 이때 사회가 갑에게 강제적 힘을 행사하는 것이 정당화되는 근거는 무엇일까? 그것은 갑이 다른 사람에게 미치는 해악을 방지하려는 데 있다. 특정 행위가 갑에게 도움이 될 것이라든가, 이 행위가 갑을 더욱 행복하게 할 것이라든가 또는 이 행위가 현명하다든가 혹은 옳은 것이라든가 하는 이유를 들면서 갑에게 이 행위를 강제하는 것은 정당하지 않다. 이러한 이유는 갑에게 권고하거나 이치를 이해시키거나 무엇인가를 간청하거나 할 때는 충분한 이유가 된다. 그러나 갑에게 강제를 가하는 이유 혹은 어떤 처벌을 가할 이유는 되지 않는다. 이와 같은 사회적 간섭이 정당화되기 위해서는 갑이 행하려는 행위가 다른 어떤 이에게 해악을 끼칠 것이라는 점이 충분히 예측되어야 한다. 한 사람이 행하고자 하는 행위 중에서 그가 사회에 대해서 책임을 져야 할 유일한 부분은 다른 사람에게 관계되는 부분이다.

① 개인에 대한 사회의 간섭은 어떤 조건이 필요하다.
② 행위 수행 혹은 행위 금지의 도덕적 이유와 법적 이유는 구분된다.
③ 한 사람의 행위는 타인에 대한 행위와 자신에 대한 행위로 구분된다.
④ 사회는 개인의 해악에 관심이 있지만, 그 해악을 방지할 강제성의 근거는 가지고 있지 않다.
⑤ 타인과 관계되는 행위에는 사회적 책임이 따른다.

02 다음 글의 내용으로 가장 적절한 것은?

> 뉴턴은 빛이 눈에 보이지 않는 작은 입자라고 주장하였고, 이것은 그의 권위에 의지하여 오랫동안 정설로 여겨졌다. 그러나 19세기 초에 토머스 영의 겹실틈실험은 빛의 파동성을 증명하였다. 이 실험의 방법은 먼저 한 개의 실틈을 거쳐 생긴 빛이 다음에 설치된 두 개의 겹실틈을 지나가게 하여 스크린에 나타나는 무늬를 관찰하는 것이다.
>
> 이때 빛이 파동이냐 입자이냐에 따라 결과 값이 달라진다. 즉, 빛이 입자라면 일자 형태의 띠가 두 개 나타나야 하는데, 실험 결과 스크린에는 예상과 다른 무늬가 나타났다. 마치 두 개의 파도가 만나면 골과 마루가 상쇄와 간섭을 일으키듯이, 보강 간섭이 일어난 곳은 밝아지고 상쇄 간섭이 일어난 곳은 어두워지는 간섭무늬가 연속적으로 나타난 것이다. 그러나 19세기 말부터 빛의 파동성으로는 설명할 수 없는 몇 가지 실험적 사실이 나타났다. 1905년에 아인슈타인은 빛은 광량자라고 하는 작은 입자로 이루어졌다는 광량자설을 주장하였다. 빛의 파동성은 명백한 사실이었으므로 이것은 빛이 파동이면서 동시에 입자인 이중적인 본질을 가지고 있다는 것을 의미하는 것이었다.

① 뉴턴의 가설은 그의 권위에 의해 현재까지도 정설로 여겨진다.

② 겹실틈 실험은 한 개의 실틈을 거쳐 생긴 빛이 다음 설치된 두 개의 겹실틈을 지나가게 해서 그 틈을 관찰하는 것이다.

③ 겹실틈 실험 결과, 일자 형태의 띠가 두 개 나타났으므로, 빛은 입자이다.

④ 토머스 영의 겹실틈 실험은 빛의 파동성을 증명하였지만, 이는 아인슈타인에 의해서 거짓으로 판명 났다.

⑤ 아인슈타인의 광량자설은 뉴턴과 토머스 영의 가설을 모두 포함한다.

03 다음 글이 비판의 대상으로 삼는 주장으로 가장 적절한 것은?

경제 문제는 대개 해결이 가능하다. 대부분의 경제 문제에는 몇 개의 해결책이 있다. 그러나 모든 해결책은 누군가가 상당한 손실을 반드시 감수해야 한다는 특징을 갖고 있다. 하지만 누구도 이 손실을 자발적으로 감수하고자 하지 않으며, 우리의 정치제도는 누구에게도 이 짐을 짊어지라고 강요할 수 없다. 우리의 정치적·경제적 구조로는 실질적으로 제로섬(Zero-sum)적인 요소를 지니는 경제 문제에 전혀 대처할 수 없기 때문이다.

대개의 경제적 해결책은 대규모의 제로섬적인 요소를 갖기 때문에 큰 손실을 수반한다. 모든 제로섬 게임에는 승자가 있다면 반드시 패자가 있으며, 패자가 존재해야만 승자가 존재할 수 있다. 경제적 이득이 경제적 손실을 초과할 수도 있지만, 손실의 주체에게 손실의 의미란 상당한 크기의 경제적 이득을 부정할 수 있을 만큼 매우 중요하다. 어떤 해결책으로 인해 평균적으로 사회는 더 잘살게 될 수도 있지만, 이 평균이 훨씬 더 잘살게 된 수많은 사람과 훨씬 더 못살게 된 수많은 사람을 감춘다. 만약 당신이 더 못살게 된 사람 중 하나라면 내 수입이 줄어든 것보다 다른 누군가의 수입이 더 많이 늘었다고 해서 위안을 얻지는 않을 것이다. 결국 우리는 우리 자신의 수입을 보호하기 위해 경제적 변화가 일어나는 것을 막거나 혹은 사회가 우리에게 손해를 입히는 공공정책이 강제로 시행되는 것을 막기 위해 싸울 것이다.

① 빈부격차를 해소하는 것만큼 중요한 정책은 없다.
② 사회의 총생산량이 많아지게 하는 정책이 좋은 정책이다.
③ 경제 문제에서 모두가 만족하는 해결책은 존재하지 않는다.
④ 경제적 변화에 대응하는 정치제도의 기능에는 한계가 존재한다.
⑤ 경제정책의 효율성을 높이는 방법은 일관성을 유지하는 것이다.

04 다음 글의 주제로 가장 적절한 것은?

> 동양 사상이라 해서 언어와 개념을 무조건 무시하는 것은 결코 아니다. 만약 그렇다면 동양 사상은 경전이나 저술을 통해 언어화되지 않고 순전히 침묵 속에서 전수되어 왔을 것이다. 물론 이것은 사실이 아니다. 동양 사상도 끊임없이 언어적으로 다듬어져 왔으며 논리적으로 전개되어 왔다. 흔히 동양 사상은 신비주의적이라고 말하지만, 이것은 동양 사상의 한 면만을 특정 지우는 것이지 결코 동양의 철인(哲人)들이 사상을 전개함에 있어 논리를 무시했다거나 항시 어떤 신비적인 체험에 호소해서 자신의 주장들을 폈다는 것을 뜻하지는 않는다. 그러나 역시 동양 사상은 신비주의적임에 틀림없다. 거기서는 지고(至高)의 진리란 언제나 언어화될 수 없는 어떤 신비한 체험의 경지임이 늘 강조되어 왔기 때문이다. 최고의 진리는 언어 이전, 혹은 언어 이후의 무언(無言)의 진리이다. 엉뚱하게 들리겠지만, 동양 사상의 정수(精髓)는 말로써 말이 필요 없는 경지를 가리키려는 데에 있다고 해도 과언이 아니다. 말이 스스로를 부정하고 초월하는 경지를 나타내도록 사용된 것이다. 언어로써 언어를 초월하는 경지를 나타내고자 하는 것이야말로 동양 철학이 지닌 가장 특징적인 정신이다. 동양에서는 인식의 주체를 심(心)이라는 매우 애매하면서도 포괄적인 말로 이해해 왔다. 심(心)은 물(物)과 항시 자연스러운 교류를 하고 있으며, 이성은 단지 심(心)의 일면일 뿐인 것이다. 동양은 이성의 오만이라는 것을 모른다. 지고의 진리, 인간을 살리고 자유롭게 하는 생동적 진리는 언어적 지성을 넘어선다는 의식이 있었기 때문일 것이다. 언어는 언제나 마음을 못 따르며 둘 사이에는 항시 괴리가 있다는 생각이 동양인들의 의식 저변에 깔려 있는 것이다.

① 동양 사상은 신비주의적인 요소가 많다.
② 언어와 개념을 무시하면 동양 사상을 이해할 수 없다.
③ 동양 사상은 언어적 지식을 초월하는 진리를 추구한다.
④ 인식의 주체를 심(心)으로 표현하는 동양 사상은 이성적이라 할 수 없다.
⑤ 동양 사상에서는 언어는 마음을 따르므로 진리는 마음속에 있다고 주장한다.

다음 글을 바탕으로 〈보기〉의 내용을 읽고 추론할 수 있는 내용으로 가장 적절한 것은?

독립신문은 우리나라 최초의 민간 신문이다. 사장 겸 주필(신문의 최고 책임자)은 서재필 선생이, 국문판 편집과 교정은 최고의 국어학자로 유명한 주시경 선생이 그리고 영문판 편집은 선교사 호머 헐버트가 맡았다. 창간 당시 독립신문은 이들 세 명에 기자 두 명과 몇몇 인쇄공들이 합쳐 단출하게 시작했다.

신문은 우리가 흔히 사용하는 'A4 용지'보다 약간 큰 '국배판(218×304mm)' 크기로 제작됐고, 총 4면 중 3면은 순 한글판으로, 나머지 1면은 영문판으로 발행했다. 제1호는 '독닙신문'이고 영문판은 'Independent(독립)'로 조판했고, 내용을 살펴보면 제1면에는 대체로 논설과 광고가 실렸고, 제2면에는 관보·외국통신·잡보가, 제3면에는 물가·우체시간표·제물포 기선 출입항 시간표와 광고가 게재됐다.

독립신문은 민중을 개화시키고 교육하기 위해 발간된 것이지만, 그 이름에서부터 알 수 있듯 스스로 우뚝 서는 독립국을 만들고자 자주적 근대화 사상을 강조했다. 창간호 표지에는 '뎨일권 뎨일호. 조선 서울 건양 원년 사월 초칠일 금요일'이라고 표기했는데, '건양(建陽)'은 조선의 연호이고, 한성 대신 서울을 표기한 점과 음력 대신 양력을 쓴 점 모두 중국 사대주의에서 벗어난 자주독립을 꾀한 것으로 볼 수 있다.

독립신문이 발행되자 사람들은 모두 깜짝 놀랄 수밖에 없었다. 순 한글로 만들어진 것은 물론 유려한 편집 솜씨에 조판과 내용까지 완벽했기 때문이다. 무엇보다 제4면을 영어로 발행해 국내 사정을 외국에 알린다는 점은 호시탐탐 한반도를 노리던 일본 당국에 큰 부담을 안겨주었고, 더는 자기네들 마음대로 조선의 사정을 왜곡 보도할 수 없게 된 것이다.

날이 갈수록 독립신문을 구독하려는 사람은 늘어났고, 처음 300부씩 인쇄되던 신문이 곧 500부로, 나중에는 3,000부까지 확대되었다. 오늘날에는 한 사람이 신문 한 부를 읽으면 폐지 처리하지만, 과거에는 돌려가며 읽는 경우가 많았고 시장이나 광장에서 글을 아는 사람이 낭독해주는 일도 빈번했기에 한 부의 독자 수는 50명에서 100명에 달했다. 이런 점을 감안해보면 실제 독립신문의 독자 수는 10만 명을 넘어섰다고 가늠해 볼 수 있다.

> **보기**
>
> 우리 신문이 한문은 아니 쓰고 다만 국문으로만 쓰는 것은 상하귀천이 다 보게 함이라. 또 국문을 이렇게 구절을 떼어 쓴즉 아무라도 이 신문을 보기가 쉽고 신문 속에 있는 말을 자세히 알아보게 함이라.

① 교통수단도 발달하지 않았던 과거에는 활자 매체인 신문이 소식 전달에 있어 절대적인 역할을 차지했다.

② 민중을 개화시키고 교육하기 위해 발간된 것으로 역사적·정치적으로 큰 의의를 가진다.

③ 한글을 사용해야 누구나 읽을 수 있다는 점을 인식해 한문우월주의에 영향을 받지 않고, 소신 있는 행보를 했다.

④ 일본이 한반도를 집어삼키려 하던 혼란기에 우리만의 신문을 펴낼 수 있었다는 것에 큰 의의가 있다.

⑤ 중국의 지배에서 벗어나 자주독립을 꾀하고 스스로 우뚝 서는 독립국을 만들고자 자주적 사상을 강조했다.

01 다음은 S기업 지원자의 인턴 및 해외연수 경험과 합격 여부에 대한 자료이다. 이에 대한 〈보기〉의 설명 중 옳은 것을 모두 고르면?

〈S기업 지원자의 인턴 및 해외연수 경험과 합격 여부〉

(단위 : 명, %)

인턴 경험	해외연수 경험	합격 여부		합격률
		합격	불합격	
있음	있음	53	414	11.3
	없음	11	37	22.9
없음	있음	–	16	0.0
	없음	4	139	2.8

※ $[합격률(\%)] = \dfrac{(합격자\ 수)}{(합격자\ 수) + (불합격자\ 수)} \times 100$

※ 합격률은 소수점 둘째 자리에서 반올림한 값임

보기

ㄱ. 해외연수 경험이 있는 지원자가 해외연수 경험이 없는 지원자보다 합격률이 높다.

ㄴ. 인턴 경험이 있는 지원자가 인턴 경험이 없는 지원자보다 합격률이 높다.

ㄷ. 인턴 경험과 해외연수 경험이 모두 있는 지원자 합격률은 인턴 경험만 있는 지원자 합격률의 2배 이상이다.

ㄹ. 인턴 경험과 해외연수 경험이 모두 없는 지원자와 인턴 경험만 있는 지원자 간 합격률 차이는 30%p보다 크다.

① ㄱ, ㄴ
② ㄱ, ㄷ
③ ㄴ, ㄷ
④ ㄱ, ㄴ, ㄹ
⑤ ㄴ, ㄷ, ㄹ

02 다음은 어느 지역에서 세대 간 직업이동성을 알아보기 위하여 임의로 표본 추출하여 조사한 자료이다. 직업은 편의상 A, B, C로 구분하였다면 〈보기〉의 설명 중 옳은 것을 모두 고르면?

〈세대 간 직업이동성 비율〉

(단위 : %)

부모의 직업 \ 자녀의 직업	A	B	C
A	45	48	7
B	5	70	25
C	1	50	49

※ 전체 부모 세대의 직업은 A가 10%, B가 40%, C가 50%이고, 조사한 부모당 자녀 수는 한 명임

보기

ㄱ. 자녀의 직업이 C일 확률은 $\dfrac{81}{100}$ 이다.

ㄴ. 자녀의 직업이 B인 경우에 부모의 직업이 C일 확률은 구할 수 없다.

ㄷ. 부모와 자녀의 직업이 모두 A일 확률은 $0.1 \times \dfrac{45}{100}$ 이다.

ㄹ. 자녀의 직업이 A일 확률은 부모의 직업이 A일 확률보다 낮다.

① ㄱ, ㄷ   ② ㄱ, ㄹ
③ ㄴ, ㄷ   ④ ㄴ, ㄹ
⑤ ㄷ, ㄹ

03 다음은 A ~ E 5개국의 경제 및 사회 지표 자료이다. 이에 대한 설명으로 옳지 않은 것은?

〈주요 5개국의 경제 및 사회 지표〉

구분	1인당 GDP(달러)	경제성장률(%)	수출(백만 달러)	수입(백만 달러)	총인구(백만 명)
A	27,214	2.6	526,757	436,499	50.6
B	32,477	0.5	624,787	648,315	126.6
C	55,837	2.4	1,504,580	2,315,300	321.8
D	25,832	3.2	277,423	304,315	46.1
E	56,328	2.3	188,445	208,414	24.0

※ (총 GDP)=(1인당 GDP)×(총인구)

① 경제성장률이 가장 큰 나라가 총 GDP는 가장 작다.
② 총 GDP가 가장 큰 나라의 GDP는 가장 작은 나라의 GDP보다 10배 이상 더 크다.
③ 5개국 중 수출과 수입에 있어서 규모에 따라 나열한 순위는 서로 일치한다.
④ A국이 E국보다 총 GDP가 더 크다.
⑤ 1인당 GDP에 따른 순위와 총 GDP에 따른 순위는 서로 일치한다.

04 S사는 최근 미세먼지와 황사로 인해 실내 공기질이 많이 안 좋아졌다는 건의가 들어와 내부 검토 후 예산 400만 원으로 공기청정기 40대를 구매하기로 하였다. 다음 두 업체 중 어느 곳에서 공기청정기를 구매하는 것이 유리하며 얼마나 더 저렴한가?

〈공기청정기 판매 업체별 정보〉

구분	할인 정보	가격
S전자	• 8대 구매 시 2대 무료 증정 • 구매 금액 100만 원당 2만 원 할인	8만 원/대
B마트	• 20대 이상 구매 : 2% 할인 • 30대 이상 구매 : 5% 할인 • 40대 이상 구매 : 7% 할인 • 50대 이상 구매 : 10% 할인	9만 원/대

※ 1,000원 단위 이하는 절사함

① S전자, 82만 원　　　　② S전자, 148만 원
③ B마트, 12만 원　　　　④ B마트, 20만 원
⑤ S전자, 120만 원

05 다음은 2013 ~ 2022년 물이용부담금 총액에 대한 자료이다. 이에 대한 〈보기〉의 설명 중 옳지 않은 것을 모두 고르면?

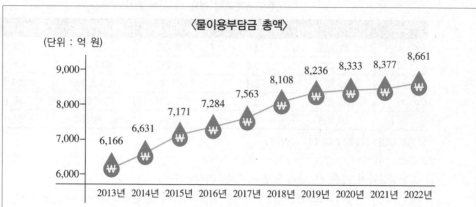

〈물이용부담금 총액〉

(단위 : 억 원)

※ 상수원 상류지역에서의 수질개선 및 주민지원 사업을 효율적으로 추진하기 위한 재원 마련을 위해 최종수요자에게 물 사용량에 비례하여 물이용부담금을 부과함
※ 한강, 낙동강, 영·섬유역의 물이용부담금 단가는 170원/m³, 금강유역은 160원/m³

보기
ㄱ. 물이용부담금 총액은 지속적으로 증가하는 추세를 보이고 있다.
ㄴ. 2014 ~ 2022년 중 물이용부담금 총액이 전년 대비 가장 많이 증가한 해는 2015년이다.
ㄷ. 2022년 물이용부담금 총액에서 금강유역 물이용부담금 총액이 차지하는 비중이 20%라면, 2022년 금강유역에서 사용한 물의 양은 약 10.83억m³이다.
ㄹ. 2022년 물이용부담금 총액은 전년 대비 약 3.2% 이상 증가했다.

① ㄱ
② ㄴ
③ ㄷ
④ ㄱ, ㄹ
⑤ ㄴ, ㄷ

01 농도가 20%인 소금물 100g을 50g 덜어낸 뒤, 남아있는 소금물에 물을 더 넣어 10%의 소금물을 만들려고 한다. 이때, 필요한 물의 양은?

① 10g ② 20g
③ 30g ④ 40g
⑤ 50g

02 S회사 회계팀에는 A∼E 다섯 명의 팀원이 일을 하고 있다. 이들은 다가오는 감사에 대비하기 위해 월요일부터 금요일에 한 명씩 돌아가면서 당직 근무를 하기로 하였다. D는 금요일에, E는 수요일에 당직 근무를 할 확률은?

① $\dfrac{1}{2}$ ② $\dfrac{1}{4}$
③ $\dfrac{1}{5}$ ④ $\dfrac{1}{10}$
⑤ $\dfrac{1}{20}$

03 보트를 타고 길이가 35km인 강을 왕복하려고 한다. 유속이 2km/h이고 보트의 속력이 12km/h일 때, 걸린 시간은?

① 7시간 ② 6시간
③ 5시간 ④ 4시간
⑤ 3시간

04 하이킹을 하는데 올라갈 때는 시속 10km로 달리고, 내려올 때는 올라갈 때보다 10km 더 먼 길을 시속 20km로 달렸다. 올라갔다가 내려오는 데 총 5시간이 걸렸다면, 올라갈 때 달린 거리는?

① 15km ② 20km
③ 25km ④ 30km
⑤ 35km

01 S그룹의 A ~ D사원은 각각 홍보팀, 총무팀, 영업팀, 기획팀 소속으로 3 ~ 6층의 서로 다른 층에서 근무하고 있다. 이들 중 한 명이 거짓말을 하고 있을 때, 다음 중 바르게 추론한 것은?(단, 각 팀은 서로 다른 층에 위치한다)

A사원 : 저는 홍보팀과 총무팀 소속이 아니며, 3층에서 근무하고 있지 않습니다.
B사원 : 저는 영업팀 소속이며, 4층에서 근무하고 있습니다.
C사원 : 저는 홍보팀 소속이며, 5층에서 근무하고 있습니다.
D사원 : 저는 기획팀 소속이며, 3층에서 근무하고 있습니다.

---

① A사원은 홍보팀 소속이다.
② B사원은 6층에서 근무하고 있다.
③ 홍보팀은 3층에 위치한다.
④ 기획팀은 4층에 위치한다.
⑤ D사원은 5층에서 근무하고 있다.

02 S병원에는 현재 5명의 심리상담사가 근무 중이다. 얼마 전 시행한 감사 결과 이들 중 1명이 근무시간에 자리를 비운 것이 확인되었다. 5명의 심리상담사 중 3명이 진실을 말하고 2명이 거짓을 말한다고 할 때, 다음 중 거짓을 말하고 있는 심리상담사를 모두 고르면?

A : B는 진실을 말하고 있어요.
B : 제가 근무시간에 C를 찾아갔을 때, C는 자리에 없었어요.
C : 근무시간에 자리를 비운 사람은 A입니다.
D : 저는 C가 근무시간에 밖으로 나가는 것을 봤어요.
E : D는 어제도 근무시간에 자리를 비웠어요.

---

① A, B   ② A, D
③ B, C   ④ B, D
⑤ C, E

03 다음 명제가 모두 참일 때, 반드시 참인 명제는?

- 서로 다른 음식을 판매하는 총 여섯 대의 푸드트럭이 지원금 사업에 신청하였고, 이 중 세 대의 푸드트럭이 최종 선정될 예정이다.
- 치킨을 판매하는 푸드트럭이 선정되면, 핫도그를 판매하는 푸드트럭은 선정되지 않는다.
- 커피를 판매하는 푸드트럭이 선정되지 않으면, 피자를 판매하는 푸드트럭이 선정된다.
- 솜사탕을 판매하는 푸드트럭이 선정되면, 치킨을 판매하는 푸드트럭도 선정된다.
- 핫도그를 판매하는 푸드트럭은 최종 선정되었다.
- 피자를 판매하는 푸드트럭과 떡볶이를 판매하는 푸드트럭 중 하나만 선정된다.
- 솜사탕을 판매하는 푸드트럭이 선정되지 않으면, 떡볶이를 판매하는 푸드트럭이 선정된다.

① 치킨, 커피, 핫도그를 판매하는 푸드트럭이 선정될 것이다.
② 피자, 솜사탕, 핫도그를 판매하는 푸드트럭이 선정될 것이다.
③ 피자, 커피, 핫도그를 판매하는 푸드트럭이 선정될 것이다.
④ 핫도그, 커피, 떡볶이를 판매하는 푸드트럭이 선정될 것이다.
⑤ 핫도그, 피자, 핫도그, 떡볶이를 판매하는 푸드트럭이 선정될 것이다.

04 A ~ E는 S시에서 개최하는 마라톤에 참가하였다. 제시된 내용이 모두 참일 때, 다음 중 항상 참이 아닌 것은?

- A는 B와 C보다 앞서 달리고 있다.
- D는 A보다 뒤에 달리고 있지만, B보다는 앞서 달리고 있다.
- C는 D보다 뒤에 달리고 있지만, B보다는 앞서 달리고 있다.
- E는 C보다 뒤에 달리고 있지만, 다섯 명 중 꼴찌는 아니다.

① 현재 1등은 A이다.
② 현재 꼴찌는 B이다.
③ E는 C와 B 사이에서 달리고 있다.
④ D는 A와 C 사이에서 달리고 있다.
⑤ 현재 순위에 변동 없이 결승점까지 달린다면 C가 4등을 할 것이다.

※ 일정한 규칙으로 수를 나열할 때, 다음 중 빈칸에 들어갈 알맞은 수를 고르시오. [1~4]

01

| 0.8 | 0.9 | 2.7 | 0.7 | 6.6 | 0.3 | 14.5 | ( ) |

① −0.5   ② −0.6

③ −0.7   ④ −0.8

⑤ −0.9

02

| 1 | 2 | 3 | 5 | 8 | ( ) |

① 12   ② 13

③ 14   ④ 15

⑤ 16

03

| 6 | 4 | 4 | 21 | 5 | 32 | 19 | ( ) | 10 |

① 18   ② 16

③ 14   ④ 12

⑤ 10

04

	5	9	21	57	165	489	( )	

① 1,355   ② 1,402

③ 1,438   ④ 1,461

⑤ 1,476

05 다음 수열의 11번째 항의 값은?

	4	5	10	11	22	23	⋯

① 174   ② 178

③ 186   ④ 190

⑤ 195

01   언어이해

01 다음은 윤리적 소비에 대한 글이다. (가) ~ (다)와 관련된 사례를 〈보기〉에서 골라 바르게 연결한 것은?

> 윤리적 소비란 무의식적으로 하는 단순한 소비활동이 아닌 자신의 소비활동의 결과가 사람과 동물, 사회와 환경에 어떠한 영향을 끼칠지 고려하여 행동하는 것을 말한다. 이와 같은 소비 행위는 그 이념에 따라 다음과 같이 나눌 수 있다.
>
> (가) 녹색소비 : 환경보호에 도움이 되거나, 환경을 고려하여 제품을 생산 및 개발하거나 서비스를 제공하는 기업의 제품을 구매하는 친환경적인 소비행위를 말한다.
>
> (나) 로컬소비 : 자신이 거주하는 지역의 경제 활성화를 돕고, 운반 시 소비되는 연료나 배출되는 환경오염 물질을 줄이기 위해 자신이 거주하는 지역에서 만들어진 상품과 서비스를 소비하는 지속 가능한 소비행위를 말한다.
>
> (다) 공정무역 : 불공정 무역구조로 인하여 선진국에 비해 경제적 개발이 늦은 저개발국가에서 발생하는 노동력 착취, 환경파괴, 부의 편중 등의 문제를 해소하기 위한 사회적 소비운동이다. 이를 위해 소비자는 저개발국가의 생산자가 경제적 자립을 이루고 지속 가능한 발전을 할 수 있도록 '가장 저렴한 가격'이 아닌 '공정한 가격'을 지불한다.
>
> 이와 같이 소비자는 자신의 소비행위를 통해 사회적 정의와 평등을 촉진하고, 환경 보호에 기여하는 등 사회적 영향력을 행사할 수 있다.

> **보기**
>
> ㄱ. A사는 비건 트렌드에 맞춰 기존에 사용해왔던 동물성 원료 대신 친환경 성분의 원료를 구입하여 화장품을 출시했다.
>
> ㄴ. B레스토랑은 고객들에게 신선한 샐러드를 제공하고 지역 내 농가와의 상생을 위하여 인접 농가에서 갓 생산한 채소들을 구매한다.
>
> ㄷ. C사는 해안가에 버려진 폐어망 및 폐페트병을 수집해 이를 원사로 한 가방 및 액세서리를 구매해 유통한다.
>
> ㄹ. D카페는 제3세계에서 생산하는 우수한 품질의 원두를 직수입하여 고객들에게 합리적인 가격에 제공한다.
>
> ㅁ. E사는 아시아 국가의 빈곤한 여성 생산자들의 경제적 자립을 돕기 위해 이들이 생산한 의류, 생활용품, 향신료 등을 국내에 수입하여 판매하고 있다.

	(가)	(나)	(다)
①	ㄱ, ㄷ	ㄴ	ㄹ, ㅁ
②	ㄱ, ㄹ	ㄴ	ㄷ, ㅁ
③	ㄱ, ㄴ, ㄷ	ㅁ	ㄹ
④	ㄱ, ㄷ, ㅁ	ㄴ	ㄹ
⑤	ㄹ, ㅁ	ㄴ	ㄱ, ㄷ

02 다음 글의 내용으로 가장 적절한 것은?

> 레드와인이란 포도 과육을 압착하여 과즙을 만든 뒤, 여기에 포도 껍질과 씨를 넣고 양조통에서 일정시간 발효시켜 당분을 제거한 주류를 말한다. 이 과정에서 포도 껍질과 씨앗 등에 있던 탄닌 성분이 우러나게 되면서 레드와인은 특유의 떫고 신맛이 생긴다.
>
> 레드와인은 원재료인 포도의 품종에 따라 붉은색에서 보라색까지 색상에 차이가 생기며, 이는 특히 포도 껍질과 관련이 있다. 또한 포도의 재배 환경에 따라서도 산도와 향, 와인 색상에도 차이가 생기는데, 날씨가 더울수록 산도가 약해지고 향은 진해진다.
>
> 이렇게 만들어진 레드와인은 적정량을 섭취하게 되면 항산화 성분을 얻을 수 있어 인체에 유익한 영향을 준다. 대표적인 효능으로는 레드와인의 섭취를 통해 얻은 항산화 성분의 영향으로 혈관질환의 개선, 인지기능의 향상, 호흡기관의 보호, 암 예방이 있다.
>
> 이외에도 지질 산화를 감소시키고 혈관 내벽을 두껍게 만들어 주기 때문에 고혈압과 관련된 심혈관계 질환에 도움이 되고, 세포의 노화를 감소시켜 치매와 세포 파괴 위험을 낮출 수 있다. 또한 소염 살균효과도 가지고 있어 호흡기에 환경 오염물질이 침투하지 않도록 보호하고, 폐에 악성 종양이 생기는 것도 예방한다.

① 레드와인은 포도에서 과육만을 추출하여 만든다.

② 기온이 높은 환경에서 재배한 포도로 만든 와인일수록 레드와인 특유의 신맛이 강해진다.

③ 진한 향의 레드와인을 선호할 경우 더운 지역의 포도로 제조한 것을 구매해야 한다.

④ 같은 품종의 포도로 만든 레드와인의 색상은 동일하다.

⑤ 심혈관질환이 있는 모든 환자에게 일정량의 레드와인 섭취는 유익한 영향을 준다.

03 다음 글의 논지를 강화하기 위한 내용으로 적절하지 않은 것은?

뉴턴은 이렇게 말했다. "플라톤은 내 친구이다. 아리스토텔레스는 내 친구이다. 하지만 진리야말로 누구보다 소중한 내 친구이다." 케임브리지에서 뉴턴에게 새로운 전환점을 준 사람이 있다. 수학자이며 당대 최고의 교수였던 아이작 배로(Isaac Barrow)였다. 배로는 뉴턴에게 수학과 기하학을 가르치고 그의 탁월함을 발견하여 후원자가 됐다. 이처럼 뉴턴은 타고난 천재가 아니라, 자신의 피나는 노력과 위대한 스승들의 도움을 통해 후천적으로 키워진 것이다.

뉴턴이 시대를 관통하는 천재로 여겨진 것은 "사과는 왜 땅에 수직으로 떨어질까?"라는 질문에서 시작했다. 이 질문을 던진 지 20여 년이 지나고 마침내 모든 물체가 땅으로 떨어지는 것은 지구 중력에 의한 만유인력이라는 개념을 발견한 것이 계기가 되었다. 사과가 떨어지는 것을 관찰하여 온갖 질문을 던지고, 새로운 가설을 만든 후에 그것을 증명하기 위해 오랜 시간 연구하고 실험을 한 결과가 위대한 발견으로 이어진 것이다. 위대한 발명이나 발견은 어느 한 순간 섬광처럼 오는 것이 아니다. 시작 단계의 작은 아이디어가 질문과 논쟁을 통해 점차 다른 아이디어들과 충돌하고 합쳐지면서 숙성의 시간을 갖고, 그런 후에야 세상에 유익한 발명이나 발견이 나오는 것이다.

이전부터 천재가 선천적인 것인지, 후천적인 것인지에 대한 논란은 계속되어 왔다. 과거에는 천재가 신적인 영감을 받아 선천적으로 탄생한다는 주장이 힘을 얻었다. 플라톤의 저서 『이온』에도 음유시인이 기술이나 지식이 아닌 신적인 힘과 영감을 받는 존재임이 언급된다. 그러나 아리스토텔레스의 『시학』은 『이온』과 조금 다른 관점을 취하고 있다. 기본적으로 시가 모방미학이라는 입장은 같지만, 아리스토텔레스는 이것이 신적인 힘을 모방한 것이 아닌 인간의 모방이라고 믿었다.

최근 연구에 의하면 천재라 불리는 모든 사람들이 선천적으로 타고난 것이 아니고 후천적인 학습을 통해 수준을 점차 더 높은 단계로 발전시켰다고 한다. 선천적 재능과 후천적 학습을 모두 거친 절충적 천재가 각광받는 것이다. 이것이 우리에게 주는 시사점은 비록 지금은 창의적이지 않더라도 꾸준히 포기하지 말고 창의성을 개발하고 실현하는 방법을 배워서 실천한다면 모두가 창의적인 사람이 될 수 있다는 교훈이다. 타고난 천재가 아니고 훈련과 노력으로 새롭게 태어나는 창재(창의적인 인재)로 거듭나야 한다.

① 칸트는 천재가 선천적인 것이라고 하였다.

② 세계적인 발레리나 강수진은 고된 연습으로 발이 기형적으로 변해버렸다.

③ 1만 시간의 법칙은 한 분야에서 전문가가 되기 위해서는 최소 1만 시간의 훈련이 필요하다는 것이다.

④ 뉴턴뿐만 아니라 아인슈타인 역시 끊임없는 연구와 노력을 통해 천재로 인정받았다.

⑤ 신적인 것보다 연습이 영감을 가져다주는 경우가 있다.

04 다음 글의 내용을 포괄하는 제목으로 가장 적절한 것은?

우리는 처음 만난 사람의 외모를 보고, 그를 어떤 방식으로 대우해야 할지를 결정할 때가 많다. 그가 여자인지 남자인지, 얼굴색이 흰지 검은지, 나이가 많은지 적은지 혹은 그의 스타일이 조금은 상류층의 모습을 띠고 있는지 아니면 너무나 흔해서 별 특징이 드러나 보이지 않는 외모를 하고 있는지 등을 통해 그들과 나의 차이를 재빨리 감지한다. 일단 감지가 되면 우리는 둘 사이의 지위 차이를 인식하고 우리가 알고 있는 방식으로 그를 대하게 된다. 한 개인이 특정 집단에 속한다는 것은 단순히 다른 집단의 사람과 다르다는 것뿐만 아니라, 그 집단이 다른 집단보다는 지위가 높거나 우월하다는 믿음을 갖게 한다. 모든 인간은 평등하다는 우리의 신념에도 불구하고 왜 인간들 사이의 이러한 위계화(位階化)를 당연한 것으로 받아들일까? 위계화란 특정 부류의 사람들은 자원과 권력을 소유하고 다른 부류의 사람들은 낮은 사회적 지위를 갖게 되는 사회적이며 문화적인 체계이다. 다음에서 우리는 이러한 불평등이 어떠한 방식으로 경험되고 조직화되는지를 살펴보기로 하자.

인간이 불평등을 경험하게 되는 방식은 여러 측면으로 나눌 수 있다. 산업 사회에서의 불평등은 계층과 계급의 차이를 통해서 정당화되는데, 이는 재산, 생산 수단의 소유 여부, 학력, 집안 배경 등의 요소들의 결합에 의해 사람들 사이의 위계를 만들어 낸다. 또한 모든 사회에서 인간은 태어날 때부터 얻게 되는 인종, 성, 종족 등의 생득적 특성과 나이를 통해 불평등을 경험한다. 이러한 특성들은 단순히 생물학적인 차이를 지칭하는 것이 아니라, 개인의 열등성과 우등성을 가늠하게 만드는 사회적 개념이 되곤 한다.

한편 불평등이 재생산되는 다양한 사회적 기제들이 때로는 관습이나 전통이라는 이름 아래 특정 사회의 본질적인 문화적 특성으로 간주되고 당연시되는 경우가 많다. 불평등은 체계적으로 조직되고 개인에 의해 경험됨으로써 문화의 주요 부분이 되었고, 그 결과 같은 문화권 내의 구성원들 사이에 권력 차이와 그에 따른 폭력이나 비인간적인 행위들이 자연스럽게 수용될 때가 많다.

문화 인류학자들은 사회 집단의 차이와 불평등, 사회의 관습 또는 전통이라고 얘기되는 문화 현상에 대해 어떤 입장을 취해야 할지 고민을 한다. 문화 인류학자가 이러한 문화 현상은 고유한 역사적 산물이므로 나름대로 가치를 지닌다는 입장만을 반복하거나 단순히 관찰자로서의 입장에 안주한다면, 이러한 차별의 형태를 제거하는 데 도움을 줄 수 없다. 실제로 문화 인류학 연구는 기존의 권력 관계를 유지시켜주는 다양한 문화적 이데올로기를 분석하고, 인간 간의 차이가 우등성과 열등성을 구분하는 지표가 아니라 동등한 다름일 뿐이라는 것을 일깨우는 데 기여해 왔다.

① 차이와 불평등
② 차이의 감지 능력
③ 문화 인류학의 역사
④ 위계화의 개념과 구조
⑤ 관습과 전통의 계승과 창조

05 다음 글의 내용으로 가장 적절한 것은?

미국 로체스터대 교수 겸 노화연구센터 공동책임자인 베라 고부노바는 KAIST 글로벌전략연구소가 '포스트 코로나, 포스트 휴먼 – 의료·바이오 혁명'을 주제로 개최한 제3차 온라인 국제포럼에서 "대다수 포유동물보다 긴 수명을 가진 박쥐는 바이러스를 체내에 보유하고 있으면서도 염증 반응이 일어나지 않는다."며 "박쥐의 염증 억제 전략을 생물학적으로 이해하면 코로나19는 물론 자가면역 질환 등 다양한 염증 질환 치료제에 활용할 수 있을 것"이라고 말했다.

박쥐는 밀도가 높은 군집 생활을 한다. 또한, 포유류 중 유일하게 날개를 지닌 생물로서 뛰어난 비행 능력과 비행 중에도 고온의 체온을 유지하는 것 등의 능력으로 먼 거리까지 무리를 지어 날아다니기 때문에 쉽게 질병에 노출되기도 한다. 그럼에도 오랜 기간 지구상에 존재하며 바이러스에 대항하는 면역 기능이 발달된 것으로 추정된다. 박쥐는 에볼라나 코로나바이러스에 감염돼도 염증 반응이 일어나지 않기 때문에 대표적인 바이러스 숙주로 지목되고 있다.

고부노바 교수는 "인간이 도시에 모여 산 것도, 비행기를 타고 돌아다닌 것도 사실상 약 100년 정도로 오래되지 않아 박쥐만큼 바이러스 대항 능력이 강하지 않다."며 "박쥐처럼 약 6000 ~ 7000만 년에 걸쳐 진화할 수도 없다."라고 설명했다. 그러면서 "박쥐 연구를 통해 박쥐의 면역체계를 이해하고 바이러스에 따른 다양한 염증 반응 치료제를 개발하는 전략이 필요하다."라고 강조했다.

고부노바 교수는 "이 같은 비교생물학을 통해 노화를 억제하고 퇴행성 질환에 대응하기 위한 방법을 찾을 수 있다."며 "안전성이 확인된 연구 결과물들을 임상에 적용해 더욱 발전해 나가는 것이 필요하다."라고 밝혔다.

① 박쥐의 수명은 긴 편이지만 평균적인 포유류 생물의 수명보다는 짧다.
② 박쥐는 날개가 있는 유일한 포유류지만 짧은 거리만 날아서 이동이 가능하다.
③ 박쥐는 현재까지도 바이러스에 취약한 생물이지만 긴 기간 지구상에 존재할 수 있었다.
④ 박쥐가 많은 바이러스를 보유하고 있는 것은 무리생활과 더불어 수명과도 관련이 있다.
⑤ 박쥐의 면역은 인간에 직접 적용할 수 없기에 연구가 무의미하다.

06 다음 글의 내용이 참일 때, 항상 거짓인 것은?

> 헌법의 개정이 어느 정도까지 가능한가에 대해서는 학자들마다 입장이 다른데, 이는 대체로 개정 무한계설과 개정 한계설로 나뉜다. 개정 무한계설은 헌법에 규정된 개정 절차를 밟으면 어떠한 조항이나 사항이더라도 개정할 수 있다는 입장이다. 개정 무한계설에서는 헌법 규범과 헌법 현실 사이의 틈을 해소할 수 있는 유일한 방법은 헌법 개정을 무제한 허용하는 것이라고 주장한다. 또한 헌법 제정 권력과 헌법 개정 권력의 구별을 부인하여 헌법 최고의 법적 권력은 헌법 개정 권력이라고 주장한다. 그리고 현재의 헌법 규범이나 가치에 의해 장래의 세대를 구속하는 것은 부당하다는 점을 밝힌다. 그러나 개정 무한계설은 법 규범이 가지는 실질적인 규범력의 차이는 외면한 채 헌법 개정에 있어서 형식적 합법성만을 절대시한다는 비판을 받는다.
>
> 개정 한계설은 헌법에 규정된 개정 절차를 따를지라도 특정한 조항이나 사항은 개정할 수 없다는 입장이다. 개정 한계설에서는 헌법 제정 권력과 헌법 개정 권력을 다른 것으로 구별하여 헌법 개정 권력은 헌법 제정 권력의 소재(所在)를 변경하거나 헌법 제정 당시의 국민적 합의인 헌법의 기본적 가치 질서를 변경할 수 없다고 주장한다. 또 헌법 제정자가 내린 근본적 결단으로서의 헌법은 개정 대상이 될 수 없다거나, 헌법 위에 존재하는 자연법*의 원리에 어긋나는 헌법 개정은 허용되지 않는다고 본다. 예를 들어 대한민국 헌법의 국민 주권 원리, 인간으로서의 존엄과 가치 보장은 헌법 개정 절차에 의해서도 개정할 수 없다는 것이다.
>
> *자연법 : 인간 이성을 통하여 발견한 자연적 정의 또는 자연적 질서를 사회 질서의 근본 원리로 생각하는 보편 타당한 법

① 개정 무한계설은 절차를 지킬 경우 국민 주권 원리도 개정 가능하다고 본다.
② 개정 무한계설은 헌법 개정을 통해 규범과 현실 사이의 격차를 줄일 수 있다고 본다.
③ 개정 무한계설은 형식적인 절차는 무시한 채 실질적인 규범력의 차이만 강조한다.
④ 개정 한계설은 제정 권력과 개정 권력을 구별한다.
⑤ 개정 한계설은 인간으로서의 존엄과 가치 보장을 개정하는 것은 자연법의 원리에 어긋난다고 본다.

01 다음은 S사 여사원 150명과 남사원 100명이 한 달 평균 점심식사 비용을 조사하여 나타낸 상대도수분포 그래프이다. 이에 대한 설명으로 옳은 것은?

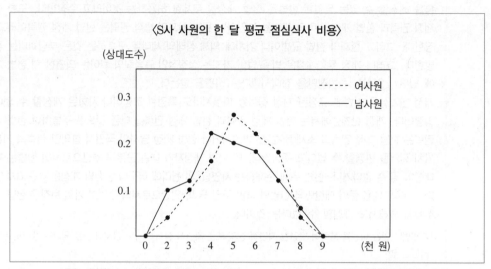

① 남사원이 여사원보다 식비를 더 많이 썼다.

② 식비가 6천 원 이상인 남사원 수는 30명 이하이다.

③ 식비가 4천 원 미만인 사원의 비율은 남사원이 여사원보다 낮다.

④ 식비가 5천 원 이상 7천 원 미만인 여사원 수는 여사원 전체의 40% 미만이다.

⑤ 상대도수의 분포다각형 모양의 그래프와 가로축으로 둘러싸인 부분의 넓이는 남사원과 여사원이 서로 같다.

02 다음은 S대학교 학생 2,500명을 대상으로 진행한 인터넷 쇼핑 이용 현황에 대한 자료이다. 이에 대한 설명으로 옳지 않은 것은?(단, 매년 조사 인원수는 동일하다)

〈인터넷 쇼핑 월평균 이용 빈도〉

구분	2020년	2021년	2022년
평균 이용 빈도(회)	2.7	2.8	2.9

〈월간 인터넷 쇼핑 이용 빈도〉

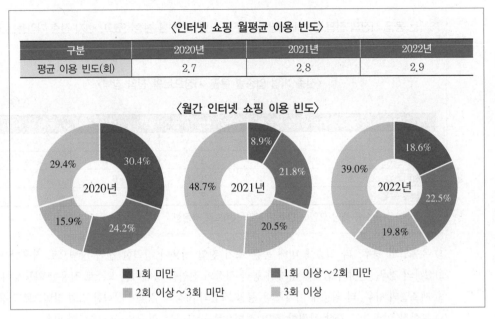

① 인터넷 쇼핑 월평균 이용 빈도는 지속적으로 증가했다.

② 2021년 월간 인터넷 쇼핑을 3회 이상 이용했다고 응답한 사람은 1,210명 이상이다.

③ 3년간의 인터넷 쇼핑 이용 빈도수를 누적했을 때, 두 번째로 많이 응답한 인터넷 쇼핑 이용 빈도수는 1회 미만이다.

④ 2022년 월간 인터넷 쇼핑을 2회 이상 3회 미만 이용했다고 응답한 사람은 2021년 1회 미만으로 이용했다고 응답한 사람보다 2배 이상 많다.

⑤ 1회 이상 2회 미만 쇼핑했다고 응답한 사람은 2021년 대비 2022년에 3% 이상 증가했다.

03 다음은 국내의 유통업체 S사가 몽골 시장으로 진출하기 전 현지에 진출해 있는 기업들이 경험한 진입 장벽에 대하여 조사한 자료이다. 이에 대한 설명으로 옳은 것은?

S사는 몽골 시장의 진입 장벽에 해당하는 주요 요인 4가지를 선정하였고, 현지 진출 기업들은 경험을 바탕으로 요인별로 0 ~ 10점 사이의 점수를 부여하였다.

〈진출 기업 업종별 몽골 시장으로의 진입 장벽〉

(단위 : 점)

구분	몽골 기업의 시장 점유율	초기 진입 비용	현지의 엄격한 규제	문화적 이질감
유통업	7	5	9	2
제조업	5	3	8	4
서비스업	4	2	6	8
식·음료업	6	7	5	6

※ 점수가 높을수록 해당 요인이 강력한 진입 장벽으로 작용함

① 유통업의 경우, 타 업종에 비해 높은 초기 진입 비용이 강력한 진입 장벽으로 작용한다.
② S사의 경우, 현지의 엄격한 규제가 몽골 시장의 진입을 방해하는 요소로 작용할 가능성이 크다.
③ 제조업의 경우, 타 업종에 비해 높은 몽골 기업의 시장 점유율이 강력한 진입 장벽으로 작용한다.
④ 문화적 이질감이 가장 강력한 진입 장벽으로 작용하는 업종은 식·음료업이다.
⑤ 서비스업의 경우, 타 업종에 비해 시장으로의 초기 진입 비용이 가장 많이 든다.

01 A, B, C사원이 P지점을 동시에 출발하여 Q지점을 지나 R지점까지 가려고 한다. A사원은 P지점에서 R지점까지 시속 4km의 속도로 걷고, B사원은 P지점에서 Q지점까지는 시속 5km, Q지점에서 R지점까지는 시속 3km의 속도로 걸으면 A사원보다 12분 늦게 R지점에 도착한다. C사원이 P지점에서 Q지점까지는 시속 2km, Q지점에서 R지점까지는 시속 5km의 속도로 걸을 때 도착 시간을 A사원과 바르게 비교한 것은?(단, P지점에서 R지점까지 거리는 4km이다)

① A사원보다 3분 늦게 도착한다.

② A사원보다 3분 빠르게 도착한다.

③ A사원보다 5분 빠르게 도착한다.

④ A사원보다 6분 늦게 도착한다.

⑤ A사원보다 6분 빠르게 도착한다.

02 다음과 같은 바둑판 도로망이 있다. 갑은 A지점에서 출발하여 B지점까지 최단 거리로 이동하고 을은 B지점에서 출발하여 A지점까지 최단 거리로 이동한다. 갑과 을이 동시에 출발하여 같은 속력으로 이동할 때, 갑과 을이 만나는 경우의 수는?

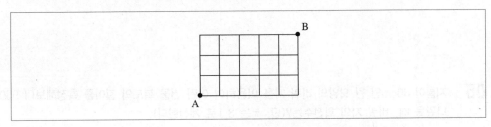

① 244가지

② 574가지

③ 867가지

④ 1,184가지

⑤ 1,342가지

03 민솔이네 가족은 S통신사를 이용한다. 민솔이는 79분을 사용하여 20,950원, 아빠는 90분을 사용하여 21,390원의 요금을 청구받았다. S통신사의 요금 부과 규칙이 다음과 같을 때, 101분 사용한 엄마의 통화 요금은?

> • 60분 이하 사용 시 기본요금 x원이 부과됩니다. ⋯ (1)
> • 60분 초과 사용 시 (1)요금에 초과한 시간에 대하여 1분당 y원이 추가로 부과됩니다. ⋯ (2)
> • 100분 초과 사용 시 (2)요금에 초과한 시간에 대하여 1분당 $2y$원이 추가로 부과됩니다.

① 21,830원   ② 21,870원

③ 21,900원   ④ 21,930원

⑤ 21,960원

04 A, B 두 종류의 경기를 하여 각각에 대하여 상을 주는데 A종목은 50,000원을 주고 B종목는 30,000원을 주었다. 상을 받은 사람은 모두 30명이며, A, B 두 종목 모두에서 상을 받은 사람은 10명이다. 또, A종목에서 상을 받은 사람은 B종목에서 상을 받은 사람보다 8명이 많았다. 이때 A종목에서 상을 받은 사람들이 받은 상금은 총 얼마인가?

① 1,100,000원   ② 1,200,000원

③ 1,300,000원   ④ 1,400,000원

⑤ 1,500,000원

05 지름이 30cm인 원 모양의 바퀴 자를 이용하여 어떤 건물 복도의 길이를 측정해보니 930cm가 나왔을 때, 바퀴 자의 회전수는?(단, π는 3.1로 계산한다)

① 6회   ② 8회

③ 10회   ④ 12회

⑤ 14회

01 다음 명제가 모두 참일 때, 옳지 않은 것은?

> • 비가 많이 내리면 습도가 높아진다.
> • 겨울보다 여름에 비가 더 많이 내린다.
> • 습도가 높으면 먼지가 잘 나지 않는다.
> • 습도가 높으면 정전기가 잘 일어나지 않는다.

① 겨울은 여름보다 습도가 낮다.
② 먼지는 여름이 겨울보다 잘 난다.
③ 여름에는 겨울보다 정전기가 잘 일어나지 않는다.
④ 비가 많이 오면 정전기가 잘 일어나지 않는다.
⑤ 정전기가 잘 일어나면 비가 적게 온 것이다.

02 동아리 회비를 담당하고 있는 F팀장은 점심시간 후, 회비가 감쪽같이 사라진 것을 발견했다. 점심시간 동안 사무실에 있었던 사람은 A ~ E 5명이고, 이들 중 2명은 범인, 3명은 범인이 아니다. 범인은 거짓말을 하고, 범인이 아닌 사람은 진실을 말한다. 〈보기〉를 참고할 때, 다음 중 옳은 것은?

> **보기**
> • A는 B, D 중 1명이 범인이라고 주장한다.
> • B는 C가 범인이라고 주장한다.
> • C는 B가 범인이라고 주장한다.
> • D는 A가 범인이라고 주장한다.
> • E는 A와 B가 범인이 아니라고 주장한다.

① A와 D 중 범인이 있다.
② B가 범인이다.
③ C와 E가 범인이다.
④ D는 범인이 아니다.
⑤ 범인이 누구인지 주어진 조건만으로는 알 수 없다.

정답 및 해설 p.012

01 언어이해

01 다음 글을 근거로 판단할 때 가장 적절한 것은?

> 아파트를 분양받을 경우 전용면적, 공용면적, 공급면적, 계약면적, 서비스면적이라는 용어를 자주 접하게 된다.
>
> 전용면적은 아파트의 방이나 거실, 주방, 화장실 등을 모두 포함한 면적으로, 개별 세대 현관문 안쪽의 전용 생활공간을 말한다. 다만 발코니면적은 전용면적에서 제외된다.
>
> 공용면적은 주거공용면적과 기타공용면적으로 나뉜다. 주거공용면적은 세대가 거주를 위하여 공유하는 면적으로 세대가 속한 건물의 공용계단, 공용복도 등의 면적을 더한 것을 말한다. 기타공용면적은 주거공용면적을 제외한 지하층, 관리사무소, 노인정 등의 면적을 더한 것이다.
>
> 공급면적은 통상적으로 분양에 사용되는 용어로 전용면적과 주거공용면적을 더한 것이다. 계약면적은 공급면적과 기타공용면적을 더한 것이다. 서비스면적은 발코니 같은 공간의 면적으로 전용면적과 공용면적에서 제외된다.

① 발코니면적은 계약면적에 포함된다.

② 관리사무소면적은 공급면적에 포함된다.

③ 계약면적은 전용면적, 주거공용면적, 기타공용면적을 더한 것이다.

④ 공용계단과 공용복도의 면적은 공급면적에 포함되지 않는다.

⑤ 개별 세대 내 거실과 주방의 면적은 주거공용면적에 포함된다.

02 다음 글의 내용으로 가장 적절한 것은?

보름달 중에 가장 크게 보이는 보름달을 슈퍼문이라고 한다. 이때 보름달이 크게 보이는 이유는 달이 평소보다 지구에 가까이 있기 때문이다. 슈퍼문이 되려면 보름달이 되는 시점과 달이 지구에 가장 가까워지는 시점이 일치하여야 한다. 달의 공전 궤도가 완벽한 원이라면 지구에서 달까지의 거리가 항상 똑같을 것이다. 하지만 실제로는 타원 궤도여서 달이 지구에 가까워지거나 멀어지는 현상이 생긴다. 유독 달만 그런 것은 아니고 태양계의 모든 행성이 태양을 중심으로 타원 궤도로 돈다. 이것이 바로 그 유명한 케플러의 행성운동 제1법칙이다.

지구와 달의 평균 거리는 약 38만km인 반면 슈퍼문일 때는 그 거리가 35만 7,000km 정도로 가까워진다. 달의 반지름은 약 1,737km이므로, 지구와 달의 거리가 평균 정도일 때 지구에서 보름달을 바라보는 시각도*는 0.52도 정도인 반면, 슈퍼문일 때는 시각도가 0.56도로 커진다. 반대로 보름달이 가장 작게 보일 때, 다시 말해 보름달이 지구에서 제일 멀 때는 그 거리가 약 40만km여서 보름달을 보는 시각도가 0.49도로 작아진다.

밀물과 썰물이 생기는 원인은 지구에 작용하는 달과 태양의 중력 때문인데, 달이 태양보다는 지구에 훨씬 더 가깝기 때문에 더 큰 영향을 미친다. 달이 지구에 가까워지면 평소 달이 지구를 당기는 힘보다 더 강하게 지구를 당긴다. 그리고 달의 중력이 더 강하게 작용하면, 달을 향한 쪽의 해수면은 평상시보다 더 높아진다. 실제 우리나라에서도 슈퍼문일 때 제주도 등 해안가에 바닷물이 평소보다 더 높게 밀려 들어와서 일부 지역이 침수 피해를 겪기도 했다.

한편 달의 중력 때문에 높아진 해수면이 지구와 함께 자전을 하다보면 지구의 자전을 방해하게 된다. 일종의 브레이크가 걸리는 셈이다. 이 때문에 지구의 자전 속도가 느려지게 되고 그 결과 하루의 길이에 미세하게 차이가 생긴다. 실제 연구 결과에 따르면 100만 년에 17초 정도씩 길어지는 효과가 생긴다고 한다.

*시각도 : 물체의 양끝에서 눈의 결합점을 향하여 그은 두 선이 이루는 각을 의미함

① 지구에서 태양까지의 거리는 1년 동안 항상 일정하다.
② 해수면의 높이는 지구와 달의 거리와 관계가 없다.
③ 달이 지구에서 멀어지면 궤도에서 벗어나지 않기 위해 평소보다 더 강하게 지구를 잡아당긴다.
④ 지구와 달의 거리가 36만km 정도인 경우, 지구에서 보름달을 바라보는 시각도는 0.49도보다 크다.
⑤ 달의 중력 때문에 지구가 자전하는 속도는 점점 빨라지고 있다.

03 다음 글을 읽고 추론할 수 있는 것은?

> 사람들은 단순히 공복을 채우기 위해서가 아니라 다른 많은 이유로 '먹는다.'는 행위를 행한다. 먹는 다는 것에 대한 비 생리학적인 동기에 대해서 연구하고 있는 과학자들에 따르면 비만인 사람들과 표준체중인 사람들은 식사 패턴에서 꽤나 차이를 보이는 것을 알 수 있다고 한다. 한 연구에서는 비만인 사람들에 대해 식사 전에 그 식사에 대한 상세한 설명을 하면 설명을 하지 않은 경우에 비해서 식사량이 늘었지만, 표준체중인 사람들에게서는 그런 현상이 보이지 않았다. 또한 표준체중인 사람들은 밝은 색 접시에 담긴 견과류와 어두운 색 접시에 담긴 견과류를 먹은 개수의 차가 거의 없는 것에 비해, 비만인 사람들은 밝은 색 접시에 담긴 견과류를 어두운 색 접시에 담긴 견과류보다 2배 더 많이 먹었다는 연구도 있다.

① 비만인 사람들은 표준체중인 사람들에 비해 외부 자극에 의해 식습관에 영향을 받기 쉽다.
② 표준체중인 사람들은 비만체중인 사람들에 비해 식사량이 적다.
③ 비만인 사람들은 생리학적인 필요성보다 감정적 또는 심리적인 필요성에 쫓겨서 식사를 하고 있다.
④ 비만인 사람들은 표준체중인 사람들보다 감각이 예민하다.
⑤ 표준체중인 사람들은 음식에 대한 욕구를 절제할 수 있다.

04 다음 글을 읽고 추론한 내용으로 적절하지 않은 것은?

> 리플리 증후군이란 허구의 세계를 진실이라 믿고 거짓말과 거짓된 행동을 상습적으로 반복하는 반 사회적 인격장애를 뜻한다. 리플리 증후군은 극단적인 감정의 기복을 보이는 등 불안정한 정신 상태를 갖고 있는 사람에게서 잘 나타나는 것으로 알려져 있다. 자신의 욕구를 충족시킬 수 없어 열등감과 피해의식에 시달리다가 상습적이고 반복적인 거짓말을 일삼으면서 이를 진실로 믿고 행동하게된다. 거짓말을 반복하다가 본인이 한 거짓말을 스스로 믿어 버리는 증후군으로서 현재 자신의 상황에 만족하지 못하는 경우에 발생한다. 이는 '만족'이라는 상대적인 개념을 개인이 어떻게 받아들이고 느끼느냐에 따라 달라진다고 할 수 있다.

① 상대적으로 자신에게 만족감을 갖지 못한 사람에게 리플리 증후군이 나타난다.
② 리플리 증후군 환자는 거짓말을 통해 만족감을 얻고자 한다.
③ 열등감과 피해의식은 리플리 증후군의 원인이 된다.
④ 리플리 증후군 환자는 자신의 거짓말을 거짓말로 인식하지 못한다.
⑤ 자신의 상황에 불만족하는 사람은 불안정한 정신 상태를 갖게 된다.

05

연방준비제도(이하 연준)가 고용 증대에 주안점을 둔 정책을 입안한다 해도 정책이 분배에 미치는 영향을 고려하지 않는다면, 그 정책은 거품과 불평등만 부풀릴 것이다. 기술 산업의 거품 붕괴로 인한 경기 침체에 대응하여 2000년대 초에 연준이 시행한 저금리 정책이 이를 잘 보여준다.

특정한 상황에서는 금리 변동이 투자와 소비의 변화를 통해 경기와 고용에 영향을 줄 수 있다. 하지만 다른 수단이 훨씬 더 효과적인 상황도 많다. 가령 부동산 거품에 대한 대응책으로는 금리 인상보다 주택 담보 대출에 대한 규제가 더 합리적이다. 생산적 투자를 위축시키지 않으면서 부동산 거품을 가라앉힐 수 있기 때문이다.

경기 침체기라 하더라도, 금리 인하는 은행의 비용을 줄여주는 것 말고는 경기 회복에 별다른 도움이 되지 않을 수 있다. 대부분의 부문에서 설비 가동률이 낮은 상황이라면, 대출 금리가 낮아져도 생산적인 투자가 별로 증대하지 않는다. 2000년대 초가 바로 그런 상황이었기 때문에, 당시의 저금리 정책은 생산적인 투자 증가 대신에 주택 시장의 거품만 초래한 것이다.

금리 인하는 국공채에 투자했던 퇴직자들의 소득을 감소시켰다. 노년층에서 정부로, 정부에서 금융업으로 부의 대규모 이동이 이루어져 불평등이 심화되었다. 이에 따라 금리 인하는 다양한 경로로 소비를 위축시켰다. 은퇴 후의 소득을 확보하기 위해, 혹은 자녀의 학자금을 확보하기 위해 사람들은 저축을 늘렸다. 연준은 금리 인하가 주가 상승으로 이어질 것이므로 소비가 늘어날 것이라고 주장했다. 하지만 2000년대 초 연준의 금리 인하 이후 주가 상승에 따라 발생한 이득은 대체로 부유층에 집중되었으므로 대대적인 소비 증가로 이어지지 않았다.

2000년대 초 고용 증대를 기대하고 시행한 연준의 저금리 정책은 노동을 자본으로 대체하는 투자를 증대시켰다. 인위적인 저금리로 자본 비용이 낮아지자 이런 기회를 이용하려는 유인이 생겨났다. 노동력이 풍부한 상황인데도 노동을 절약하는 방향의 혁신이 강화되었고, 미숙련 노동자들의 실업률이 높은 상황인데도 가게들은 계산원을 해고하고 자동화 기계를 들여놓았다. 경기가 회복되더라도 실업률이 떨어지지 않는 구조가 만들어진 것이다.

① 2000년대 초 연준의 금리 인하로 국공채에 투자한 퇴직자의 소득이 줄어들어 금융업으로부터 정부로 부가 이동하였다.

② 2000년대 초 연준은 고용 증대를 기대하고 금리를 인하했지만, 결과적으로 고용 증대가 더 어려워지도록 만들었다.

③ 2000년대 초 기술 산업 거품의 붕괴로 인한 경기 침체기에 설비 가동률은 대부분의 부문에서 낮은 상태였다.

④ 2000년대 초 연준이 금리 인하 정책을 시행한 후 주택 가격과 주식 가격은 상승하였다.

⑤ 금리 인상은 부동산 거품 대응 정책 가운데 가장 효과적인 정책이 아닐 수 있다.

모든 동물들의 생리적 장치들이 제대로 작동하기 위해서는 체액의 농도를 어느 정도 일정하게 유지해야 한다. 이를 위해 수분의 획득과 손실의 균형을 조절하는 작용을 삼투 조절이라 한다. 동물은 서식지와 체액의 농도, 특히 염도 차이가 있을 경우, 삼투 현상에 따라 체내 수분의 획득과 손실이 발생하기 때문에 이러한 상황에서 체액의 농도를 일정하게 유지하는 것이 중요한 생존 과제이다. 삼투 현상이란 반(半)투과성 막을 사이에 두고 농도가 다른 양쪽의 용액 중 농도가 낮은 쪽의 용매가 농도가 높은 쪽으로 옮겨 가는 현상이다. 소금물에서는 물에 녹아 있는 소금을 용질, 그 물을 용매라고 할 수 있는데, 반투과성 막의 양쪽에 농도가 다른 소금물이 있다면, 농도가 낮은 쪽의 물이 높은 쪽으로 이동하게 된다. 이때 양쪽의 농도가 같다면, 용매의 순이동은 없다고 한다.

동물들은 이러한 삼투 현상에 대응하여 수분 균형을 어떻게 유지하느냐에 따라 삼투 순응형과 삼투 조절형으로 분류된다. 먼저 삼투 순응형 동물은 모두 해수(海水) 동물로 체액과 해수의 염분 농도, 즉 염도가 같기 때문에 수분의 순이동은 없다. 게나 홍합, 갯지네 등이 여기에 해당한다. 이와 달리 삼투 조절형 동물은 체액의 염도와 서식지의 염도가 달라 체액의 염도가 변하지 않도록 삼투 조절을 하며 살아간다.

삼투 조절형 동물 중 해수에 사는 대다수 어류의 체액은 해수에 비해 염도가 낮기 때문에 체액의 수분이 빠져나갈 수 있다. 그래서 표피는 비투과성이지만, 아가미의 상피세포를 통해 물을 쉽게 빼앗긴다. 이렇게 삼투 현상에 의해 빼앗긴 수분을 보충하기 위하여 이들은 계속 바닷물을 마시게 된다. 이로 인해 이들의 창자에서 바닷물의 70~80%가 혈관 속으로 흡수되는데, 이때 염분도 혈관 속으로 들어간다. 그러면 아가미의 상피 세포에 있는 염분 분비 세포를 작동시켜 과도해진 염분을 밖으로 내보낸다.

담수에 사는 동물들이 직면한 삼투 조절의 문제는 해수 동물과 정반대이다. 담수 동물의 체액은 담수에 비해 염도가 높기 때문에 아가미를 통해 수분이 계속 유입될 수 있다. 그래서 담수 동물들은 물을 거의 마시지 않고 많은 양의 오줌을 배출하여 문제를 해결하고 있다. 이들의 비투과성 표피는 수분의 유입을 막기 위한 것이다.

한편 육상에 사는 동물들 또한 다양한 경로를 통해 수분이 밖으로 빠져나간다. 오줌, 대변, 피부, 가스교환 기관의 습한 표면 등을 통해 수분을 잃기 때문이다. 그래서 육상 동물들은 물을 마시거나 음식을 통해, 그리고 세포호흡으로 물을 생성하여 부족한 수분을 보충한다.

① 동물들은 체액의 농도가 크게 달라지면 생존하기 어렵다.
② 동물들이 삼투 현상에 대응하는 방법은 서로 다를 수 있다.
③ 동물의 체액과 서식지 물의 농도가 같으면 삼투 현상에 의한 수분의 순이동은 없다.
④ 담수 동물은 육상 동물과 마찬가지로 많은 양의 오줌을 배출하여 체내 수분을 일정하게 유지한다.
⑤ 육상 동물들은 세포호흡을 통해서도 수분을 보충할 수 있다.

01 다음은 2017 ~ 2021년 S사의 경제 분야 투자에 대한 자료이다. 이에 대한 설명으로 옳지 않은 것은?

<S사의 경제 분야 투자규모>

(단위 : 억 원, %)

연도 구분	2017년	2018년	2019년	2020년	2021년
경제 분야 투자규모	20	24	23	22	21
총지출 대비 경제 분야 투자규모 비중	6.5	7.5	8	7	6

① 2021년 총지출은 320억 원 이상이다.

② 2018년 경제 분야 투자규모의 전년 대비 증가율은 25% 이하이다.

③ 2017 ~ 2021년 동안 경제 분야에 투자한 금액은 110억 원이다.

④ 2018 ~ 2021년 동안 경제 분야 투자규모와 총지출 대비 경제 분야 투자규모 비중의 전년 대비 증감추이는 동일하지 않다.

⑤ 2019년이 2020년보다 경제 분야 투자규모가 전년에 비해 큰 비율로 감소하였다.

02 다음은 주요 온실가스의 연평균 농도 변화 추이를 나타낸 표이다. 이에 대한 설명으로 옳지 않은 것은?

<주요 온실가스의 연평균 농도 변화 추이>

구분	2015년	2016년	2017년	2018년	2019년	2020년	2021년
이산화탄소(CO_2, ppm)	387.2	388.7	389.9	391.4	392.5	394.5	395.7
오존전량(O_3, DU)	331	330	328	325	329	343	335

① 이산화탄소의 농도는 계속해서 증가하고 있다.

② 오존전량은 계속해서 증가하고 있다.

③ 2021년 오존전량은 2015년의 오존전량보다 4DU 증가했다.

④ 2021년 이산화탄소의 농도는 2016년보다 7ppm 증가했다.

⑤ 오존전량이 가장 크게 감소한 해는 2021년이다.

03 다음은 2017년부터 2021년까지 생활 폐기물 처리 현황에 대한 자료이다. 이에 대한 설명으로 적절하지 않은 것은?(단, 비율은 소수점 둘째 자리에서 반올림한다)

〈생활 폐기물 처리 현황〉

(단위 : 톤)

처리방법	2017년	2018년	2019년	2020년	2021년
매립	9,471	8,797	8,391	7,613	7,813
소각	10,309	10,609	11,604	12,331	12,648
재활용	31,126	29,753	28,939	29,784	30,454
합계	50,906	49,159	48,934	49,728	50,915

① 전년 대비 소각 증가율은 2019년이 2020년의 2배 이상이다.
② 매년 생활 폐기물 처리량 중 재활용 비율이 가장 높다.
③ 2017 ~ 2021년 소각량 대비 매립량은 60% 이상이다.
④ 생활 폐기물 처리방법 중 매립은 2017년부터 2020년까지 계속 감소하고 있다.
⑤ 생활 폐기물 처리 현황에서 2021년 재활용 비율은 2017년 소각량 비율의 3배보다 작다.

04 다음은 한국과 미국의 소방직 및 경찰직 공무원의 현황을 나타낸 자료이다. 이에 대한 설명으로 적절하지 않은 것은?(단, 소수점 둘째 자리에서 반올림한다)

〈한국과 미국의 소방직·경찰직 공무원 현황〉

(단위 : 명)

국가	구분	2019년	2020년	2021년
한국	전체 공무원	875,559	920,291	955,293
	소방직 공무원	39,582	42,229	45,520
	경찰직 공무원	66,523	72,392	79,882
미국	전체 공무원	1,882,428	2,200,123	2,586,550
	소방직 공무원	220,392	282,329	340,594
	경찰직 공무원	452,482	490,220	531,322

① 한국의 전년 대비 전체 공무원의 증가 인원수는 2020년이 2021년도보다 많다.
② 한국의 소방직 공무원과 경찰직 공무원의 인원수 차이는 매년 감소하고 있다.
③ 2019년 대비 2021년 증가 인원수는 한국은 소방직 공무원이 경찰직보다 적지만, 미국은 그 반대이다.
④ 미국의 소방직 공무원의 전년 대비 증가율은 2020년이 2021년보다 7.0% 이상 더 높다.
⑤ 미국의 경찰직 공무원이 미국 전체 공무원 중 차지하는 비율은 매년 감소하고 있다.

01 농도가 14%로 오염된 물 50g이 있다. 깨끗한 물을 채워서 오염농도를 4%p 줄이려고 한다면 깨끗한 물을 얼마나 넣어야 하는가?

① 5g   ② 10g
③ 15g   ④ 20g
⑤ 25g

02 어떤 자연수로 245를 나누면 5가 남고, 100을 나누면 4가 남는다고 한다. 이러한 어떤 자연수 중 가장 큰 수는?

① 12   ② 24
③ 36   ④ 48
⑤ 60

03 철도 길이가 720m인 터널이 있다. A기차는 터널을 완전히 빠져나갈 때까지 56초가 걸리고, 기차 길이가 A기차보다 40m 짧은 B기차는 160초가 걸렸다. 두 기차가 터널 양 끝에서 동시에 출발하면 $\frac{1}{4}$ 지점에서 만난다고 할 때, B기차의 길이는?(단, 기차 속력은 일정하다)

① 50m   ② 60m
③ 70m   ④ 80m
⑤ 90m

04 어떤 두 소행성 간의 거리는 150km이다. 이 두 소행성이 서로를 향하여 각각 초속 10km와 5km로 접근한다면, 둘은 몇 초 후에 충돌하겠는가?

① 5초   ② 10초
③ 15초   ④ 20초
⑤ 25초

01 다음 제시된 명제가 모두 참일 때 추론할 수 있는 것은?

> • 바나나의 열량은 방울토마토의 열량보다 높다.
> • 딸기의 열량은 사과의 열량보다 낮다.
> • 사과의 열량은 바나나의 열량보다 낮다.

① 딸기의 열량이 가장 낮다.
② 방울토마토의 열량이 가장 낮다.
③ 사과의 열량이 가장 높다.
④ 바나나의 열량이 가장 높다.
⑤ 방울토마토는 딸기보다 열량이 높다.

02 다음 다섯 사람 중 오직 한 사람만이 거짓말을 하고 있다고 할 때, 거짓말을 하고 있는 사람은?

> A : C는 거짓말을 하고 있다.
> B : C의 말이 참이면 E의 말도 참이다.
> C : B는 거짓말을 하고 있지 않다.
> D : A의 말이 참이면 내 말은 거짓이다.
> E : C의 말은 참이다.

① A   ② B
③ C   ④ D
⑤ E

01 언어이해

01 다음 글의 논지를 이끌 수 있는 첫 문장으로 가장 적절한 것은?

> 사람과 사람이 직접 얼굴을 맞대고 하는 접촉이 라디오나 텔레비전 등의 매체를 통한 접촉보다 결정적인 영향력을 미친다는 것이 일반적인 견해로 알려져 있다. 매체는 어떤 마음의 자세를 준비하게하는 구실을 하여 나중에 직접 어떤 사람에게서 새 어형을 접했을 때 그것이 텔레비전에서 자주 듣던 것이면 더 쉽게 그쪽으로 마음의 문을 열게 하는 면에서 영향력을 행사하기는 하지만, 새 어형이전파되는 것은 매체를 통해서보다 상면하는 사람과의 직접적인 접촉에 의해서라는 것이 더 일반화된 견해이다. 사람들은 한두 사람의 말만 듣고 언어 변화에 가담하지는 않고, 주위의 여러 사람들이다 같은 새 어형을 쓸 때 비로소 그것을 받아들이게 된다고 한다. 매체를 통해서보다 자주 접촉하는사람들을 통해 언어 변화가 진전된다는 사실은 언어 변화의 여러 면을 바로 이해하는 하나의 핵심적인 내용이라 해도 좋을 것이다.

① 일반적으로 젊은 층이 언어 변화를 주도한다.
② 언어 변화는 결국 접촉에 의해 진행되는 현상이다.
③ 접촉의 형식도 언어 변화에 영향을 미치는 요소로 지적되고 있다.
④ 매체의 발달이 언어 변화에 중요한 영향을 미치는 것으로 알려져 있다.
⑤ 언어 변화는 외부와의 접촉이 극히 제한되어 있는 곳일수록 속도가 느리다.

02 다음 글에 대한 반론으로 가장 적절한 것은?

어떤 경제 주체의 행위가 자신과 거래하지 않는 제3자에게 의도하지 않게 이익이나 손해를 주는 것을 '외부성'이라 한다. 과수원의 과일 생산이 인접한 양봉업자에게 벌꿀 생산과 관련한 이익을 준다든지, 공장의 제품 생산이 강물을 오염시켜 주민들에게 피해를 주는 것 등이 대표적인 사례이다. 외부성은 사회 전체로 보면 이익이 극대화되지 않는 비효율성을 초래할 수 있다. 개별 경제 주체가 제3자의 이익이나 손해까지 고려하여 행동하지는 않을 것이기 때문이다. 예를 들어, 과수원의 이윤을 극대화하는 생산량이 Qa라고 할 때, 생산량을 Qa보다 늘리면 과수원의 이윤은 줄어든다. 하지만 이로 인한 과수원의 이윤 감소보다 양봉업자의 이윤 증가가 더 크다면, 생산량을 Qa보다 늘리는 것이 사회적으로 바람직하다. 하지만 과수원이 자발적으로 양봉업자의 이익까지 고려하여 생산량을 Qa보다 늘릴 이유는 없다.

전통적인 경제학은 이러한 비효율성의 해결책이 보조금이나 벌금과 같은 정부의 개입이라고 생각한다. 보조금을 받거나 벌금을 내게 되면 제3자에게 주는 이익이나 손해가 더 이상 자신의 이익과 무관하지 않게 되므로, 자신의 이익에 충실한 선택이 사회적으로 바람직한 결과로 이어진다는 것이다.

① 일반적으로 과수원은 양봉업자의 입장을 고려하지 않는다.

② 과수원 생산자는 자신의 의도와 달리 다른 사람들에게 손해를 끼칠 수 있다.

③ 과수원자에게 보조금을 지급한다면 생산량을 Qa보다 늘리려 할 것이다.

④ 정부의 개입을 통해 외부성으로 인한 비효율성을 줄일 수 있다.

⑤ 정부의 개입 과정에서 시간과 노력이 많이 들게 되면 비효율성이 늘어날 수 있다.

03 다음 글의 빈칸에 들어갈 내용으로 가장 적절한 것은?

1979년 경찰관 출신이자 샌프란시스코 시의원이었던 댄 화이트는 시장과 시의원을 살해했다는 이유로 1급 살인죄로 기소되었다. 화이트의 변호인은 피고인이 스낵을 비롯해 컵케이크, 캔디 등을 과다 섭취해서 당분 과다로 뇌의 화학적 균형이 무너져 정신에 장애가 왔다고 주장하면서 책임 경감을 요구하였다. 재판부는 변호인의 주장을 인정하여 계획 살인죄보다 약한 일반 살인죄를 적용하여 7년 8개월의 금고형을 선고했다. 이 항변은 당시 미국에서 인기 있던 스낵의 이름을 따 '트윙키 항변'이라 불렸고 사건의 사회성이나 의외의 소송 전개 때문에 큰 화제가 되었다.

이를 계기로 1982년 슈엔달러는 교정시설에 수용된 소년범 276명을 대상으로 섭식과 반사회 행동의 상관관계에 대해 실험을 하였다. 기존의 식단에서 각설탕을 꿀로 바꾸어 보고, 설탕이 들어간 음료수에서 천연 과일 주스를 주는 등으로 변화를 주었다. 이처럼 정제한 당의 섭취를 원천적으로 차단한 결과 시설 내 폭행, 절도, 규율 위반, 패싸움 등이 실험 전에 비해 무려 45%나 감소했다는 것을 알게 되었다. 따라서 이 실험을 통해 _____

① 과다한 영양 섭취가 범죄 발생에 영향을 미친다는 것을 알 수 있다.

② 과다한 정제당 섭취는 반사회적 행동을 유발할 수 있다는 것을 알 수 있다.

③ 가공 식품의 섭취가 일반적으로 폭력 행위를 증가시킨다는 것을 알 수 있다.

④ 정제당 첨가물로 인한 범죄 행위는 그 책임이 경감되어야 한다는 것을 알 수 있다.

⑤ 범죄 예방을 위해 교정시설 내에 정제당을 제공하지 말아야 한다는 것을 알 수 있다.

04 다음 글을 근거로 판단할 때 가장 적절한 것은?

> 2009년 미국의 설탕, 옥수수 시럽, 기타 천연당의 1인당 연평균 소비량은 140파운드로, 독일·프랑스보다 50%가 많았고 중국보다는 9배가 많았다. 그런데 설탕이 비만을 야기하고 당뇨병 환자의 건강에 해롭다는 인식이 확산되면서 사카린과 같은 인공 감미료의 수요가 증가하였다.
>
> 세계 최초의 인공 감미료인 사카린은 1879년 미국 존스홉킨스대학에서 화학 물질의 산화 반응을 연구하다가 우연히 발견됐다. 당도가 설탕보다 약 500배 정도 높은 사카린은 대표적인 인공 감미료로, 체내에서 대사되지 않고 그대로 배출된다는 특징이 있다. 그런데 1977년 캐나다에서 쥐를 대상으로 한 사카린 실험 이후 유해성 논란이 촉발되었다. 사카린을 섭취한 쥐가 방광암에 걸렸기 때문이다. 그러나 사카린의 무해성을 입증한 다양한 연구 결과로 인해 2001년 미국 FDA는 사카린을 다시 안전한 식품 첨가물로 공식 인정하였고, 현재도 설탕의 대체재로 사용되고 있다.
>
> 아스파탐은 1965년 위궤양 치료제를 개발하던 중 우연히 발견된 인공 감미료로 당도가 설탕보다 약 200배 높다. 그러나 아스파탐도 발암성 논란이 끊이지 않았다. 미국 암협회가 안전하다고 발표했지만, 이탈리아의 한 과학자가 쥐를 대상으로 한 실험에서 아스파탐이 암을 유발한다고 결론내렸기 때문이다.

① 사카린과 아스파탐은 설탕보다 당도가 높고, 사카린은 아스파탐보다 당도가 높다.

② 사카린과 아스파탐은 모두 설탕을 대체하기 위해 거액을 투자해 개발한 인공 감미료이다.

③ 사카린은 유해성 논란으로 현재 미국에서는 더 이상 식품 첨가물로 사용되지 않고 있다.

④ 2009년 기준 중국의 설탕, 옥수수 시럽, 기타 천연당의 1인당 연평균 소비량은 20파운드 이상이었을 것이다.

⑤ 아스파탐은 암 유발 논란에 휩싸였지만, 2001년 미국 FDA로부터 안전한 식품 첨가물로 처음 공식 인정받았다.

05 다음 제시된 문단을 논리적 순서대로 바르게 나열한 것은?

(가) 문화재(문화유산)는 옛 사람들이 남긴 삶의 흔적이다. 그 흔적에는 유형의 것과 무형의 것이 모두 포함된다. 문화재 가운데 가장 가치 있는 것으로 평가받는 것은 다름 아닌 국보이며, 현행 문화재보호법 체계상 국보에 무형문화재는 포함되지 않는다. 즉 국보는 유형문화재만을 대상으로 한다.

(나) 국보 선정 기준에 따라 우리의 전통 문화재 가운데 최고의 명품으로 꼽힌 문화재로는 국보 1호 숭례문이 있다. 숭례문은 현존 도성 건축물 중 가장 오래된 건물이다. 다음으로 온화하고 해맑은 백제의 미소로 유명한 충남 서산 마애여래삼존상은 국보 84호이다. 또한 긴 여운의 신비하고 그윽한 종소리로 유명한 선덕대왕신종은 국보 29호, 유네스코 세계유산으로도 지정된 석굴암은 국보 24호이다. 이렇듯 우리나라 전통문화의 상징인 국보는 다양한 국보 선정의 기준으로 선발된 것이다.

(다) 문화재보호법에 따르면 국보는 특히 "역사적 · 학술적 · 예술적 가치가 큰 것, 제작 연대가 오래되고 그 시대를 대표하는 것, 제작 의장이나 제작 기법이 우수해 그 유례가 적은 것, 형태 품질 용도가 현저히 특이한 것, 저명한 인물과 관련이 깊거나 그가 제작한 것" 등을 대상으로 한다. 이것이 국보 선정의 기준인 셈이다.

(라) 이처럼 국보 선정의 기준으로 선발된 문화재는 지금 우리 주변에서 여전히 숨쉬고 있다. 우리와 늘 만나고 우리와 늘 교류한다. 우리에게 감동과 정보를 주기도 하고, 때로는 이 시대의 사람들과 갈등을 겪기도 한다. 그렇기에 국보를 둘러싼 현장은 늘 역동적이다. 살아있는 역사라 할 수 있다. 문화재는 그 스스로 숨쉬면서 이 시대와 교류하기에, 우리는 그에 어울리는 시선으로 국보를 바라볼 필요가 있다.

---

① (가) – (나) – (라) – (다) ② (가) – (다) – (나) – (라)

③ (나) – (다) – (라) – (가) ④ (다) – (가) – (나) – (라)

⑤ (다) – (나) – (가) – (라)

06 다음은 근대건축물에 대한 글이다. 중심 내용으로 가장 적절한 것은?

전국의 많은 근대건축물은 그동안 제도적 지원과 보호로부터 배제되고 대중과 소유주의 무관심 등으로 방치되어 왔다. 일부를 제외한 다수의 근대건축물이 철거와 멸실의 위기에 처해 있는 것이 사실이다.

국민이 이용하기 편리한 공간으로 용도를 바꾸면서도, 물리적인 본 모습은 유지하려는 노력을 일반적으로 '보전 가치'로 규정한다. 근대건축물의 보전 가치를 높이기 위해서는 자산의 상태를 합리적으로 진단하고, 소유자 및 이용자가 건물을 효율적으로 활용할 수 있도록 지원하는 관리체계가 필수적이다.

하지만 지금까지 건축자산의 등록, 진흥계획 수립 등을 통해 관리주체를 공공화하려는 노력은 있었으나 구체적인 관리 기법이나 모니터링에 대한 고민은 부족했다. 즉, 기초조사를 통해 현황을 파악하고 기본적인 관리를 하는 수준에만 그치고 있었던 것이다. 그중에는 오랜 시간이 지나 기록도 없이 건물만 존재하는 경우가 많다.

근대건축물은 현대 건물과는 다른 건축양식과 특성을 지니고 있어 단순 정보의 수집으로는 건물의 현황을 제대로 관리하기가 어렵다. 그렇다면 보전 가치를 높이기 위해서는 어떤 대책이 필요할까? 먼저 일반인이 개별 소유하고 있는 건축물의 현황정보를 통합하여 관리하기 위해서는 중립적이고 객관적인 공공의 참여와 지속적인 지원이 전제되어야 한다. 특히, 근대건축물은 현행 건축·도시 관련 법률 등과 관련되어 다양한 민원과 행정업무가 수반되므로, 법률 위반과 재정 지원 여부 등을 판단하는 데 있어 객관성과 중립성이 요구된다. 또한 근대건축물 관리는 도시재생, 문화관광 등의 분야에서 개별 사업으로 추진될 가능성이 높아 일원화된 관리기준도 필요하다. 만약 그렇지 못하면 사업이 일회성으로 전개될 우려가 크기 때문이다. 근대건축물이 그 정체성을 유지하고 가치를 증진하기 위해서는 공공이 주축이 된 체계화·선진화된 관리방법론이 요구되는 이유이다.

① 근대건축물의 정의와 종류
② 근대건축물의 가치와 중요성
③ 현대 시민에게 요구되는 근대건축물에 대한 태도
④ 현시대에 근대건축물이 지니고 있는 문제점
⑤ 근대건축물을 공공에 의해 체계적으로 관리해야 하는 이유

07 다음 중 A의 주장에 대해 반박할 수 있는 내용으로 가장 적절한 것은?

> A : 우리나라의 장기 기증률은 선진국에 비해 너무 낮아. 이게 다 부모로부터 받은 신체를 함부로 훼손해서는 안 된다는 전통적 유교 사상 때문이야.
>
> B : 맞아. 그런데 장기기증 희망자로 등록이 돼 있어도 유족들이 장기 기증을 반대하여 기증이 이 뤄지지 않는 경우도 많아.
>
> A : 유족들도 결국 유교 사상으로 인해 신체 일부를 다른 사람에게 준다는 방식을 잘 이해하지 못 하는 거야.
>
> B : 글쎄, 유족들이 동의해서 기증이 이뤄지더라도 보상금을 받고 '장기를 팔았다.'는 죄책감을 느 끼는 유족들도 있다고 들었어. 또 아직은 장기 기증에 대한 생소함 때문일 수도 있어.

① 캠페인을 통해 장기 기증에 대한 사람들의 인식을 변화시켜야 한다.

② 유족에게 지급하는 보상금 액수가 증가하면 장기 기증률도 높아질 것이다.

③ 장기기증 희망자는 반드시 가족들의 동의를 미리 받아야 한다.

④ 장기 기증률이 낮은 이유에는 유교 사상 외에도 여러 가지 원인이 있을 수 있다.

⑤ 제도 변화만으로는 장기 기증률을 높이기 어렵다.

01 다음은 A고등학교 3학년 월별 모의고사 평균점수를 나타낸 것이다. 빈칸에 들어갈 수치로 적절한 것은?(단, 각 수치는 매월 일정한 규칙으로 변화한다)

<3학년 월별 모의고사 평균점수 현황>

(단위 : 점)

구분	3월	4월	5월	6월	7월	8월	9월	10월
1반	350	345	340	340	347	366	378	365
2반	320	335		347	344	359	356	371
3반	297	312	327	330	346	361	378	375
4반	299	324	325	342	347	371	360	365
5반	316	327	358	369	358	367	374	370
6반	320	345	344	357	345	355	382	364

※ 모의고사는 500점 만점임

① 330
② 331
③ 332
④ 333
⑤ 334

02 S사는 매년 A기계와 B기계를 생산한다. 다음과 같은 규칙으로 생산할 때, 2025년에 두 기계의 총생산량은?

<A, B기계 생산대수>

(단위 : 대)

구분	2015년	2016년	2017년	2018년	2019년	2020년
A기계	20	23	26	29	32	35
B기계	10	11	14	19	26	35

① 130대
② 140대
③ 150대
④ 160대
⑤ 170대

03 다음은 엔화 대비 원화 환율과 달러화 대비 원화 환율 추이 자료이다. 이에 대한 〈보기〉의 설명 중 옳은 것을 모두 고르면?

〈원/엔 환율 추이〉

최고 1,172.82(03/09)

최저 1,052.58(01/13)

〈원/달러 환율 추이〉

최고 1,280.00(03/19)

최저 1,157.00(01/13)

보기

ㄱ. 원/엔 환율은 3월 한 달 동안 1,200원을 상회하는 수준에서 등락을 반복했다.

ㄴ. 2월 21일의 원/달러 환율은 지난주보다 상승하였다.

ㄷ. 3월 12일부터 3월 19일까지 달러화의 강세가 심화되는 추세를 보였다.

ㄹ. 3월 27일의 달러/엔 환율은 3월 12일보다 상승하였다.

① ㄱ, ㄴ   ② ㄱ, ㄷ

③ ㄴ, ㄷ   ④ ㄴ, ㄹ

⑤ ㄷ, ㄹ

01 같은 헤어숍에 다니고 있는 A양과 B군은 일요일에 헤어숍에서 마주쳤다. 서로 마주친 이후 A양은 10일 간격으로 헤어숍에 방문했고, B군은 16일마다 헤어숍에 방문했다. 두 사람이 다시 헤어숍에서 만났을 때의 요일은?

① 월요일   ② 화요일
③ 수요일   ④ 목요일
⑤ 금요일

02 가로의 길이가 5m, 세로의 길이가 12m인 직사각형 모양의 농구코트가 있다. 철수는 농구코트의 모서리에 서 있으며, 농구공은 농구코트 안에서 철수로부터 가장 멀리 떨어진 곳에 존재하고 있다. 최단거리로 농구공을 가지러 간다면 철수의 이동거리는?

① 5m   ② 6m
③ 12m   ④ 13m
⑤ 15m

03 농도가 서로 다른 소금물 A, B가 있다. 소금물 A를 200g, 소금물 B를 300g 섞으면 농도가 9%인 소금물이 되고, 소금물 A를 300g, 소금물 B를 200g 섞으면 농도 10%인 소금물이 될 때, 소금물 B의 농도는?

① 7%   ② 10%
③ 13%   ④ 20%
⑤ 25%

01 한 마트에서는 4층짜리 매대에 과일들을 진열해 놓았다. 매대의 각 층에 서로 다른 과일이 한 종류 씩 진열되어 있을 때, 다음에 근거하여 바르게 추론한 것은?

> • 정리된 과일은 사과, 귤, 감, 배의 네 종류이다.
> • 사과 위에는 아무 과일도 존재하지 않는다.
> • 배는 감보다 아래쪽에 올 수 없다.
> • 귤은 감보다는 높이 위치해 있지만, 배보다 높이 있는 것은 아니다.

① 사과는 3층 매대에 있을 것이다.
② 귤이 사과 바로 아래층에 있을 것이다.
③ 배는 감 바로 위층에 있을 것이다.
④ 귤은 감과 배 사이에 있다.
⑤ 귤은 가장 아래층에 있을 것이다.

02 S회사는 회사 내 5개의 부서(A ~ E)가 사용하는 사무실을 회사 건물의 1층부터 5층에 배치하고 있다. 각 부서의 배치는 2년에 한 번씩 새롭게 배치하며, 올해가 새롭게 배치될 해이다. 다음 〈조 건〉을 참고할 때, 항상 참인 것은?

> 조건
> • 한 번 배치된 층에는 같은 부서가 배치되지 않는다.
> • A팀과 C팀은 1층과 3층을 사용한 적이 있다.
> • B팀과 D팀은 2층과 4층을 사용한 적이 있다.
> • E팀은 2층을 사용한 적이 있고, 5층에 배정되었다.
> • B팀은 1층에 배정되었다.

① E팀은 3층을 사용한 적이 있을 것이다.
② A팀은 2층을 사용한 적이 있을 것이다.
③ E팀은 이전에 5층을 사용한 적이 있을 것이다.
④ 2층을 쓸 가능성이 있는 것은 총 세 팀이다.
⑤ D팀은 이번에 확실히 3층에 배정될 것이다.

03 S백화점 명품관에서 도난 사건이 발생했다. CCTV 확인을 통해 그 시각 백화점 명품관에 있던 A ~ F용의자가 검거됐다. 이들 중 범인인 두 사람이 거짓말을 하고 있다면, 거짓말을 한 사람은?

> A : F가 성급한 모습으로 나가는 것을 봤어요.
> B : C가 가방 속에 무언가 넣는 모습을 봤어요.
> C : 나는 범인이 아닙니다.
> D : B 혹은 A가 훔치는 것을 봤어요.
> E : F가 범인인 게 확실해요. CCTV를 자꾸 신경 쓰고 있었거든요.
> F : 얼핏 봤는데, 제가 본 도둑은 C 아니면 E예요.

① A, C
② B, C
③ B, F
④ D, E
⑤ F, C

04 마지막 명제가 참일 때, 빈칸에 들어갈 명제로 가장 적절한 것은?

> • _____
> • 선영이는 경식이보다 나이가 많다.
> 그러므로 재경이가 나이가 가장 많다.

① 재경이는 선영이보다 나이가 많다.
② 재경이는 경식이보다 나이가 많다.
③ 경식이는 재경이보다 나이가 많다.
④ 재경이는 선영이와 나이가 같다.
⑤ 선영이는 나이가 제일 적다.

05 제시된 명제가 모두 참일 때, 빈칸에 들어갈 명제로 가장 적절한 것은?

> • 어떤 키가 작은 사람은 농구를 잘한다.
> • _____
> • 어떤 순발력이 좋은 사람은 농구를 잘한다.

① 어떤 키가 작은 사람은 순발력이 좋다.
② 농구를 잘하는 어떤 사람은 키가 작다.
③ 순발력이 좋은 사람은 모두 키가 작다.
④ 키가 작은 사람은 모두 순발력이 좋다.
⑤ 어떤 키가 작은 사람은 농구를 잘하지 못한다.

정답 및 해설 p.022

01	언어이해

01 다음 글의 ⊙의 사례로 보기 어려운 것은?

> 디지털 이미지는 사용자가 가장 손쉽게 정보를 전달할 수 있는 멀티미디어 객체이다. 일반적으로 디지털 이미지는 화소에 의해 정보가 표현되는데, M×N개의 화소로 이루어져 있다. 여기서 M과 N은 가로와 세로의 화소 수를 의미하며, M 곱하기 N을 한 값을 해상도라 한다.
> 무선 네트워크와 모바일 기기의 사용이 보편화되면서 다양한 스마트 기기의 보급이 진행되고 있다. 스마트 기기는 그 사용 목적이나 제조 방식, 가격 등의 요인에 의해 각각의 화면 표시 장치들이 서로 다른 해상도와 화면 비율을 가진다. 이에 대응하여 동일한 이미지를 다양한 화면 표시 장치 환경에 맞출 필요성이 발생했다. 하나의 멀티미디어의 객체를 텔레비전용, 영화용, 모바일 기기용 등 표준적인 화면 표시 장치에 맞추어 각기 독립적인 이미지 소스로 따로 제공하는 것이 아니라, 하나의 이미지 소스를 다양한 화면 표시 장치에 맞도록 적절히 변환하는 기술을 요구하고 있다.
> 이러한 변환 기술을 '이미지 리타겟팅'이라고 한다. 이는 A×B의 이미지를 C×D 화면에 맞추기 위해 해상도와 화면 비율을 조절하거나 이미지의 일부를 잘라 내는 방법 등으로 이미지를 수정하는 것이다. 이러한 수정에서 입력 이미지에 있는 콘텐츠 중 주요 콘텐츠는 그대로 유지되어야 한다. 즉, 리타겟팅 처리 후에도 원래 이미지의 중요한 부분을 그대로 유지하면서 동시에 왜곡을 최소화하는 형태로 주어진 화면에 맞게 이미지를 변형하여야 한다. 이러한 조건을 만족하기 위해 ⊙ <u>다양한 접근</u>이 일어나고 있는데, 이미지의 주요한 콘텐츠 및 구조를 분석하는 방법과 분석된 주요 사항을 바탕으로 어떤 식으로 이미지 해상도를 조절하느냐가 주요 연구 방향이다.

① 광고 사진에서 화면 전반에 걸쳐 흩어져 있는 콘텐츠를 무작위로 추출하여 화면을 재구성하는 방법

② 풍경 사진에서 전체 풍경에 대한 구도를 추출하고 구도가 그대로 유지될 수 있도록 해상도를 조절하는 방법

③ 인물 사진에서 얼굴 추출 기법을 사용하여 인물의 주요 부분을 왜곡하지 않고 필요 없는 부분을 잘라 내는 방법

④ 정물 사진에서 대상물의 영역은 그대로 두고 배경 영역에 대해서는 왜곡을 최소로 하며 이미지를 축소하는 방법

⑤ 상품 사진에서 상품을 충분히 인지할 수 있을 정도의 범위 내에서 가로와 세로의 비율을 화면에 맞게 조절하는 방법

02 다음 글을 읽고 추론한 내용으로 적절하지 않은 것은?

> 현재 다양한 종류의 라이프로그가 있으며, 개인의 생활방식 변화와 새로운 기술의 출현에 따라 새로운 종류의 라이프로그가 계속 생겨나고 있다. 기본적인 라이프로그에는 사진, 비디오, 문서, 이메일, 일정 등이 있으며, 대화나 모임의 내용, 컴퓨터 사용 내역 등을 기록한 라이프로그도 있다. 또한, 센서 기술의 발달로 다양한 센서에서 측정한 값이나 건강상태의 기록 같은 라이프로그도 생겨나고 있다. 개인 정보기기와 저장 기술이 발전하면서 개인 콘텐츠를 손쉽게 생성할 수 있게 되었고, 유비쿼터스 컴퓨팅 기술의 발달로 지속적인 라이프로그 생성이 가능해졌다. 이러한 라이프로그는 효과적인 관리를 통해 개인의 생산성 향상, 소셜 릴레이션십 강화, 문화 수준의 증진, 삶의 질 향상, 개인화된 비즈니스 창출 등 다양한 효과를 기대할 수 있다. 이렇게 라이프로그 관리의 중요성에 대한 인식이 확산되면서 라이프로그를 효과적으로 관리하기 위한 라이프로그 관리 시스템들이 제안되었다.
>
> 기존 라이프로그 관리 시스템들은 기반 데이터 모델에 따라 크게 세 가지 부류로 나눌 수 있다. 먼저, 관계 데이터 모델 기반 라이프로그 관리 시스템은 라이프로그를 관계 데이터 모델로 모델링하고, 라이프로그에 관한 질의를 *SQL로 변환해 처리한다. 이러한 시스템은 질의 처리 성능이 뛰어난 반면 라이프로그 간 복잡한 관계에 기반한 관계 질의 처리를 제대로 지원하지 못한다. 반면, 온톨로지 기반 라이프로그 관리 시스템은 라이프로그를 자유로운 구조를 가지는 그래프로 모델링함으로써 복잡한 관계 질의를 가능하게 한다. 하지만, 이러한 시스템은 질의 작성이 어렵고 질의 처리 성능이 떨어진다. 마지막으로 구글 데스크톱이나 SIS와 같이 PC에 있는 모든 파일의 메타 데이터와 콘텐츠에 대해 텍스트 인덱스를 생성하고, 이를 기반으로 키워드 질의를 지원하는 파일 기반 라이프로그 관리 시스템도 존재한다. 이러한 시스템들은 라이프로그에 대한 키워드 검색만을 지원할 뿐 관계 질의를 지원하지 못한다.
>
> 개별 라이프로그들이 관리되는 상황에서 사람들이 더욱 관심을 가지게 되는 것은 여행, 결혼식, 돌잔치 등 기억에 남는 사건들일 것이다. 라이프로그 관리 시스템은 사용자의 이러한 요구사항을 충족시키기 위해 개별 라이프로그 관리에서 한발 더 나아가 라이프로그 그룹인 라이프 이벤트를 생성·편집·검색·플레이·공유할 수 있는 기능을 제공해야 한다. 기존 라이프로그 관리 시스템들은 라이프로그 그룹을 생성하고 브라우징하기 위한 간단한 기능만을 제공할 뿐, 총체적인 라이프 이벤트 관리와 관계 데이터 모델 기반의 라이프로그 관리 시스템과 그 응용 기능을 제공하지 못하고 있다. 사용자 질의에 대해 풍부한 결과를 제공하기 위해서는 수집된 라이프로그에 충분한 정보가 태깅(Tagging)되어 있어야 한다. 또한, 라이프로그에 태깅된 정보가 잘못되었을 경우 이를 수정할 수도 있어야 한다. 그러나 기존 라이프로그 관리 시스템에서는 라이프로그에 추가 정보를 간단히 태깅하는 기능만을 제공할 뿐, 기존 태그 정보를 수정하는 방법을 제공하고 있지 않거나 편리한 태깅 인터페이스를 제공하지 못하고 있다.
>
> *SQL(Structured Query Language, 구조화 질의어) : 관계형 데이터베이스 관리 시스템에서 자료의 검색과 관리, 데이터베이스 스키마 생성과 수정, 데이터베이스 객체 접근 조정 관리를 위해 고안된 컴퓨터 언어

① 라이프로그는 헬스케어 분야에서 활용될 수 있다.
② 기존의 라이프로그 관리 시스템은 라이프로그 그룹 생성 기능을 갖추지 못했다.
③ 많은 사람들이 라이프로그 관리의 중요성을 인식하고 있다.
④ 기존 라이프로그 관리 시스템은 태깅된 정보 수정에 한계가 있다.
⑤ 라이프로그 간의 관계에 대한 관리가 중요해지고 있다.

03 다음 글의 내용으로 적절하지 않은 것은?

스마트시티란 크게는 첨단 정보통신기술을 이용해 도시 생활 속에서 유발되는 교통 문제, 환경 문제, 주거 문제, 시설 비효율 등을 해결하여 시민들이 편리하고 쾌적한 삶을 누릴 수 있도록 한 '똑똑한 도시'를 뜻한다. 하지만, 각국 경제 및 발전 수준, 도시 상황과 여건에 따라 매우 다양하게 정의 및 활용되고, 접근 전략에도 차이가 있다.

스페인의 경우, 2013년 초부터 노후된 바르셀로나 도시 중심지 본 지구를 재개발하면서 곳곳에 사물 인터넷 기술을 기반으로 한 '스마트 시티' 솔루션을 시범 운영했다. 이 경험을 바탕으로 바르셀로나 곳곳이 스마트 환경으로 변화하고 있다. 가장 성공적인 프로젝트 중 하나는 센서가 움직임을 감지하여 에너지를 절약하는 스마트 LED 조명을 광범위하게 설치한 것이다. 이 스마트 가로등은 무선 인터넷의 공유기 역할을 하는 동시에 소음 수준과 공기 오염도를 분석하여 인구 밀집도까지 파악할 수 있다. 아울러 바르셀로나는 원격 관개 제어를 설치해 분수를 원격으로 제어하고, 빌딩을 스마트화해 에너지 모니터링을 시행하고 있다. 또 주차 공간에 차가 있는지 여부를 감지하는 센서를 설치한 '스마트 주차'를 도입하기도 했다.

또 항저우를 비롯한 중국의 여러 도시들은 블록체인 기술을 사물인터넷과 디지털 월렛 등에 적용하여 페이퍼리스 사회를 구현하고 있다. 알리바바의 알리페이를 통해 항저우 택시의 98%, 편의점의 95% 정도에서 모바일 결제가 가능하며, 정부 업무, 차량, 의료 등 60여 종에 달하는 서비스를 이용할 수 있다.

우리나라도 2021년 입주를 목표로 세종과 부산에 스마트 시티 국가 시범도시를 조성하고 있다. 세종에서는 인공지능, 블록체인 기술을 기반으로 한 도시를 조성해 모빌리티, 헬스케어, 교육, 에너지·환경, 거버넌스, 문화쇼핑, 일자리 등 7대 서비스를 구현한다. 이곳에서는 자율주행 셔틀버스, 전기 공유차 등을 이용할 수 있고 개인 맞춤형 의료 서비스 등을 받을 수 있다. 또 부산에서는 고령화, 일자리 감소 등의 도시문제에 대응하기 위해 로봇, 물 관리 관련 신사업을 육성한다. 로봇이 주차를 하거나 물류를 나르는 등 일상생활에서 로봇 서비스를 이용할 수 있고 첨단 스마트 물 관리 기술을 적용해 한국형 물 특화 도시모델을 구축한다.

① 나라마다 스마트시티에서 활용되는 기능은 다를 수 있다.
② 스페인의 스마트시티에서는 직접 인구조사를 하지 않더라도 인구 밀집도를 파악할 수 있다.
③ 스페인의 스마트시티에서는 '스마트 주차' 기능을 통해 대리주차가 가능하다.
④ 중국의 스마트시티에서는 지갑을 가지고 다니지 않더라도 일부 서비스를 이용할 수 있다.
⑤ 맞춤형 의료 서비스가 필요한 환자의 경우 부산보다는 세종 스마트시티가 더 적절하다.

04 다음 글에서 추론할 수 있는 것만을 〈보기〉에서 모두 고르면?

대선후보 경선 여론조사에서 후보에 대한 지지 정도에 따라 피조사자들은 세 종류로 분류된다. 특정 후보를 적극적으로 지지하는 사람들과 소극적으로 지지하는 사람들, 그리고 기타에 해당하는 사람들이다.

후보가 두 명인 경우로 한정해서 생각해 보자. 여론조사 방식은 설문 문항에 따라 두 가지로 분류된다. 하나는 선호도 방식으로 "차기 대통령 후보로 누구를 더 선호하느냐?"라고 묻는다. 선호도 방식은 적극적으로 지지하는 사람들과 소극적으로 지지하는 사람들을 모두 지지자로 계산하는 방식이다. 이 여론조사 방식에서 적극적 지지자들과 소극적 지지자들은 모두 지지 의사를 답한다.

다른 한 방식은 지지도 방식으로 "내일(혹은 오늘) 투표를 한다면 누구를 지지하겠느냐?"라고 묻는다. 특정 후보를 적극적으로 지지하는 지지자들은 두 경쟁 후보를 놓고 두 물음에서 동일한 반응을 보일 것이다. 문제는 어느 한 후보를 적극적으로 지지하지 않는 소극적 지지자들이다. 이들은 특정 후보가 더 낫다고 생각하기 때문에 선호도를 질문할 경우에는 특정 후보를 선호한다고 대답하지만, 지지 여부를 질문할 경우에는 지지하는 후보가 없다는 '무응답'을 선택한다. 따라서 지지도 방식은 적극적 지지자만 지지자로 분류하고 나머지는 기타로 분류하는 방식에 해당한다.

보기

ㄱ. A후보가 B후보보다 적극적 지지자의 수가 많고 소극적 지지자의 수는 적을 경우, 지지도 방식을 사용할 때 A후보가 B후보보다 더 많은 지지를 받을 것이다.

ㄴ. A후보가 B후보보다 적극적 지지자의 수는 적고 소극적 지지자의 수가 많을 경우, 선호도 방식을 사용할 때 A후보가 B후보보다 더 많은 지지를 받을 것이다.

ㄷ. A후보가 B후보보다 적극적 지지자와 소극적 지지자의 수가 각각 더 많다면, 선호도 방식에 비해 지지도 방식에서 A후보와 B후보 사이의 지지자 수의 격차가 더 클 것이다.

① ㄱ
② ㄷ
③ ㄱ, ㄴ
④ ㄴ, ㄷ
⑤ ㄱ, ㄷ

01　다음은 S국의 복지종합지원센터, 노인복지관, 자원봉사자, 등록노인 현황에 대한 자료이다. 이에 대한 〈보기〉의 설명 중 옳은 것을 모두 고르면?

〈복지종합지원센터, 노인복지관, 자원봉사자, 등록노인 현황〉

(단위 : 개소, 명)

구분 지역	복지종합지원센터	노인복지관	자원봉사자	등록노인
A	20	1,336	8,252	397,656
B	2	126	878	45,113
C	1	121	970	51,476
D	2	208	1,388	69,395
E	1	164	1,188	59,050
F	1	122	1,032	56,334
G	2	227	1,501	73,825
H	3	362	2,185	106,745
I	1	60	529	27,256
전국	69	4,377	30,171	1,486,980

보기

ㄱ. 노인복지관, 자원봉사자가 전국에서 A지역이 차지하는 비중은 각각 25% 이상이다.

ㄴ. A∼I지역 중 복지종합지원센터 1개소당 노인복지관 수가 100개소 이하인 지역은 A, B, D, I이다.

ㄷ. A∼I지역 중 복지종합지원센터 1개소당 자원봉사자 수가 가장 많은 지역과 복지종합지원센터 1개소당 등록노인 수가 가장 많은 지역은 동일하다.

ㄹ. 노인복지관 1개소당 자원봉사자 수는 H지역이 C지역보다 많다.

① ㄱ, ㄴ　　　　　　　　　　② ㄱ, ㄷ

③ ㄱ, ㄹ　　　　　　　　　　④ ㄴ, ㄷ

⑤ ㄴ, ㄹ

02 다음은 S사의 신입사원에게 필요한 10개 직무역량 중요도의 산업분야별 자료이다. 이에 대한 〈보기〉의 설명 중 옳은 것을 모두 고르면?

<신입사원의 직무역량 중요도>

(단위 : 점)

직무역량 \ 산업분야	신소재	게임	미디어	식품
의사소통능력	4.34	4.17	4.42	4.21
수리능력	4.46	4.06	3.94	3.92
문제해결능력	4.58	4.52	4.45	4.50
자기개발능력	4.15	4.26	4.14	3.98
자원관리능력	4.09	3.97	3.93	3.91
대인관계능력	4.35	4.00	4.27	4.20
정보능력	4.33	4.09	4.27	4.07
기술능력	4.07	4.24	3.68	4.00
조직이해능력	3.97	3.78	3.88	3.88
직업윤리	4.44	4.66	4.59	4.39

※ 중요도 만점 : 5점

보기

ㄱ. 신소재 산업분야에서 중요도 상위 2개 직무역량은 '문제해결능력'과 '수리능력'이다.
ㄴ. 산업분야별 직무역량 중요도의 최댓값과 최솟값 차이가 가장 큰 것은 '미디어'이다.
ㄷ. 각 산업분야에서 중요도가 가장 낮은 직무역량은 '조직이해능력'이다.
ㄹ. 4개 산업분야 직무역량 중요도의 평균값이 가장 높은 직무역량은 '문제해결능력'이다.

① ㄱ, ㄴ
② ㄱ, ㄷ
③ ㄷ, ㄹ
④ ㄱ, ㄴ, ㄹ
⑤ ㄴ, ㄷ, ㄹ

03 다음은 A발전회사의 연도별 발전량 및 신재생에너지 공급 현황에 대한 자료이다. 이에 대한 〈보기〉의 설명 중 옳은 것을 모두 고르면?

〈A발전회사의 연도별 발전량 및 신재생에너지 공급 현황〉

구분		2019년	2020년	2021년
발전량(GWh)		55,000	51,000	52,000
신재생에너지	공급의무율(%)	1.4	2.0	3.0
	자체공급량(GWh)	75	380	690
	인증서구입량(GWh)	15	70	160

※ $[공급의무율(\%)] = \dfrac{(공급의무량)}{(발전량)} \times 100$

※ $[이행량(GWh)] = (자체공급량) + (인증서구입량)$

보기

ㄱ. 공급의무량은 매년 증가한다.
ㄴ. 2021년 자체공급량의 2019년 대비 증가율은 2021년 인증서구입량의 2019년 대비 증가율보다 작다.
ㄷ. 공급의무량과 이행량의 차이는 매년 증가한다.
ㄹ. 이행량에서 자체공급량이 차지하는 비중은 매년 감소한다.

① ㄱ, ㄴ
② ㄱ, ㄷ
③ ㄷ, ㄹ
④ ㄱ, ㄴ, ㄹ
⑤ ㄴ, ㄷ, ㄹ

01 올해의 매출액과 순이익에 대한 내용이 다음과 같을 때, 올해 순이익은 얼마인가?[단, (순이익)＝(매출액)－(원가)이다]

> • 작년 순이익보다 올해 순이익은 100% 증가했다.
> • 올해의 원가는 작년 원가보다 1천만 원 감소했고, 올해 매출액은 2억 9천만 원이다.
> • 작년 원가는 작년 순이익과 같다.

① 2억 원   ② 2억 4천만 원
③ 2억 8천만 원   ④ 3억 원
⑤ 3억 2천만 원

02 S사의 체육대회에서 올해 운영을 위한 임원진(운영위원장 1명, 운영위원 2명)을 새롭게 선출하려고 한다. 추천받은 인원은 20명이며, 임원진으로 남자와 여자가 1명 이상씩 선출되어야 한다. 추천인원 남녀 성비가 6 : 4일 때, 올해 임원을 선출할 수 있는 경우의 수는 모두 몇 가지인가?

① 916가지   ② 1,374가지
③ 1,568가지   ④ 2,464가지
⑤ 2,592가지

01 세계 여러 나라가 참가하는 축구 경기가 개최되었다. 조별로 예선전이 진행되었으며 S조인 A ~ D국의 예선 결과가 발표되었다. 전산 오류로 D국의 정보가 누락되었을 때, 다음 중 S조 예선 결과에 대한 설명으로 옳지 않은 것은?

〈S조 예선 결과〉

국가	경기	승	무	패	득점	실점	승점
A	3	2	0	1	8	7	6
B	3	0	1	2	5	7	1
C	3	1	0	2	4	6	3

※ 득점 : 경기에서 얻은 점수
※ 실점 : 경기에서 잃은 점수
※ 승점 : 경기에서 승리 시 3점, 무승부 시 1점, 패배 시 0점을 부여하여 합산한 점수
※ 각 조에서 승점이 가장 높은 국가가 본선에 진출할 수 있음

① D국은 예선전에서 2번 승리하였다.
② B국과 D국의 경기는 무승부로 끝났다.
③ A국은 예선전에서 한 번 패하였지만 본선에 진출하였다.
④ D국은 A국과의 경기에서 승리하였다.
⑤ D국의 득점은 실점보다 3점이 높다.

02 다음 글의 내용이 참일 때, 반드시 참인 것만을 〈보기〉에서 모두 고르면?

> A부서에서는 새로운 프로젝트인 '하늘'을 진행할 예정이다. 이 부서에는 남자 사무관 가훈, 나훈, 다훈, 라훈 4명과 여자 사무관 모연, 보연, 소연 3명이 소속되어 있다. 아래의 조건을 지키면서 이들 가운데 4명을 뽑아 '하늘' 전담팀을 꾸리고자 한다.
>
> • 남자 사무관 가운데 적어도 한 사람은 뽑아야 한다.
> • 여자 사무관 가운데 적어도 한 사람은 뽑지 말아야 한다.
> • 가훈, 나훈 중 적어도 한 사람을 뽑으면, 라훈과 소연도 뽑아야 한다.
> • 다훈을 뽑으면, 모연과 보연은 뽑지 말아야 한다.
> • 소연을 뽑으면, 모연도 뽑아야 한다.

> **보기**
> ㄱ. 남녀 동수로 팀이 구성된다.
> ㄴ. 다훈과 보연 둘 다 팀에 포함되지 않는다.
> ㄷ. 라훈과 모연 둘 다 팀에 포함된다.

① ㄱ   ② ㄷ
③ ㄱ, ㄴ   ④ ㄴ, ㄷ
⑤ ㄱ, ㄴ, ㄷ

03 다음 중 제시문 A를 읽고 제시문 B를 판단한 것으로 가장 옳은 것은?

> [제시문 A]
> • 오이보다 토마토가 더 비싸다.
> • 토마토보다 참외가 더 비싸다.
> • 파프리카가 가장 비싸다.
>
> [제시문 B]
> • 참외가 두 번째로 비싸다.

① 항상 참이다.   ② 항상 거짓이다.   ③ 알 수 없다.

01 언어이해

01 다음 글을 근거로 판단할 때 가장 적절한 것은?

> 한복(韓服)은 한민족 고유의 옷이다. 삼국시대의 사람들은 저고리, 바지, 치마, 두루마기를 기본적으로 입었다. 저고리와 바지는 남녀 공용이었으며, 상하 귀천에 관계없이 모두 저고리 위에 두루마기를 덧입었다. 삼국시대 이후인 남북국시대에는 서민과 귀족이 모두 우리 고유의 두루마기인 직령포(直領袍)를 입었다. 그런데 귀족은 직령포를 평상복으로만 입었고, 서민과 달리 의례와 같은 공식적인 행사에는 입지 않았다. 고려시대에는 복식 구조가 크게 변했다. 특히 귀족층은 중국옷을 그대로 받아들여 입었지만, 서민층은 우리 고유의 복식을 유지하여, 복식의 이중 구조가 나타났다. 조선시대에도 한복의 기본 구성은 지속되었다. 중기나 후기에 들어서면서 한복 디자인은 한층 단순해졌고, 띠 대신 고름을 매기 시작했다. 조선 후기에는 마고자와 조끼를 입기 시작했는데, 조끼는 서양 문물의 영향을 받은 것이었다.
>
> 한편 조선시대 관복에는 여러 종류가 있었다. 곤룡포(袞龍袍)는 임금이 일반 집무를 볼 때 입었던 집무복(상복, 常服)으로, 그 흉배(胸背)*에는 금색 실로 용을 수놓았다. 문무백관의 상복도 곤룡포와 모양은 비슷했다. 그러나 무관 상복의 흉배에는 호랑이를, 문관 상복의 흉배에는 학을 수놓았다. 무관들이 주로 대례복으로 입었던 구군복(具軍服)은 무관 최고의 복식이었다. 임금도 전쟁 시에는 구군복을 입었는데, 임금이 입었던 구군복에만 흉배를 붙였다.
>
> *흉배 : 왕을 비롯한 문무백관이 입던 관복의 가슴과 등에 덧붙였던 사각형의 장식품

① 남북국시대의 서민들은 직령포를 공식적인 행사에도 입었다.

② 고려시대에는 복식 구조가 크게 변하여 모든 계층에서 중국옷을 그대로 받아들여 입는 현상이 나타났다.

③ 조선시대 중기에 들어서면서 고름을 매기 시작했고, 후기에는 서양 문물의 영향으로 인해 마고자를 입기 시작했다.

④ 조선시대 무관이 입던 구군복의 흉배에는 호랑이가 수놓아져 있었다.

⑤ 조선시대 문관의 경우 곤룡포와 비슷한 모양의 상복에 호랑이가 수놓아진 흉배를 붙였다.

02 다음 글에서 추론할 수 있는 내용으로 적절하지 않은 것은?

> '장가간다'와 '시집간다' 두 용어를 시간 순서대로 살펴보면, 후자가 나중에 생겼다. 이것은 문화 변동의 문제로 볼 수 있다. 두 용어 다 '결혼한다'의 의미이다. 전자는 남자가 여자의 집으로, 후자는 여자가 남자의 집으로 가는 것을 말한다.
>
> 우리나라는 역사적으로 거주율(居住律)에 있어서 처거제를 오랫동안 유지하였다. 즉 신혼부부가 부인의 본가에 거주지를 정하고 살림을 하면서 자녀를 키웠다. 이와 같은 거주율의 영향을 받아 고려시대까지 혈통률(血統律)에 있어서 모계제를 유지하는 삶의 방식을 취하였다.
>
> 조선시대 들어 유교적 혈통률의 영향을 받아 삶의 모습은 처거제 – 부계제로 변화하였다. 이러한 체제는 조선 전기까지 대부분 유지되었다. 친척관계 자료들을 수집하기 위해 마을을 방문할 경우, '처가로 장가를 든 선조가 이 마을의 입향조가 되었다.'는 얘기를 듣곤 하는데, 이것이 바로 처거제 – 부계제의 원리가 작동한 결과라고 말할 수 있다. 거주율과 혈통률을 결합할 경우, 혼인에 있어서는 남자의 뿌리를 뽑아서 여자의 거주지로 이전하고, 집안 계승의 측면에서는 남자 쪽을 선택하도록 한 것이다. 거주율에서는 여자의 입장을 유리하게 하고, 혈통률에서는 남자의 입장이 유리하도록 하는 균형적인 모습을 보여주고 있다.
>
> 삶의 진화선상에서 생각한다면, 어떤 시점에 처거제 – 모계제를 유지하는 가족제에서 '남자의 반란'이 있었다는 가설을 제기할 수 있다. 처거제에서 부거제로 전환된 시점을 정확하게 지목하기는 힘들지만, 조선 후기에 부거제가 시행된 점에 대해서는 이론의 여지가 없다. 거주율이 바뀌었다는 것은 대단한 사회변동이다. 혁명 이상의 것이라고도 할 수 있다.

① 조선 전기와 후기 사이에 커다란 사회변동이 있었다.
② 우리나라에서 부계제가 부거제보다 먼저 등장하였다.
③ 고려시대의 남성은 외가에서 어린 시절을 보냈을 것이다.
④ 조선 전기에 이르러 가족관계에서 남녀 간 힘의 균형이 무너졌다.
⑤ 우리나라의 거주율과 혈통률은 모두 남자 위주로 변화하였다.

03 다음 글에서 알 수 있는 내용으로 가장 적절한 것은?

어떤 사람이 러시아 여행을 가려고 하는데 러시아어를 전혀 모른다. 그래서 그는 러시아 여행 시 의사소통을 하기 위해 특별한 그림책을 이용할 계획을 세웠다. 그 책에는 어떠한 언어적 표현도 없고 오직 그림만 들어 있다. 그는 그 책에 있는 사물의 그림을 보여줌으로써 의사소통을 하려고 한다. 예를 들어 빵이 필요하면 상점에 가서 빵 그림을 보여주는 것이다. 그 책에는 다양한 종류의 빵 그림뿐 아니라 여행할 때 필요한 것들의 그림이 빠짐없이 담겨 있다. 과연 이 여행자는 러시아 여행을 하면서 의사소통을 성공적으로 할 수 있을까? 유감스럽게도 그럴 수 없을 것이다. 예를 들어 그가 자전거 상점에 가서 자전거 그림을 보여준다고 해보자. 자전거 그림을 보여주는 게 자전거를 사겠다는 의미로 받아들여질 것인가, 아니면 자전거를 팔겠다는 의미로 받아들여질 것인가? 결국 그는 자신이 뭘 원하는지 분명하게 전달할 수 없는 곤란한 상황에 처하게 될 것이다.

구매자를 위한 그림과 판매자를 위한 그림을 간단한 기호로 구별하여 이런 곤란을 극복하려고 해볼 수도 있다. 예컨대 자전거 그림 옆에 화살표 기호를 추가로 그려서, 오른쪽을 향한 화살표는 구매자를 위한 그림을, 왼쪽을 향한 화살표는 판매자를 위한 그림임을 나타내는 것이다. 하지만 이런 방법은 의사소통에 여전히 도움이 되지 않는다. 왜냐하면 기호가 무엇을 의미하는지는 약속에 의해 결정되기 때문이다. 상대방은 어떤 것이 판매를 의미하는 화살표이고, 어떤 것이 구매를 의미하는 화살표인지 전혀 알 수 없을 것이다. 설령 상대방에게 화살표가 의미하는 것을 전달했다 하더라도, 자전거를 사려는 사람이 책을 들고 있는 여행자의 바로 옆에 있는 사람이 아니라 바로 여행자 자신이라는 것은 또 무엇을 통해 전달할 수 있을까? 여행자가 사고 싶어 하는 물건이 자전거를 그린 그림이 아니라 진짜 자전거라는 것은 또 어떻게 전달할 수 있을까?

① 언어적 표현의 의미는 확정될 수 없다.
② 약속에 의해서도 기호의 의미는 결정될 수 없다.
③ 한 사물에 대한 그림은 여러 의미로 이해될 수 있다.
④ 의미가 확정된 표현이 없어도 성공적인 의사소통은 가능하다.
⑤ 상이한 사물에 대한 그림들은 동일한 의미로 이해될 수 없다.

01 다음은 연령별 3월 및 4월 코로나 신규 확진자 수 현황을 지역별로 조사한 자료이다. 이에 대한 설명으로 옳은 것은?(단, 비율은 소수점 둘째 자리에서 반올림한다)

〈연령별 코로나 신규 확진자 수 현황〉

(단위 : 명)

구분 지역	구분 기간	10대 미만	10대	20대	30대	40대	50대	60대	70대 이상	전체
A	3월	7	29	34	41	33	19	28	35	226
A	4월	5	18	16	23	21	2	22	14	121
B	3월	6	20	22	33	22	35	12	27	177
B	4월	1	5	10	12	18	14	5	13	78
C	3월	2	26	28	25	17	55	46	29	228
C	4월	2	14	22	19	2	15	26	22	122
D	3월	3	11	22	20	9	21	54	19	159
D	4월	1	2	21	11	5	2	41	12	95
E	3월	4	58	30	37	27	41	22	57	276
E	4월	2	14	15	21	13	22	11	44	142
F	3월	9	39	38	59	44	45	54	32	320
F	4월	2	29	33	31	22	31	36	12	196
G	3월	0	8	10	29	48	22	29	39	185
G	4월	0	3	2	22	11	8	2	13	61
H	3월	4	15	11	52	21	31	34	48	216
H	4월	3	9	4	14	9	20	12	22	93
I	3월	2	11	18	35	4	33	21	19	143
I	4월	0	4	4	12	4	21	7	2	54

① 각 지역의 10대 미만 4월 신규 확진자 수는 전월 대비 감소하였다.

② 20대 신규 확진자 수가 10대 신규 확진자 수보다 적은 지역 수는 3월과 4월이 동일하다.

③ 3월 신규 확진자 수가 세 번째로 많은 지역의 4월 신규 확진자 수가 가장 많은 연령대는 20대이다.

④ H지역의 4월 신규 확진자 수가 4월 전체 지역의 신규 확진자 수에서 차지하는 비율은 10% 이상이다.

⑤ 3월 대비 4월 신규 확진자 수의 비율은 F지역이 G지역의 2배 이상이다.

01 B대리는 집에서 거리가 14km 떨어진 회사에 출근할 때 자전거를 이용해 1시간 30분 동안 이동하고, 퇴근할 때는 회사에서 6.8km 떨어진 가죽공방을 들렀다가 취미활동 후 10km 거리를 이동하여 집에 도착한다. 퇴근할 때 회사에서 가죽공방까지 18분, 가죽공방에서 집까지 1시간이 걸린다면 B대리가 출·퇴근하는 평균속력은?

① 10km/h   ② 11km/h

③ 12km/h   ④ 13km/h

⑤ 14km/h

02 농도가 14%인 A설탕물 300g, 18%인 B설탕물 200g, 12%인 C설탕물 150g이 있다. A와 B설탕물을 합친 후 100g의 물을 더 담고, 여기에 C설탕물을 합친 후 200g만 남기고 버렸다. 이때, 마지막 설탕물 200g에 녹아있는 설탕의 양은?

① 28.7g   ② 25.6g

③ 30.8g   ④ 32.6g

⑤ 34.8g

03 S사는 이번 분기 실적에 따라 총 5천만 원의 성과금을 직원들에게 지급하려 한다. 이번 성과금을 정보에 따라 지급할 때 1급에 지급되는 성과금은 모두 얼마인가?

> 〈정보〉
>
> • 직원의 실적에 따라 1 ~ 4급으로 나누어 지급한다.
>
> • 개인당 성과금은 1급은 2급의 2배, 2급은 3급의 $\frac{3}{2}$ 배, 3급은 4급의 $\frac{4}{3}$ 배의 성과금을 지급받는다.
>
> • 1급은 3명, 2급은 12명, 3급은 18명, 4급은 20명이 성과금 지급 대상이다.

① 2,500,000원   ② 4,000,000원

③ 6,500,000원   ④ 7,500,000원

⑤ 8,000,000원

04 초콜릿을 3명이 나눠 먹었을 때 2개가 남고, 4명이 나눠 먹었을 때도 2개가 남는다. 초콜릿이 25개 이하일 때, 이 초콜릿을 7명이 나눠 먹을 경우 남는 초콜릿은 몇 개인가?

① 0개   ② 1개

③ 2개   ④ 3개

⑤ 4개

※ 다음 제시문을 읽고 각 문장이 항상 참이면 ①, 거짓이면 ②, 알 수 없으면 ③을 고르시오. [1~2]

- 6명의 친구가 달리기를 했다.
- A는 3등으로 들어왔다.
- B는 꼴찌로 들어왔다.
- C는 E 바로 앞에 들어왔다.
- D는 F 바로 앞에 들어왔다.

01　D가 4등이라면 E는 2등일 것이다.

① 참　　　　　　　② 거짓　　　　　　　③ 알 수 없음

02　C는 1등으로 들어왔다.

① 참　　　　　　　② 거짓　　　　　　　③ 알 수 없음

03　하경이는 A ~ C 3종류의 과자를 총 15개 구매하였다. 3종류의 과자를 다음 주어진 정보에 맞게 구입했을 때, 〈보기〉에서 항상 옳은 것을 모두 고르면?

〈정보〉

- A ~ C과자는 각각 2개 이상 구매하였다.
- B과자는 A과자 개수의 2배 이상 구입하였다.
- C과자는 B과자 개수보다 같거나 많았다.
- A과자와 B과자 개수 합은 6개를 넘었다.

보기

ㄱ. 하경이가 B과자를 7개 이상 사지 않았다.
ㄴ. C과자는 7개 이상 구입하였다.
ㄷ. 하경이는 A과자를 2개 샀다.

① ㄱ　　　　　　　　　　　② ㄴ
③ ㄷ　　　　　　　　　　　④ ㄱ, ㄴ
⑤ ㄴ, ㄷ

01 언어이해

01 다음 글을 근거로 판단할 때 옳지 않은 것은?

> 개발도상국으로 흘러드는 외국자본은 크게 원조, 부채, 투자가 있다. 원조는 다른 나라로부터 지원받는 돈으로, 흔히 해외 원조 혹은 공적개발원조라고 한다. 부채는 은행 융자와 정부 혹은 기업이 발행한 채권으로, 투자는 포트폴리오 투자와 외국인 직접투자로 이루어진다. 포트폴리오 투자는 경영에 대한 영향력보다는 경제적 수익을 추구하기 위한 투자이고, 외국인 직접투자는 회사 경영에 일상적으로 영향력을 행사하기 위한 투자이다.
>
> 개발도상국에 유입되는 이러한 외국자본은 여러 가지 문제점을 보이고 있다. 해외 원조는 개발도상국에 대한 경제적 효과가 있다고 여겨져 왔으나 최근 경제학자들 사이에서는 그러한 경제적 효과가 없다는 주장이 점차 힘을 얻고 있다.
>
> 부채는 변동성이 크다는 단점이 지적되고 있다. 특히 은행 융자는 변동성이 큰 것으로 유명하다. 예컨대 1998년 개발도상국에 대하여 이루어진 은행 융자 총액은 500억 달러였다. 하지만 1998년 러시아와 브라질, 2002년 아르헨티나에서 일어난 일련의 금융 위기가 개발도상국을 강타하여 1999 ~ 2002년의 4개년 동안에는 은행 융자 총액이 연평균 −65억 달러가 되었다가, 2005년에는 670억 달러가 되었다. 은행 융자만큼 변동성이 큰 것은 아니지만, 채권을 통한 자본 유입 역시 변동성이 크다. 외국인은 1997년에 380억 달러의 개발도상국 채권을 매수했다. 그러나 1998 ~ 2002년에는 연평균 230억 달러로 떨어졌고, 2003 ~ 2005년에는 연평균 440억 달러로 증가했다.
>
> 한편 포트폴리오 투자는 은행 융자만큼 변동성이 크지는 않지만 채권에 비하면 변동성이 크다. 개발도상국에 대한 포트폴리오 투자는 1997년의 310억 달러에서 1998 ~ 2002년에는 연평균 90억 달러로 떨어졌고, 2003 ~ 2005년에는 연평균 410억 달러에 달했다.

① 개발도상국에 대한 투자는 경제적 수익뿐만 아니라 회사 경영에 영향력을 행사하기 위해서도 이루어질 수 있다.

② 해외 원조는 개발도상국에 대한 경제적 효과가 없다고 주장하는 경제학자들이 있다.

③ 개발도상국에 유입되는 외국자본에는 해외 원조, 은행 융자, 채권, 포트폴리오 투자, 외국인 직접투자가 있다.

④ 개발도상국에 대한 2005년의 은행 융자 총액은 1998년의 수준을 회복하지 못하였다.

⑤ 1998 ~ 2002년과 2003 ~ 2005년의 연평균 금액을 비교할 때, 개발도상국에 대한 포트폴리오 투자가 채권보다 증감액이 크다.

다음 글에서 추론할 수 있는 내용으로 가장 적절한 것은?

두뇌 연구는 지금까지 뉴런을 중심으로 진행되어 왔다. 뉴런 연구로 노벨상을 받은 카얄은 뉴런이 '생각의 전화선'이라는 이론을 확립하여 사고와 기억 등 두뇌에서 일어나는 모든 현상을 뉴런의 연결망과 뉴런 간의 전기 신호로 설명했다. 그러나 두뇌에는 뉴런 외에도 신경교 세포가 존재한다. 신경교 세포는 뉴런처럼 그 수가 많지만 전기 신호를 전달하지 못한다. 이 때문에 과학자들은 신경교 세포가 단지 두뇌 유지에 필요한 영양 공급과 두뇌 보호를 위한 전기 절연의 역할만을 가진다고 여겼다.

최근 과학자들은 신경교 세포에서 그 이상의 기능을 발견했다. 신경교 세포 중에도 '성상세포'라 불리는 별 모양의 세포는 자신만의 화학적 신호를 가진다는 것이 밝혀졌다. 성상세포는 뉴런처럼 전기를 이용하지는 않지만, '뉴런송신기'라고 불리는 화학물질을 방출하고 감지한다. 과학자들은 이러한 화학적 신호의 연쇄반응을 통해 신경교 세포가 전체 뉴런을 조정한다고 추론했다.

A연구팀은 신경교 세포가 전체 뉴런을 조정하면서 기억력과 사고력을 향상시킨다고 예상하고서, 이를 확인하기 위해 인간의 신경교 세포를 갓 태어난 생쥐의 두뇌에 주입했다. 쥐가 자라면서 주입된 인간의 신경교 세포도 성장했다. 이 세포들은 쥐의 뉴런들과 완벽하게 결합되어 쥐의 두뇌 전체에 걸쳐 퍼지게 되었다. 심지어 어느 두뇌 영역에서는 쥐의 뉴런의 숫자를 능가하기도 했다. 뉴런과 달리 쥐와 인간의 신경교 세포는 비교적 쉽게 구별된다. 인간의 신경교 세포는 매우 길고 무성한 섬유질을 가지기 때문이다. 쥐에 주입된 인간의 신경교 세포는 그 기능을 그대로 간직한다. 그렇게 성장한 쥐들은 다른 쥐들과 잘 어울렸고, 다른 쥐들의 관심을 끄는 것에 흥미를 보였다. 이 쥐들은 미로를 통과해 치즈를 찾는 테스트에서 더 뛰어났다. 보통의 쥐들은 네다섯 번의 시도 끝에 올바른 길을 배웠지만, 인간의 신경교 세포를 주입받은 쥐들은 두 번 만에 학습했다.

① 인간의 신경교 세포를 쥐에게 주입하면, 쥐의 뉴런은 전기 신호를 전달하지 못할 것이다.
② 인간의 뉴런 세포를 쥐에게 주입하면, 쥐의 두뇌에는 화학적 신호의 연쇄 반응이 더 활발해질 것이다.
③ 인간의 뉴런 세포를 쥐에게 주입하면, 그 뉴런 세포는 쥐의 두뇌 유지에 필요한 영양을 공급할 것이다.
④ 인간의 신경교 세포를 쥐에게 주입하면, 그 신경교 세포는 쥐의 뉴런을 보다 효과적으로 조정할 것이다.
⑤ 인간의 신경교 세포를 쥐에게 주입하면, 그 신경교 세포는 쥐의 신경교 세포의 기능을 갖도록 변화할 것이다.

03 다음 글에서 알 수 있는 내용으로 가장 적절한 것은?

국내에서 벤처버블이 발생한 1999 ~ 2000년 동안 한국뿐 아니라 미국, 유럽 등 전세계 주요 국가에서 벤처버블이 나타났다. 미국 나스닥의 경우 1999년 초 이후에 주가가 급상승하여 2000년 3월을 전후해서 정점에 이르렀는데, 이는 한국의 주가 흐름과 거의 일치한다. 또한 한국에서는 1998년 5월부터 외국인의 종목별 투자한도를 완전 자유화하였는데, 외환위기 이후 해외투자를 유치하기 위한 이런 주식시장의 개방은 주가 상승에 영향을 미쳤다. 외국인 투자자들은 벤처버블이 정점에 이르렀던 1999년 12월에 벤처기업으로 구성되어 있는 코스닥 시장에서 투자금액을 이전 달의 1조 4천억 원에서 8조 원으로 늘렸으며, 투자비중도 늘렸다.

또한 벤처버블 당시 국내에서는 인터넷이 급속히 확산되고 있었다. 초고속 인터넷 서비스는 1998년 첫 해에 1만 3천 가구에 보급되었지만 1999년에는 34만 가구로 확대되었다. 또한 1997년 163만 명이던 인터넷 이용자는 1999년에 천만 명으로 폭발적으로 증가하였다. 이처럼 초고속 인터넷의 보급과 인터넷 사용인구의 급증은 뚜렷한 수익모델이 없는 업체라 할지라도 인터넷을 활용한 비즈니스를 내세우면 투자자들 사이에서 높은 잠재력을 가진 기업으로 인식되는 효과를 낳았다.

한편 1997년 8월에 시행된 벤처기업 육성에 관한 특별조치법은 다음과 같은 상황으로 인해 제정되었다. 법 제정 당시 우리 경제는 혁신적 기술이나 비즈니스 모델에 의한 성장보다는 설비확장에 토대한 외형성장에 주력해 왔다. 그러나 급격한 임금상승, 공장용지와 물류 및 금융 관련 비용 부담 증가, 후발국가의 추격 등은 우리 경제가 하루빨리 기술과 지식을 경쟁력의 기반으로 하는 구조로 변화해야 할 필요성을 높였다. 게다가 1997년 말 외환위기로 30대 재벌의 절반이 부도 또는 법정관리에 들어가게 되면서 재벌을 중심으로 하는 경제성장 방식의 한계가 지적되었고, 이에 따라 우리 경제는 고용창출과 경제성장을 주도할 새로운 기업군을 필요로 하게 되었다. 이로 인해 시행된 벤처기업 육성 정책은 벤처기업에 세제 혜택은 물론, 기술개발, 인력공급, 입지공급까지 다양한 지원을 제공하면서 벤처기업의 폭증에 많은 영향을 주게 되었다.

① 해외 주식시장의 주가 상승은 국내 벤처버블 발생의 주요 원인이 되었다.
② 벤처버블은 한국뿐 아니라 전세계 모든 국가에서 거의 비슷한 시기에 발생했다.
③ 국내의 벤처기업 육성책 실행은 한국 경제구조 변화의 필요성과 관련을 맺고 있다.
④ 국내 초고속 인터넷 서비스 확대는 벤처기업을 활성화시켰으나 대기업 침체의 요인이 되었다.
⑤ 외환위기는 새로운 기업과 일자리 창출의 필요성을 불러왔고, 해외 주식을 대규모로 매입하는 계기가 되었다.

01 5개의 추 A ~ E가 있다. 다음 조합에 따른 추의 무게를 참고할 때 가장 무거운 추와 그 무게를 구하면?

<조합별 추 무게>

구분	추	무게
조합 1	A+B+C	10kg
조합 2	B+C+E	15kg
조합 3	A+D+E	13kg
조합 4	B+C+D	12kg
조합 5	B+D+E	14kg

① A, 6kg

② B, 6kg

③ C, 6kg

④ D, 7kg

⑤ E, 7kg

02 S사는 사무실을 새롭게 꾸미기 위해 바닥에 붙일 타일을 구매하려고 한다. 타일을 붙일 사무실 바닥의 크기는 가로 8m, 세로 10m이며, 다음 3개의 타일 중 하나를 선택하여 구매하려고 한다. 가장 저렴한 타일로 할 때, 어느 타일을 선택하며, 선택된 타일의 가격은 얼마인가?

<업체별 타일 정보>

구분	크기(가로×세로)	단가(원)	배송비(원)
A타일	20cm×20cm	1,000	50,000
B타일	250mm×250mm	1,500	30,000
C타일	25cm×20cm	1,250	75,000

① A타일, 2,050,000원

② A타일, 1,950,000원

③ B타일, 2,050,000원

④ B타일, 1,950,000원

⑤ C타일, 1,950,000원

01 며칠 전 Q씨는 온라인 쇼핑몰 S마켓에서 1개당 7,500원인 A상품을 6개, 1개당 8,000원인 B상품을 5개 구매하였고 배송비는 무료였다. 오늘 두 물건을 받아본 Q씨는 두 물건을 모두 반품하고 회수되는 금액으로 1개당 5,500원인 C상품을 사려고 한다. A상품과 B상품을 함께 반품할 때 반품 배송비는 총 5,000원이며, C상품을 구매할 때에는 3,000원의 배송비가 발생한다. C상품을 최대 몇 개 구매할 수 있는가?

① 14개   ② 15개

③ 16개   ④ 17개

⑤ 18개

02 S사의 회의실 기존 비밀번호는 862#이다. T부장은 기존 비밀번호에서 첫 번째에서 세 번째 자리까지는 0 ~ 9의 숫자를 사용하고, 마지막 네 번째 자리는 특수기호 #, *을 사용하여 비밀번호를 변경하였다. 이때 S사 회의실의 변경된 비밀번호가 기존 비밀번호 네 자리 중 한 자리와 그 문자가 같을 확률은?(단, 예를 들어 726#일 경우 같은 것으로 하며, 0 ~ 9의 숫자는 중복하여 사용할 수 있다)

① $\dfrac{972}{1,000}$ ② $\dfrac{486}{1,000}$

③ $\dfrac{376}{1,000}$ ④ $\dfrac{243}{1,000}$

⑤ $\dfrac{154}{1,000}$

03 A와 B는 주사위 2개를 던져서 나온 눈의 합에 따라 게임판에 적힌 점수를 얻는 게임을 하였다. A와 B 각각 1번씩 주사위 2개를 던지는 것을 한 판으로 하여 총 두 판을 진행하게 되며, 두 판의 점수 합이 큰 사람이 이기게 된다. A가 첫 판에 던진 두 주사위 눈의 합이 4였을 때, B가 이길 확률은?

주사위 눈의 합(점수)	2 (0점)	3 (2점)	4 (1점)
12 (0점)			5 (2점)
11 (0점)			6 (0점)
10 (2점)	9 (0점)	8 (1점)	7 (1점)

① $\dfrac{8,310}{36^3}$

② $\dfrac{9,310}{36^3}$

③ $\dfrac{14,310}{36^3}$

④ $\dfrac{15,310}{36^3}$

⑤ $\dfrac{16,310}{36^3}$

01 S사의 배터리개발부, 생산기술부, 전략기획부, 품질보증부는 지원자의 전공에 따라 신입사원을 뽑았다. 다음 〈조건〉을 참고할 때, 항상 참인 것은?

> **조건**
>
> - S사의 배터리개발부, 생산기술부, 전략기획부, 품질보증부에서 순서대로 각각 2명, 1명, 1명, 3명의 신입사원을 뽑는다.
> - A, B, C, D, E, F, G가 S사 신입사원으로 합격하였으며, A, B, E지원자만 복수전공을 하였고 가능한 부서에 모두 지원하였다.
> - 배터리개발부는 재료공학, 생산기술부는 화학공학, 전략기획부는 경영학, 품질보증부는 정보통신학과 졸업생을 뽑았다.
> - A지원자는 복수전공을 하여 배터리개발부와 생산기술부에 지원하였다.
> - B지원자는 경영학과 정보통신학을 전공하였다.
> - E지원자는 화학공학과 경영학을 전공하였다.
> - C지원자는 품질보증부에 지원하였다.
> - D지원자는 배터리개발부의 신입사원으로 뽑혔다.
> - F와 G지원자는 같은 학과를 졸업하였다.

① A지원자는 배터리개발부의 신입사원으로 뽑히지 않았다.
② E지원자는 생산기술부의 신입사원으로 뽑혔다.
③ G지원자는 배터리개발부의 신입사원으로 뽑혔다.
④ B지원자는 품질보증부의 신입사원으로 뽑혔다.
⑤ F지원자는 품질보증부의 신입사원으로 뽑히지 않았다.

정답 및 해설 p.035

01 언어이해

01 다음 중 레드 와인의 효능으로 볼 수 없는 것은?

알코올이 포함된 술은 무조건 건강에 좋지 않다고 생각하는 사람들이 많다. 그러나 포도를 이용하여 담근 레드 와인은 의외로 건강에 도움이 되는 성분들을 다량으로 함유하고 있어 적당량을 섭취할 경우 건강에 효과적일 수 있다.

레드 와인은 심혈관 질환을 예방하는 데 특히 효과적이다. 와인에 함유된 식물성 색소인 플라보노이드 성분은 나쁜 콜레스테롤의 수치를 떨어트리고, 좋은 콜레스테롤의 수치를 상대적으로 향상시킨다. 이는 결국 혈액 순환 개선에 도움이 되어 협심증이나 뇌졸중 등의 심혈관 질환 발병률을 낮출 수 있다.

레드 와인은 노화 방지에도 효과적이다. 레드 와인은 항산화 물질인 폴리페놀 성분을 다량 함유하고 있는데, 활성산소를 제거하는 항산화 성분이 몸속에 쌓여 노화를 빠르게 촉진시키는 활성산소를 내보냄으로써 노화를 자연스럽게 늦출 수 있는 것이다.

또한 레드 와인을 꾸준히 섭취할 경우 섭취하기 이전보다 뇌의 활동량과 암기력이 높아지는 것으로 알려져 있다. 레드 와인에 함유된 레버라트롤이란 성분이 뇌의 노화를 막아주고 활동량을 높이는 데 도움을 주기 때문이다. 이를 통해 인지력과 기억력이 향상되고 나아가 노인성 치매와 편두통 등의 뇌와 관련된 질병을 예방할 수 있다.

레드 와인은 면역력을 상승시켜주기도 한다. 면역력이란 외부의 바이러스나 세균 등의 침입을 방어하는 능력을 말하는데, 레드 와인에 포함된 퀘르세틴과 갈산이 체온을 상승시켜 체내의 면역력을 높인다.

이외에도 레드 와인은 위액의 분비를 촉진하여 소화를 돕고 식욕을 촉진시키기도 한다. 그러나 와인을 마실 때 상대적으로 떫은맛이 강한 레드 와인부터 마시게 되면 탄닌 성분이 위벽에 부담을 주고 소화를 방해할 수 있다. 따라서 단맛이 적고 신맛이 강한 스파클링 와인이나 화이트 와인부터 마신 후 레드 와인을 마시는 것이 좋다.

① 위벽 보호   ② 식욕 촉진
③ 노화 방지   ④ 기억력 향상
⑤ 면역력 강화

02 다음 중 (가)와 (나)에 대한 추론으로 가장 적절한 것은?

> 최근 경제신문에는 기업의 사회적 책임을 반영한 마케팅 용어들이 등장하고 있다. 그중 하나인 코즈 마케팅(Cause Marketing)은 기업이 환경, 보건, 빈곤 등과 같은 사회적인 이슈, 즉 코즈(Cause)를 기업의 이익 추구를 위해 활용하는 마케팅 기법으로, 기업이 추구하는 사익과 사회가 추구하는 공익을 동시에 얻는 것을 목표로 한다. 소비자는 사회적인 문제들을 해결하려는 기업의 노력에 호의적인 반응을 보이게 되고, 결국 기업의 선한 이미지가 제품 구매에 영향을 미치는 것이다.
>
> 미국의 카드 회사인 (가) 아메리칸 익스프레스는 1850년 설립 이후 전 세계에 걸쳐 개인 및 기업에 대한 여행이나 금융 서비스를 제공하고 있다. 1983년 아메리칸 익스프레스사는 기존 고객이 자사의 신용카드로 소비할 때마다 1센트씩, 신규 고객이 가입할 때마다 1달러씩 '자유의 여신상' 보수 공사를 위해 기부하기로 하였다. 해당 기간 동안 기존 고객의 카드 사용률은 전년 동기 대비 28% 증가하였고, 신규 카드의 발급 규모는 45% 증가하였다.
>
> 현재 코즈 마케팅을 활발하게 펼치고 있는 대표적인 사회적 기업으로는 미국의 신발 회사인 (나) 탐스(TOMS)가 있다. 탐스의 창업자는 여행을 하던 중 가난한 아이들이 신발을 신지도 못한 채로 거친 땅을 밟으면서 각종 감염에 노출되는 것을 보고 그들을 돕기 위해 신발을 만들었고, 신발 하나를 구매하면 아프리카 아이들에게도 신발 하나를 선물한다는 'One for One' 마케팅을 시도했다. 이를 통해 백만 켤레가 넘는 신발이 기부되었고, 소비자는 만족감을 얻는 동시에 어려운 아이들을 도왔다는 충족감을 얻게 되었다. 전 세계의 많은 소비자들이 동참하면서 탐스는 3년 만에 4,000%의 매출을 올렸다.

① (가)는 기업의 사익보다 공익을 우위에 둔 마케팅을 펼침으로써 신규 고객을 확보할 수 있었다.

② (가)가 큰 이익을 얻을 수 있었던 이유는 소비자의 니즈(Needs)를 정확히 파악했기 때문이다.

③ (나)는 기업의 설립 목적과 어울리는 코즈(Cause)를 연계시킴으로써 높은 매출을 올릴 수 있었다.

④ (나)는 높은 매출을 올렸으나, 기업의 일방적인 기부 활동으로 인해 소비자의 공감을 이끌어 내는 데 실패하였다.

⑤ (나)는 기업의 사회적 책임을 강조하기 위해 기업의 실익을 포기하였지만, 오히려 반대의 효과를 얻을 수 있었다.

01 다음은 중성세제 브랜드별 용량 및 가격을 정리한 표이다. 브랜드마다 용량에 대한 가격을 조정했을 때, 브랜드별 판매 가격 및 용량의 변경 전과 변경 후에 대한 판매 금액 차이가 바르게 연결된 것은?

<브랜드별 중성세제 판매 가격 및 용량>

(단위 : 원, L)

구분	변경 전	1L당 가격	용량	변경 후	1L당 가격	용량
A브랜드		8,000	1.3		8,200	1.2
B브랜드		7,000	1.4		6,900	1.6
C브랜드		3,960	2.5		4,000	2.0
D브랜드		4,300	2.4		4,500	2.5

	A브랜드	B브랜드	C브랜드	D브랜드
①	550원 증가	1,220원 감소	2,000원 증가	930원 증가
②	550원 감소	1,240원 증가	1,900원 증가	930원 증가
③	560원 감소	1,240원 증가	1,900원 감소	930원 증가
④	560원 증가	1,240원 감소	2,000원 감소	900원 감소
⑤	560원 감소	1,220원 증가	1,900원 감소	900원 감소

02 서울에서 사는 S씨는 휴일에 가족들과 경기도 맛집에 가기 위해 오후 3시에 집 앞으로 중형 콜택시를 불렀다. 집에서 맛집까지 거리는 12.56km이며, 집에서 맛집으로 출발하여 4.64km 이동하면 경기도에 진입한다. 맛집에 도착할 때까지 교통신호로 인해 택시가 멈췄던 시간은 8분이며, 택시의 속력은 이동 시 항상 60km/h 이상이었다. 다음 자료를 참고할 때, S씨가 지불하게 될 택시요금은?(단, 콜택시의 예약비용은 없으며, 교통신호로 인해 멈춘 시간은 모두 경기도 진입 후이다)

<서울시 택시요금 계산표>

구분			신고요금
중형택시	주간	기본요금	2km까지 3,800원
		거리요금	100원 당 132m
		시간요금	100원 당 30초
	심야	기본요금	2km까지 4,600원
		거리요금	120원 당 132m
		시간요금	120원 당 30초
	공통사항		− 시간·거리 부분 동시병산(15.33km/h 미만 시) − 시계 외 할증 20% − 심야(00:00~04:00)할증 20% − 심야·시계 외 중복할증 40%

※ '시간요금'이란 속력이 15.33km/h 미만이거나 멈춰 있을 때 적용됨
※ 서울시에서 다른 지역으로 진입 후 시계 외 할증(심야 거리 및 시간요금)이 적용됨

① 13,800원   ② 14,000원
③ 14,220원   ④ 14,500원
⑤ 14,920원

01 다음과 같은 〈조건〉을 만족하는 100 이하의 자연수를 7로 나눴을 때, 나머지로 옳은 것은?

> 조건
>
> • 3으로 나누면 1이 남는다.
> • 4로 나누면 2가 남는다.
> • 5로 나누면 3이 남는다.
> • 6으로 나누면 4가 남는다.

① 1   ② 2

③ 3   ④ 4

⑤ 5

02 다음 〈조건〉에 따라 여섯 개의 문자 A, B, C, 1, 2, 3으로 여섯 자리의 문자조합을 만든다고 할 때, 가능한 여섯 자리 조합의 경우의 수는?

> 조건
>
> • 1 ~ 3번째 자리에는 알파벳, 4 ~ 6번째 자리에는 숫자가 와야 한다.
> • 각 문자는 중복 사용이 가능하지만 동일한 알파벳은 연속으로 배치할 수 없다.
>   예 11A(○), 1AA(×), ABA(○)

① 225가지   ② 256가지

③ 300가지   ④ 324가지

⑤ 365가지

03 S회사에 있는 에스컬레이터는 일정한 속력으로 올라간다. A사원과 B사원은 동시에 에스컬레이터를 타고 올라가면서 서로 일정한 속력으로 한 걸음에 한 계단씩 걸어 올라간다. A사원의 걷는 속력이 B사원의 속력보다 2배 빠르고, A사원은 30걸음으로, B사원은 20걸음으로 에스컬레이터를 올라갔을 때, 이 에스컬레이터에서 항상 일정하게 보이는 계단의 수는?

① 38개   ② 40개

③ 56개   ④ 60개

⑤ 52개

04 S팀의 A ~ F는 모여서 회의를 하기로 했다. 회의실의 여섯 자리에는 A, B, C, D, E, F의 순으로 자리가 지정되어 있었는데 이 사실을 모두 모른 채 각자 앉고 싶은 곳에 앉았다. 이때 E를 포함한 4명은 지정석에 앉지 않았고 나머지 2명은 지정석에 앉았을 확률은?

① $\dfrac{1}{2}$ 　　　　　　　　　② $\dfrac{1}{3}$

③ $\dfrac{1}{4}$ 　　　　　　　　　④ $\dfrac{1}{8}$

⑤ $\dfrac{1}{9}$

1일 차

05 S사 필기시험에 합격한 9명의 신입사원 중 7명의 점수는 78점, 86점, 61점, 74점, 62점, 67점, 76점이었다. 50점 이상만이 합격하였고 9명의 평균 점수는 72점이었으며 모두 자연수였다. 9명 중 최고점과 중앙값의 차이가 가장 클 때의 값은?

① 18점 　　　　　　　　　② 20점

③ 22점 　　　　　　　　　④ 24점

⑤ 26점

합 격 의
공 식
SD에듀
S D E D U

아이들이 답이 있는 질문을 하기 시작하면 그들이 성장하고 있음을 알 수 있다.

- 존 J. 플롬프 -

2일 차

언어 / 수리

합격 CHEAT KEY

언어이해는 크게 독해, 나열하기, 빈칸추론 등으로 나눌 수 있다. 이 중 독해의 비중이 압도적으로 높은 편인데, 독해는 내용 일치·불일치, 주제 찾기, 추론하기 등으로 구성되어 있다. 15분 동안 20문제를 풀어야 하는 언어이해는 최대한 많은 문제를 풀어 보면서 글의 주제와 흐름을 파악하여 정확하게 답을 고르는 연습이 필요하다.

01　독해

제시문의 전체적인 맥락을 읽고 파악하는 문제로 구성되어 있으며, 특히 추론하기와 비판하기가 높은 비율로 출제되고 있다.

> ┤ 학습 포인트 ├
>
> • 경제·경영·철학·역사·예술·과학 등 다양한 분야와 관련된 글이 제시된다.
> • 독해의 경우 단기간의 공부로 성적을 올릴 수 있는 부분이 아니므로 평소에 꾸준히 연습해야 한다.
> • 추론하기와 비판하기의 경우 제시문을 바탕으로 정확한 근거를 판단하여 풀이하면 오답을 피할 수 있다.

02 나열하기

주어진 문장 또는 문단을 논리적 순서에 맞게 나열하는 문제, 〈보기〉에 주어진 문장 또는 문단을
제시문에서 적절한 자리에 배치하는 문제 유형 등이 있다.

┤ 학습 포인트 ├
- SKCT의 난이도를 생각할 때 결코 어려운 편에 속하지 않으므로 고득점을 목표로 한다면 절대 놓쳐
  서는 안되는 유형이다.
- 문장과 문장을 연결하는 접속어의 쓰임에 대해 알고 있으면 빠른 시간 내에 문제를 풀 수 있다.
- 문단 속에 나타나는 지시어는 해당 문단의 앞에 어떤 내용이 오는지에 대한 힌트가 되므로 이에 집
  중한다.

03 빈칸추론

문맥의 흐름에 맞는 적절한 문장을 찾는 유형으로, 이전 시험에서는 앞뒤 문장으로 추론이 가능했
으나 이제는 글의 전체적인 맥락을 알지 못하면 풀 수 없게 출제되고 있으므로 글의 중심 내용을
빠르게 이해해야 한다.

┤ 학습 포인트 ├
- 제시문을 처음부터 끝까지 다 읽지 않고 빈칸의 앞뒤 문장만으로 그 사이에 들어갈 내용을 유추하는
  연습을 해야 한다.
- 선택지를 읽으며 빈칸에 들어갈 답을 고른 후 해설과 비교한다. 확실하게 정답을 선택한 경우를 제
  외하고, 놓친 부분을 다시 한 번 확인하는 습관을 들인다.

01 언어이해 핵심이론

01 논리구조

논리구조에서는 주로 단락과 문장 간의 관계나 글 전체의 논리적 구조를 정확히 파악했는지를 묻는다. 글의 순서를 바르게 나열하는 유형이 출제되고 있다. 제시문의 전체적인 흐름을 바탕으로 각 문단의 특징, 단락 간의 역할 등을 논리적으로 구조화할 수 있는 능력을 길러야 한다.

1. 문장과 문장 간의 관계

① **상세화 관계** : 주지 → 구체적 설명(비교, 대조, 유추, 분류, 분석, 인용, 예시, 비유, 부연, 상술 등)

② **문제(제기)와 해결 관계** : 한 문장이 문제를 제기하고, 다른 문장이 그 해결책을 제시하는 관계(과제 제시 → 해결 방안, 문제 제기 → 해답 제시)

③ **선후 관계** : 한 문장이 먼저 발생한 내용을 담고, 다음 문장이 나중에 발생한 내용을 담고 있는 관계

④ **원인과 결과 관계** : 한 문장이 원인이 되고, 다른 문장이 그 결과가 되는 관계(원인 제시 → 결과 제시, 결과 제시 → 원인 제시)

⑤ **주장과 근거 관계** : 한 문장이 필자가 말하고자 하는 바(주지)가 되고, 다른 문장이 그 문장의 증거(근거)가 되는 관계(주장 제시 → 근거 제시, 의견 제안 → 의견 설명)

⑥ **전제와 결론 관계** : 앞 문장에서 조건이나 가정을 제시하고, 뒤 문장에서 이에 따른 결론을 제시하는 관계

2. 문장의 연결 방식

① **순접** : 원인과 결과, 부연 설명 등의 문장 연결에 쓰임
　예 그래서, 그리고, 그러므로 등

② **역접** : 앞글의 내용을 전면적 또는 부분적으로 부정
　예 그러나, 그렇지만, 그래도, 하지만 등

③ **대등 · 병렬** : 앞뒤 문장의 대비와 반복에 의한 접속
　예 및, 혹은, 또는, 이에 반하여 등

④ **보충 · 첨가** : 앞글의 내용을 보다 강조하거나 부족한 부분을 보충하기 위해 다른 말을 덧붙이는 문맥
　예 단, 곧, 즉, 더욱이, 게다가, 왜냐하면 등

⑤ **화제 전환** : 앞글과는 다른 새로운 내용을 이야기하기 위한 문맥

⑥ **비유 · 예시** : 앞글에 대해 비유적으로 다시 말하거나 구체적인 예를 보임
　예 예를 들면, 예컨대, 마치 등

3. 원리 접근법

앞뒤 문장의 중심 의미 파악	→	앞뒤 문장의 중심 내용이 어떤 관계인지 파악	→	문장 간의 접속어, 지시어의 의미와 기능	→	문장의 의미와 관계성 파악
각 문장의 의미를 어떤 관계로 연결해서 글을 전개하는지 파악해야 한다.		지문 안의 모든 문장은 서로 논리적 관계성이 있다.		접속어와 지시어를 음미하는 것은 독해의 길잡이 역할을 한다.		문단의 중심 내용을 알기 위한 기본 분석 과정이다.

02 논리적 이해

1. 전제의 추론

전제의 추론은 원칙적으로 주어진 내용의 이면에 내포되어 있는 이미 옳다고 인정된 사실을 유추하는 유형이다.

① 먼저 주장이 무엇인지 명확하게 파악해야 한다.

② 주장이 성립하기 위해서 논리적으로 필요한 요건이 무엇인지 생각해 본다.

③ 선택지 중 주장과 논리적으로 인과 관계를 형성할 수 있는 조건을 찾아낸다.

2. 결론의 추론

주어진 내용을 명확히 이해한 다음, 이를 근거로 이끌어 낼 수 있는 올바른 결론이나 관련 사항을 논리적인 관점에서 찾는 문제 유형이다. 이와 같은 문제는 평상시 비판적이고 논리적인 관점으로 글을 읽는 연습을 충분히 해두어야 유리하다고 볼 수 있다.

3. 주제의 추론

주제와 관련된 추론 문제는 적성검사에서 자주 출제되는 유형으로서, 글의 표제, 부제, 주제, 주장, 의도를 파악하는 형태의 문제와 같은 유형이다. 이러한 유형의 문제는 주제를 글의 첫 문단이나 마지막 문단을 통해서 찾을 수 있으며, 그렇지 않더라도 문단의 병렬·대등 관계를 파악하면 쉽게 찾을 수 있다. 여러 문단에서 공통된 주제를 추론할 때는, 각각의 제시문을 먼저 요약한 뒤, 핵심 키워드를 찾은 다음 이를 토대로 주제문을 가려내어 하나의 주제를 유추하면 된다. 따라서 평소에 제시문을 읽고, 핵심 키워드를 찾아 문장을 구성하는 연습을 많이 해두어야 한다. 또한 겉으로 드러난 주제나 정보를 찾는 데 그치지 않고 글 속에 숨겨진 의도나 정보를 찾기 위해 꼼꼼히 관찰하는 태도가 필요하다.

| 유형분석 |

- 글을 읽고 말하고자 하는 주제를 파악할 수 있는지를 평가하는 유형이다.
- 단순한 설명문부터 주장, 반박문까지 다양한 성격의 제시문이 제시되므로 글의 성격별 특징을 알아두는 것이 좋다.

다음 글의 중심 내용으로 가장 적절한 것은?

통계는 다양한 분야에서 사용되며 막강한 위력을 발휘하고 있다. 그러나 모든 도구나 방법이 그렇듯이, 통계 수치에도 함정이 있다. 함정에 빠지지 않으려면 통계 수치의 의미를 정확히 이해하고, 도구와 방법을 올바르게 사용해야 한다. 친구 5명이 만나서 이야기를 나누다가 연봉이 화제가 되었다. 2천만 원이 4명, 7천만 원이 1명이었는데, 평균을 내면 3천만 원이다. 이 숫자에 대해 4명은 "나는 봉급이 왜 이렇게 적을까?"하며 한숨을 내쉬었다. 그러나 이 평균값 3천만 원이 5명의 집단을 대표하는 데에 아무 문제가 없을까? 물론 계산 과정에는 하자가 없지만, 평균을 집단의 대푯값으로 사용하는 데에 어떤 한계가 있을 수 있는지 깊이 생각해 보지 않는다면, 우리는 잘못된 생각에 빠질 수도 있다. 평균은 극단적으로 아웃라이어(비정상적인 수치)에 민감하다. 집단 내에 아웃라이어가 하나만 있어도 평균이 크게 바뀐다는 것이다. 위의 예에서 1명의 연봉이 7천만 원이 아니라 100억 원이었다고 하자. 그러면 평균은 20억 원이 넘게 된다.

나머지 4명은 자신의 연봉이 평균치의 100분의 1밖에 안 된다며 슬퍼해야 할까? 연봉 100억 원인 사람이 아웃라이어이듯이 처음의 예에서 연봉 7천만 원인 사람도 아웃라이어인 것이다. 두드러진 아웃라이어가 있는 경우에는 평균보다는 최빈값이나 중앙값이 대푯값으로서 더 나을 수 있다.

① 평균은 집단을 대표하는 수치로서는 매우 부적당하다.
② 통계는 숫자 놀음에 불과하므로 통계 수치에 일희일비할 필요가 없다.
③ 평균보다는 최빈값이나 중앙값을 대푯값으로 사용해야 한다.
④ 통계 수치의 의미와 한계를 정확히 인식하고 사용할 필요가 있다.
⑤ 통계는 올바르게 활용하면 다양한 분야에서 사용할 수 있는 도구이다.

정답 ④

제시문은 통계 수치의 의미를 정확하게 이해하고 도구와 방법을 올바르게 사용해야 하며, 특히 아웃라이어의 경우를 생각해야 한다고 주장하고 있다.

따라서 글의 중심 내용으로 가장 적절한 것은 ④이다.

오답분석

① · ② 집단을 대표하는 수치로서의 '평균' 자체가 숫자 놀음과 같이 부적당하다고는 언급하지 않았다.

③ 아웃라이어가 있는 경우에는 평균보다는 최빈값이나 중앙값이 대푯값으로 더 적당하다고 하였다.

⑤ 통계의 유용성은 글의 도입부에 잠깐 인용되었을 뿐, 글의 전체를 포괄하는 중심 내용으로 볼 수 없다.

30초 컷 풀이 Tip

• 주제가 되는 글 또는 문단의 앞과 뒤에 핵심어가 오는 경우가 있으므로 먼저 글을 읽어 핵심어를 잡아낸 뒤 중심 내용을 파악할 수 있도록 한다. 또한 선택지 중 세부적인 내용을 다루고 있는 것은 정답에서 제외시킨다.

• 글의 전체적인 진행 중에 반전이 되는 내용이나 접속어가 나온다면 그 다음 내용이 중심 내용인 경우가 많다. 따라서 글의 분위기가 반전되는 경우 이에 집중하여 독해한다.

| 유형분석 |

- 주어진 문장을 제시문의 적절한 위치에 배치하는 유형이다.
- 글을 배치했을 때, 흐름이 어색하지 않은지를 확인해야 한다.

다음 글에서 〈보기〉의 문장이 들어갈 위치로 가장 적절한 곳은?

오늘날 인류가 왼손보다 오른손을 선호하는 경향은 어디서 비롯되었을까? 오른손을 귀하게 여기고 왼손을 천대하는 현상은 어쩌면 산업화 이전 사회에서 배변 후 사용할 휴지가 없었다는 사실과 관련이 있을 법하다. (가) 맨손으로 배변 뒤처리를 하는 것은 불쾌할 뿐더러 병균을 옮길 위험을 수반하는 일이었다. 이런 위험의 가능성을 낮추는 간단한 방법은 음식을 먹거나 인사할 때 다른 손을 사용하는 것이었다. 기술 발달 이전의 사회는 대개 왼손을 배변 뒤처리에, 오른손을 먹고 인사하는 일에 사용했다. (나)

나는 이런 배경이 인간 사회에 널리 나타나는 '오른쪽'에 대한 긍정과 '왼쪽'에 대한 반감을 어느 정도 설명해줄 수 있으리라고 생각한다. 그러나 이 설명은 왜 애초에 오른손이 먹는 일에, 그리고 왼손이 배변 처리에 사용되었는지 설명해주지 못한다. 동서양을 막론하고, 왼손잡이 사회는 확인된 바 없다. (다)

한쪽 손을 주로 쓰는 경향은 뇌의 좌우반구의 기능 분화와 관련되어 있는 것으로 보인다. 보고된 증거에 따르면, 왼손잡이는 읽기와 쓰기, 개념적·논리적 사고 같은 좌반구 기능에서 오른손잡이보다 상대적으로 미약한 대신 상상력, 패턴 인식, 창의력 등 전형적인 우반구 기능에서는 상대적으로 기민한 경우가 많다. (라)

나는 이성 대 직관의 힘겨루기, 뇌의 두 반구 사이의 힘겨루기가 오른손과 왼손의 힘겨루기로 표면화된 것이 아닐까 생각한다. 즉, 오른손이 원래 왼손보다 더 능숙했기 때문이 아니라 뇌의 좌반구가 인간의 행동을 지배하는 권력을 갖게 되었기 때문에 오른손 선호에 이르렀다는 생각이다. (마)

보기

따라서 근본적인 설명은 다른 곳에서 찾아야 할 것 같다.

① (가) ② (나)

③ (다) ④ (라)

⑤ (마)

보기의 내용으로 볼 때 이전의 내용과 다른 근본적인 설명의 예가 나와야 한다. (다) 앞의 문단은 왜 왼손이 배변 처리에 사용되었는지 설명해 주지 못한다고 하였고, (다) 뒤의 문단은 뇌의 좌우반구 기능 분화의 내용을 다루는 다른 설명이 있다.
따라서 (다)가 보기의 문장이 들어갈 위치로 가장 적절하다.

30초 컷 풀이 Tip

1. 이미 제시문이 나열되어 있는 상태이므로 오히려 난이도는 쉬운 편인 문제이다. 전체 글의 핵심 내용을 찾는다.
2. 보기에 제시된 내용을 먼저 읽고, 빈칸 앞뒤 문장의 핵심 키워드와 접속어를 찾는다.
   예 보기에서 '따라서'로 앞의 설명을 마무리하고 있으며, '근본적인 설명은 다른 곳에서 찾아야 할 것 같다.'고 하였으므로 보기 다음에는 앞의 설명과 다른 설명이 나와야 함을 알 수 있다. (다) 앞까지는 왼손보다 오른손을 선호하는 경향을 긍정과 반감으로 설명하고 있고 (다) 뒤부터는 뇌의 좌우반구의 기능 분화로 설명하고 있다. 따라서 보기의 문장은 (다)의 위치가 적절하다.

| 유형분석 |

- 문장 및 문단의 전체적인 흐름을 파악하고 이에 맞춰 논리적 순서대로 나열하는 유형이다.
- 각 문장의 지시어나 접속어에 주의해야 한다.

다음 문단을 논리적 순서대로 바르게 나열한 것은?

(가) 상품의 가격은 기본적으로 수요와 공급의 힘으로 결정된다. 시장에 참여하고 있는 경제 주체들은 자신이 가진 정보를 기초로 하여 수요와 공급을 결정한다.

(나) 이런 경우에는 상품의 가격이 우리의 상식으로는 도저히 이해하기 힘든 수준까지 일시적으로 뛰어오르는 현상이 나타날 가능성이 있다. 이런 현상은 특히 투기의 대상이 되는 자산의 경우 자주 나타나는데, 우리는 이를 '거품 현상'이라고 부른다.

(다) 그러나 현실에서는 사람들이 서로 다른 정보를 갖고 시장에 참여하는 경우가 많다. 어떤 사람은 특정한 정보를 갖고 있는데 거래 상대방은 그 정보를 갖고 있지 못한 경우도 있다.

(라) 일반적으로 거품 현상이란 것은 어떤 상품 -특히 자산- 의 가격이 지속해서 급격히 상승하는 현상을 가리킨다. 이와 같은 지속적인 가격 상승이 일어나는 이유는 애초에 발생한 가격 상승이 추가적인 가격 상승의 기대로 이어져 투기 바람이 형성되기 때문이다.

(마) 이들이 똑같은 정보를 함께 갖고 있으며 이 정보가 아주 틀린 것이 아닌 한, 상품의 가격은 어떤 기본적인 수준에서 크게 벗어나지 않을 것이라고 예상할 수 있다.

① (가) – (다) – (나) – (라) – (마)
② (가) – (마) – (다) – (나) – (라)
③ (나) – (마) – (다) – (가) – (라)
④ (라) – (가) – (다) – (나) – (마)
⑤ (라) – (가) – (다) – (마) – (나)

정답 ②

제시문은 가격을 결정하는 요인과 현실적인 여러 요인으로 인해 나타나는 '거품 현상'에 대해 설명하는 글이다. 따라서 (가) 수요와 공급에 의해 결정되는 가격 – (마) 상품의 가격에 대한 일반적인 예상 – (다) 가격의 현실적인 상황 – (나) 현실적인 가격 결정 '거품 현상' – (라) '거품 현상'에 대한 구체적인 설명 순으로 나열하는 것이 적절하다.

30초 컷 풀이 Tip

글의 전체적인 진행 중에 반전이 되는 내용이나 접속어가 나온다면 그 다음 내용이 중심 내용인 경우가 많다. 따라서 글의 분위기가 반전되는 경우 이에 집중하여 독해한다.

04 사실적 독해

| 유형분석 |

- 글의 내용과 선택지가 일치·불일치하는지를 묻는 유형이다.
- 제시문에 있는 내용을 그대로 선택지에 제시하거나 다른 표현으로 돌려서 제시한다.
- 오답의 근거가 명확한 선택지를 답으로 고른다.

다음 글의 내용으로 적절하지 않은 것은?

우리 민족은 고유한 주거문화로 바닥 난방 기술인 구들을 발전시켜 왔는데, 구들은 우리 민족에 다양한 영향을 주었다. 우선 오랜 구들 생활은 우리 민족의 인체에 적지 않은 변화를 초래하였다. 태어나면서부터 따뜻한 구들에 누워 자는 것이 습관이 된 우리 아이들은 사지의 활동량이 적어 발육이 늦어졌다. 구들에서 자란 우리 아이들은 다른 어떤 민족의 아이들보다 따뜻한 곳에서 안정감을 느꼈으며, 우리 민족은 아이들에게 따뜻함을 만들어주기 위해 여러 가지를 고안하여 발전시켰다.

구들은 농경을 주업으로 하는 우리 민족의 생산도구의 제작과 사용에 많은 영향을 주었다. 구들에 앉아 오랫동안 활동하는 습관은 하반신보다 상반신의 작업량을 증가시켰고 상반신의 움직임이 상대적으로 정교하게 되었다. 구들 생활에 익숙해진 우리 민족은 방 안에서의 작업뿐만 아니라 농사를 비롯한 야외의 많은 작업에서도 앉아서 하는 습관을 갖게 되었는데 이는 큰 농기구를 이용하여 서서 작업을 하는 서양과는 완전히 다른 방식이었다.

① 구들의 영향으로 우리 민족은 앉아서 하는 작업방식이 일반화되었다.
② 구들은 실내뿐 아니라 실외활동에도 영향을 끼쳤다.
③ 구들은 아이들의 체온을 높여 발육을 방해한다.
④ 우리 민족은 서양보다 작은 농기구를 사용하였다.
⑤ 우리 민족은 하반신 활동보다 상반신 활동이 많은 대신 상반신 작업이 정교한 특징이 있다.

정답 ③

아이들이 따뜻한 구들에 누워 자는 것이 습관이 되어 사지의 활동량이 적어 발육이 늦어진 것이지, 체온을 높였기 때문에 발육이 늦어진 것은 아니다.

오답분석

①·⑤ 두 번째 문단 두 번째 문장에서 확인할 수 있다.
②·④ 두 번째 문단 마지막 문장을 통해 알 수 있다.

30초 컷 풀이 Tip

선택지를 보고 글에 자주 등장하는 키워드가 무엇인지를 파악한 후 제시문을 읽는다.

| 유형분석 |

- 글의 내용을 바탕으로 논리적으로 추론할 수 있는지를 묻는 유형이다.
- 글의 전체적인 내용과 세부적인 내용을 정확하게 알고 있어야 풀이할 수 있는 유형이다.
- 독해 유형 중 난도가 높은 편에 속한다.
- 오답의 근거가 명확한 선택지를 답으로 고른다.

다음 글을 읽고 추론한 내용으로 적절하지 않은 것은?

태양 빛은 흰색으로 보이지만 실제로는 다양한 파장의 가시광선이 혼합되어 나타난 것이다. 프리즘을 통과시키면 흰색의 가시광선은 파장에 따라 붉은빛부터 보랏빛까지의 무지갯빛으로 분해된다. 가시광선의 파장 범위는 390 ~ 780nm* 정도인데 보랏빛이 가장 짧고 붉은빛이 가장 길다. 빛의 진동수는 파장과 반비례하므로 진동수는 보랏빛이 가장 크고 붉은빛이 가장 작다. 태양 빛이 대기층에 입사하여 산소나 질소 분자와 같은 공기 입자(직경 0.1 ~ 1nm 정도), 먼지 미립자, 에어로졸*(직경 1 ~ 100,000nm 정도) 등과 부딪치면 여러 방향으로 흩어지는데 이러한 현상을 산란이라 한다. 산란은 입자의 직경과 빛의 파장에 따라 '레일리(Rayleigh) 산란'과 '미(Mie) 산란'으로 구분된다.

레일리 산란은 입자의 직경이 파장의 1/10보다 작을 경우에 일어나는 산란을 말하는데, 그 세기는 파장의 네제곱에 반비례한다. 대기의 공기 입자는 직경이 매우 작아 가시광선 중 파장이 짧은 빛을 주로 산란시키며, 파장이 짧을수록 산란의 세기가 강하다. 따라서 맑은 날에는 주로 공기 입자에 의한 레일리 산란이 일어나서 보랏빛이나 파란빛이 강하게 산란되는 반면 붉은빛이나 노란빛은 약하게 산란된다. 산란되는 세기로는 보랏빛이 가장 강하겠지만, 우리 눈은 보랏빛보다 파란빛을 더 잘 감지하기 때문에 하늘은 파랗게 보이는 것이다. 만약 태양 빛이 공기 입자보다 큰 입자에 의해 레일리 산란이 일어나면 공기 입자만으로는 산란이 잘되지 않던 긴 파장의 빛까지 산란되어 하늘의 파란빛은 상대적으로 옅어진다.

미 산란은 입자의 직경이 파장의 1/10보다 큰 경우에 일어나는 산란을 말하는데 주로 에어로졸이나 구름 입자 등에 의해 일어난다. 이때 산란의 세기는 파장이나 입자 크기에 따른 차이가 거의 없다. 구름이 흰색으로 보이는 것은 미 산란으로 설명된다. 구름 입자(직경 20,000nm 정도)처럼 입자의 직경이 가시광선의 파장보다 매우 큰 경우에는 모든 파장의 빛이 고루 산란된다. 이 산란된 빛이 동시에 우리 눈에 들어오면 모든 무지갯빛이 혼합되어 구름이 하얗게 보인다. 이처럼 대기가 없는 달과 달리 지구는 산란 효과에 의해 파란 하늘과 흰 구름을 볼 수 있다.

*nm(나노미터) : 물리학적 계량 단위(1nm = 10^{-9}m)
*에어로졸 : 대기에 분산된 고체 또는 액체 입자

① 가시광선의 파란빛은 보랏빛보다 진동수가 작다.

② 프리즘으로 분해한 태양 빛을 다시 모으면 흰색이 된다.

③ 레일리 산란의 세기는 파란빛이 가장 크다.

④ 빛의 진동수가 2배가 되면 레일리 산란의 세기는 16배가 된다.

⑤ 달의 하늘에서는 공기 입자에 의한 태양 빛의 산란이 일어나지 않는다.

정답 ③

레일리 산란의 세기는 보랏빛이 가장 강하지만 우리 눈은 보랏빛보다 파란빛을 더 잘 감지하기 때문에 하늘이 파랗게 보이는 것이다.

오답분석

①·② 첫 번째 문단을 통해 내용을 추론할 수 있다.

④ 빛의 진동수는 파장과 반비례하고, 레일리 산란의 세기는 파장의 네제곱에 반비례한다. 따라서 빛의 진동수가 2배가 되면 파장은 1/2배가 되고, 레일리 산란의 세기는 $2^4 = 16$배가 된다.

⑤ 마지막 문단의 내용을 통해 추론할 수 있다.

30초 컷 풀이 Tip

1. 제시문에 대한 내용이 지나치게 한 편으로 치우친 선택지는 소거한다.
2. 글의 구조를 파악하고 핵심적인 키워드를 표시하여 다시 봐야 할 때도 빠르게 찾을 수 있도록 한다.

| 유형분석 |

- 어떠한 견해에 대하여 적절한 반응을 보이거나 타당한 비판을 하는 유형이다.
- 글의 전체적인 주제를 정확히 이해하는 것이 중요하다.
- 특정한 문장에 의해 한쪽으로 치우친 판단을 하지 않는 것이 중요하다.

다음 글에 대한 반박으로 적절하지 않은 것은?

> 윤리와 관련하여 가장 광범위하게 받아들여진 사실 가운데 하나는 옳은 것과 그른 것에 대한 광범위한 불일치가 과거부터 현재까지 항상 있었고, 아마도 앞으로도 계속 있을 것이라는 점이다. 가령 육식이 올바른지를 두고 한 문화에 속해 있는 사람들의 판단은 다른 문화에 속해 있는 사람들의 판단과 굉장히 다르다. 그뿐만 아니라 한 문화에 속한 사람들의 판단은 시대마다 아주 다르기도 하다. 심지어 우리는 동일한 문화와 시대 안에서도 하나의 행위에 대해 서로 다른 윤리적 판단을 하는 경우를 볼 수 있다.
>
> 이러한 사실이 의미하는 바는 사람들의 윤리적 기준이 시간과 장소, 그리고 그들이 사는 상황에 따라 달라진다는 것이다. 그러므로 올바른 윤리적 기준은 그것을 적용하는 사람에 따라 상대적이다. 이것이 바로 윤리적 상대주의의 핵심 논지이다. 따라서 우리는 윤리적 상대주의가 참이라는 결론을 내려야 한다.

① 사람들의 윤리적 판단은 그들이 사는 지역에 따라 크게 다르지 않다.

② 윤리적 판단이 다르다고 해서 윤리적 기준도 반드시 달라지는 것은 아니다.

③ 윤리적 상대주의가 옳다고 해서 사람들의 윤리적 판단이 항상 서로 다른 것은 아니다.

④ 인류학자들에 따르면 문화에 따른 판단의 차이에도 불구하고 일부 윤리적 기준은 보편적으로 신봉되고 있다.

⑤ 서로 다른 윤리적 판단이 존재하는 경우에도 올바른 판단은 하나뿐이며, 그런 올바른 판단을 옳게 만들어 주는 객관적 기준이 존재한다.

정답 ③

제시문은 윤리적 상대주의가 참이라는 결론을 내리기 위한 논증이다. 어떤 행위에 대한 문화 간의 지속적인 시비 논란(윤리적 판단)은 사람들의 윤리적 기준 차이에 의하여 한 문화 안에서 시대마다 다르기도 하고, 동일한 문화와 시대 안에서도 다를 수 있다. 그러므로 올바른 윤리적 기준은 그것을 적용하는 사람에 따라 상대적이므로 윤리적 상대주의가 참이라는 논증이기 때문에 이 논증의 반박은 '절대적 기준에 의한 보편적 윤리 판단은 존재한다.'가 되어야 한다.

그러나 ③은 '윤리적 판단이 항상 서로 다른 것은 아니다.'는 내용이다. 제시문에서도 윤리적 판단이 '~ 다르기도 하다.', '다른 윤리적 판단을 하는 경우를 볼 수 있다.'고 했을 뿐 '항상 다르다.'고는 하지 않았다. 따라서 ③은 반박으로 적절하지 않다.

| 유형분석 |

- 제시문을 읽고 빈칸에 들어갈 가장 적절한 선택지를 찾는 유형이다.
- 빈칸의 앞뒤 문장을 통해 추론하는 것이 빠르게 푸는 방법이라고 알려져 있지만, 최근에는 제시문 전체의 내용을 모르면 풀이하기 어려운 문제가 출제되고 있다.

다음 글의 빈칸에 들어갈 내용으로 가장 적절한 것은?

> 만약 어떤 사람에게 다가온 신비적 경험이 그가 살아갈 수 있는 힘으로 밝혀진다면, 그가 다른 방식으로 살아야 한다고 다수인 우리가 주장할 근거는 어디에도 없다. 사실상 신비적 경험은 우리의 모든 노력을 조롱할 뿐 아니라, 논리라는 관점에서 볼 때 우리의 관할 구역을 절대적으로 벗어나 있다. 우리 자신의 더 합리적인 신념은 신비주의자가 자신의 신념을 위해서 제시하는 증거와 그 본성에 있어서 유사한 증거에 기초해 있다. 우리의 감각이 우리의 신념에 강력한 증거가 되는 것과 마찬가지로, 신비적 경험도 그것을 겪은 사람의 신념에 강력한 증거가 된다. 우리가 지닌 합리적 신념의 증거와 유사한 증거에 해당되는 경험은 그러한 경험을 한 사람에게 살아갈 힘을 제공해줄 것이다. 신비적 경험은 신비주의자들에게는 살아갈 힘이 되는 것이다. 따라서 _____

① 신비주의가 가져다주는 긍정적인 면에 대한 심도 있는 연구가 필요하다.
② 신비주의자들의 삶의 방식이 수정되어야 할 불합리한 것이라고 주장할 수는 없다.
③ 논리적 사고와 신비주의적 사고를 상반된 개념으로 보는 견해는 수정되어야 한다.
④ 신비주의자들은 그렇지 않은 사람들보다 더 나은 삶을 살아간다고 할 수 있다.
⑤ 모든 합리적 신념의 증거는 사실상 신비적 경험에서 나오는 것이다.

정답 ②

첫 번째 문장에서는 신비적 경험이 살아갈 수 있는 힘으로 밝혀진다면, 그가 다른 방식으로 살아야 한다고 주장할 근거는 어디에도 없다고 하였으며, 이어지는 내용은 신비적 경험이 신비주의자들에게 살아갈 힘이 된다는 근거를 제시하고 있다.
따라서 빈칸에 들어갈 내용으로 '신비주의자들의 삶의 방식이 수정되어야 할 불합리한 것이라고 주장할 수 없다.'가 가장 적절하다.

30초 컷 풀이 Tip

1. 제시문의 전체적인 내용을 우선적으로 판단하고 글의 흐름과 맞지 않는 선택지를 먼저 소거한다.
2. 빈칸의 앞뒤 문장에 있는 키워드와 지시어, 접속어 사이의 관계를 판단한다.

02 자료해석

합격 CHEAT KEY

자료해석은 제시된 표를 이용하여 그래프로 변환하거나 자료를 해석하는 문제, 자료의 추이를 파악하여 빈칸을 찾는 문제 등이 출제된다. 15분 동안 20문제를 풀어야 하므로 다양한 자료를 보고 시간을 절약하는 방법을 연습하는 것이 중요하다.

도표, 그래프 등의 통계자료를 보고 세부적인 내용을 분석하거나, 제시된 공식을 활용 또는 비율, 증감률, 평균 등을 구하는 공식을 활용하여 일정한 값을 도출하는 문제가 출제된다. 객관적인 사실만을 풀어서 쓰는 경우도 있지만 자료를 보고 미래의 추세를 예측하는 형태로 출제되기도 한다.

┤ 학습 포인트 ├

- 표, 꺾은선그래프, 막대그래프, 원그래프 등 다양한 형태의 자료를 눈에 익힌다. 그래야 실제 시험에서 자료가 제시되었을 때 중점을 두고 파악해야 할 부분이 더욱 선명하게 보일 것이다.
- 자료해석 유형의 문제는 제시되는 정보의 양이 매우 많으므로 시간을 절약하기 위해서는 문제를 읽은 후 바로 자료 분석에 들어가는 것보다는, 선택지를 먼저 읽고 필요한 정보만 추출하여 답을 찾는 것이 좋다.

02 자료해석 핵심이론

01 기초통계능력

(1) 통계

집단현상에 대한 구체적인 양적 기술을 반영하는 숫자로 특히, 사회집단 또는 자연집단의 상황을 숫자로 나타낸 것이다.

예 서울 인구의 생계비, 한국 쌀 생산량의 추이, 추출 검사한 제품 중 불량품의 개수 등

(2) 통계치

① 빈도 : 어떤 사건이 일어나거나 증상이 나타나는 정도

② 빈도 분포 : 빈도를 표나 그래프로 종합적이면서도 일목요연하게 표시하는 것

③ 평균 : 모든 자료 값의 합을 자료의 개수로 나눈 값

④ 백분율 : 전체의 수량을 100으로 볼 때의 비율

(3) 통계의 계산

① 범위 : (최댓값)−(최솟값)

② 평균 : $\dfrac{(자료\ 값의\ 총합)}{(자료의\ 개수)}$

③ 분산 : $\dfrac{[\{(관찰값)-(평균)\}^2의\ 총합]}{(자료의\ 개수)}$

※ (편차)=(관찰값)−(평균)

④ 표준편차 : $\sqrt{분산}$ (평균으로부터 얼마나 떨어져 있는가를 나타냄)

(1) 꺾은선(절선)그래프

① 시간적 추이(시계열 변화)를 표시하는 데 적합하다.

　　예 연도별 매출액 추이 변화 등

② 경과·비교·분포를 비롯하여 상관관계 등을 나타낼 때 사용한다.

〈중학교 장학금, 학비감면 수혜현황〉

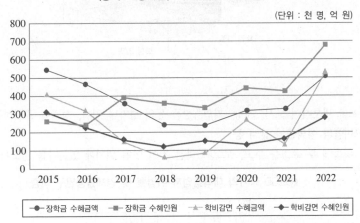

(2) 막대그래프

① 비교하고자 하는 수량을 막대 길이로 표시하고, 그 길이를 비교하여 각 수량 간의 대소 관계를 나타내는 데 적합하다.

　　예 영업소별 매출액, 성적별 인원분포 등

② 가장 간단한 형태로 내역·비교·경과·도수 등을 표시하는 용도로 사용한다.

〈연도별 암 발생 추이〉

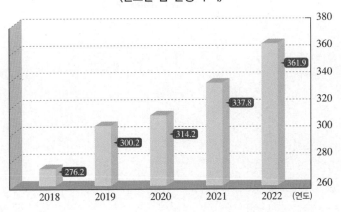

(3) 원그래프

① 내역이나 내용의 구성비를 분할하여 나타내는 데 적합하다.

　[예] 제품별 매출액 구성비 등

② 원그래프를 정교하게 작성할 때는 수치를 각도로 환산해야 한다.

〈C국의 가계 금융자산 구성비〉

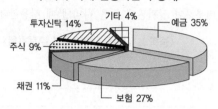

(4) 점그래프

① 지역분포를 비롯하여 도시, 지방, 기업, 상품 등의 평가나 위치, 성격을 표시하는 데 적합하다.

　[예] 광고비율과 이익률의 관계 등

② 종축과 횡축에 두 요소를 두고, 보고자 하는 것이 어떤 위치에 있는가를 알고자 할 때 사용한다.

〈OECD 국가의 대학졸업자 취업률 및 경제활동인구 비중〉

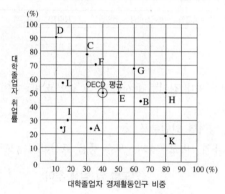

(5) 층별그래프

① 합계와 각 부분의 크기를 백분율로 나타내고 시간적 변화를 보는 데 적합하다.

② 합계와 각 부분의 크기를 실수로 나타내고 시간적 변화를 보는 데 적합하다.

예 상품별 매출액 추이 등

③ 선의 움직임보다는 선과 선 사이의 크기로써 데이터 변화를 나타내는 그래프이다.

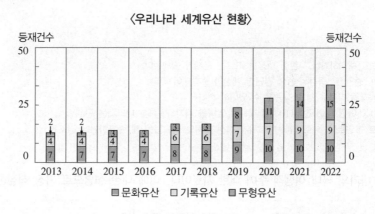

〈우리나라 세계유산 현황〉

(6) 레이더 차트(거미줄 그래프)

① 다양한 요소를 비교할 때, 경과를 나타내는 데 적합하다. 예 매출액의 계절변동 등

② 비교하는 수량을 직경, 또는 반경으로 나누어 원의 중심에서의 거리에 따라 각 수량의 관계를 나타내는 그래프이다.

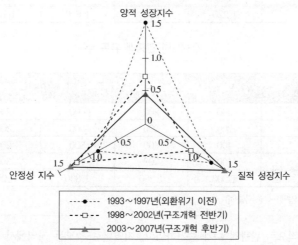

〈외환위기 전후 한국의 경제상황〉

| 유형분석 |

- 자료를 보고 해석하거나 추론한 내용을 고르는 문제가 출제된다.
- 증감 추이, 증감률, 증감폭 등의 간단한 계산이 포함되어 있다.
- %, %p 등의 차이점을 알고 적용할 수 있어야 한다.
  %(퍼센트) : 어떤 양이 전체(100)에 대해서 얼마를 차지하는가를 나타내는 단위
  %p(퍼센트 포인트) : %로 나타낸 수치가 이전 수치와 비교했을 때 증가하거나 감소한 양

다음은 어느 나라의 국내 여행객 수에 대한 자료이다. 이에 대한 설명으로 가장 적절한 것은?

〈2017년 관광객 유동 수〉

(단위 : 천 명)

출신지 \ 여행지	동부지역	남부지역	서부지역	북부지역	합계
동부지역	550	80	250	300	1,180
남부지역	200	400	510	200	1,310
서부지역	390	300	830	180	1,700
북부지역	80	200	80	420	780
합계	1,220	980	1,670	1,100	4,970

〈2022년 관광객 유동 수〉

(단위 : 천 명)

출신지 \ 여행지	동부지역	남부지역	서부지역	북부지역	합계
동부지역	500	200	400	200	1,300
남부지역	200	300	500	300	1,300
서부지역	400	400	800	200	1,800
북부지역	100	300	100	300	800
합계	1,200	1,200	1,800	1,000	5,200

※ (관광수지)=(총수입액)−(총지출액)

① 5년 사이에 전체적으로 관광객 수가 증가하였고, 지역별로도 모든 지역에서 관광객이 증가하였다.

② 남부지역을 관광한 사람들 중에서 서부지역 사람이 차지하는 비중은 5년 사이에 증가하였다.

③ 자기 지역 내 관광이 차지하는 비중은 2017년에 비해 2022년에 증가하였다.

④ 모든 관광객이 동일한 지출을 한다고 가정했을 때, 2017년에 관광수지가 적자인 곳은 2곳이었지만, 2022년에는 1곳이다.

⑤ 2022년에 동부지역 출신이 자기 지역을 관광하는 비율이 2017년에 서부지역 출신이 자기 지역을 관광하는 비율보다 높다.

남부지역을 관광한 사람들 중 서부지역 사람이 차지하는 비중은 2017년에는 $\frac{300}{980} \times 100 = 31\%$를, 2022년에는 $\frac{400}{1,200} \times 100 =$ 33%를 차지하고 있으므로 5년 사이에 증가하였다.

오답분석

① 전체 관광객은 증가하였으나, 동부지역과 북부지역의 관광객은 감소하였다.

③ 2017년에는 $\frac{2,200}{4,970} \times 100 = 44\%$, 2022년에는 $\frac{1,900}{5,200} \times 100 = 37\%$의 비중을 차지하고 있으므로 2022년에 감소하였다.

④ 여행지>출신지이면 흑자이고, 여행지<출신지이면 적자이다.

　　2017년에는 동부·북부는 흑자, 남부·서부가 적자이고, 2022년에는 동부·남부는 적자, 서부는 균형수지, 북부는 흑자이다.

⑤ • 2022년 동부지역 출신이 자기 지역을 관광하는 비율 : $\frac{500}{1,300} \times 100 = 38\%$

　• 2017년 서부지역 출신이 자기 지역을 관광하는 비율 : $\frac{830}{1,700} \times 100 = 49\%$

30초 컷 풀이 Tip

간단한 선택지부터 해결하기
계산이 필요 없거나 생각하지 않아도 되는 선택지를 먼저 해결한다.
예 ①은 제시된 수치의 증감 추이를 판단하는 문제이므로 가장 먼저 풀이 가능하다.

적절한 것 / 적절하지 않은 것 헷갈리지 않게 표시하기
자료해석은 적절한 것 또는 적절하지 않은 것을 찾는 문제가 출제된다. 문제마다 매번 바뀌므로 이를 확인하는 것은 매우 중요하다. 따라서 선택지에 표시할 때에도 선택지가 적절하지 않은 내용이라서 '×'표시를 했는지, 적절한 내용이지만 문제가 적절하지 않은 것을 찾는 문제라 '×'표시를 했는지 헷갈리지 않도록 표시 방법을 정해야 한다.

제시된 자료를 통해 계산할 수 있는 값인지 확인하기
제시된 자료만으로 계산할 수 없는 값을 묻는 선택지인지 먼저 판단해야 한다. 문제를 읽고 바로 계산부터 하면 함정에 빠지기 쉽다.

| 유형분석 |

- 자료상에 주어진 공식을 활용하는 계산문제와 증감률, 비율, 합, 차 등을 활용한 문제가 출제된다.
- 많은 문제가 출제되지는 않지만, 숫자가 큰 경우가 많으므로 정확한 수치와 제시된 조건을 꼼꼼히 확인하여 실수를 하지 않는 것이 중요하다.

부동산 취득세 세율이 다음과 같을 때, 실 매입비가 6억 7천만 원인 $92m^2$ 아파트의 거래금액은?(단, 만 원 단위 미만은 절사한다)

<표준세율>

구분		취득세	농어촌특별세	지방교육세
6억 원 이하 주택	$85m^2$ 이하	1%	비과세	0.1%
	$85m^2$ 초과	1%	0.2%	0.1%
6억 원 초과 9억 원 이하 주택	$85m^2$ 이하	2%	비과세	0.2%
	$85m^2$ 초과	2%	0.2%	0.2%
9억 원 초과 주택	$85m^2$ 이하	3%	비과세	0.3%
	$85m^2$ 초과	3%	0.2%	0.3%

※ (아파트 거래금액)×[1+(표준세율)]=(실 매입비)
※ (표준세율)=(취득세율)+(농어촌특별세율)+(지방교육세율)

① 65,429만 원
② 65,800만 원
③ 67,213만 원
④ 67,480만 원
⑤ 68,562만 원

$92m^2$의 6억 원 초과 9억 원 이하 주택의 표준세율은 $0.02+0.002+0.002=0.024$이다.

거래금액을 x원이라고 하자.

$x \times (1+0.024)=670,000,000$

$\rightarrow 1.024x=670,000,000$

$\therefore x \fallingdotseq 654,290,000(\because$ 만 원 단위 미만 절사$)$

따라서 거래금액은 65,429만 원이다.

30초 컷 풀이 Tip

1. 정확한 값을 계산하려고 하기보다 어림값을 활용하여 계산한다.

   예 $\dfrac{300}{980} \fallingdotseq \dfrac{300}{1,000}=0.3$

2. 자료계산에서 단위를 놓쳐 잘못 계산하기 쉬우므로 단위를 잘 확인하고 계산에 필요한 단위로 환산하는 것이 중요하다.

구분	환산
길이	$1cm=10mm, \ 1m=100cm, \ 1km=1,000m$
넓이	$1cm^2=100mm^2, \ 1m^2=10,000cm^2, \ 1km^2=1,000,000m^2$
부피	$1cm^3=1,000mm^3, \ 1m^3=1,000,000cm^3, \ 1km^3=1,000,000,000m^3$
들이	$1mL=1cm^3, \ 1dL=100cm^3=100mL, \ 1L=1,000cm^3=10dL$
무게	$1kg=1,000g, \ 1t=1,000kg=1,000,000g$
시간	1분$=60$초, 1시간$=60$분$=3,600$초

| 유형분석 |

- 제시된 표나 그래프의 수치를 그래프로 올바르게 변환한 것을 묻는 유형이다.
- 복잡한 표가 제시되지 않으므로 수의 크기만을 판단하여 풀이할 수 있다.
- 정확한 수치가 제시되지 않을 수 있으므로 그래프의 높낮이나 넓이를 판단하여 풀이해야 한다.
- 제시된 표나 그래프의 수치를 계산하여 변환하는 유형도 출제될 수 있다.

다음은 제주도 감귤 생산량 및 면적을 연도별로 나타낸 자료이다. 이를 올바르게 나타낸 그래프는?(단, 그래프의 면적 단위가 '만 ha'일 때, 백의 자리에서 반올림한다)

〈제주도 감귤 생산량 및 면적〉

(단위 : 톤, ha)

구분	생산량	면적
2012년	19,725	536,668
2013년	19,806	600,511
2014년	19,035	568,920
2015년	18,535	677,770
2016년	18,457	520,350
2017년	18,279	655,046
2018년	17,921	480,556
2019년	17,626	500,106
2020년	17,389	558,942
2021년	17,165	554,007
2022년	16,941	573,442

① 2017 ~ 2022년 감귤 생산량

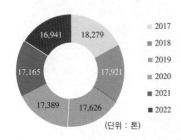

② 연도별 제주도 감귤 생산량 및 면적

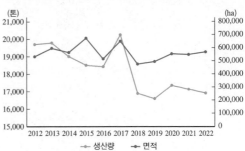

③ 2012 ~ 2017년 제주도 감귤 재배면적

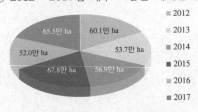

④ 연도별 제주도 감귤 생산량 및 면적

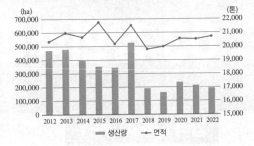

⑤ 2014 ~ 2022년 감귤 생산량 전년 대비 감소량

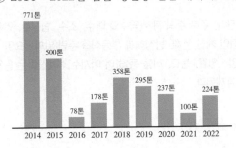

정답 ①

오답분석

②·④ 2017년 감귤 생산량은 자료보다 높고, 2019년 감귤 생산량은 자료보다 낮다.

구분	2012년	2013년	2014년	2015년	2016년	2017년	2018년	2019년	2020년	2021년	2022년
생산량	–	증가	감소	감소	감소	감소	감소	감소	감소	감소	감소
면적	–	증가	감소	증가	감소	증가	감소	증가	증가	감소	증가

③ 2012년과 2013년의 재배면적 수치가 표와 다르다.

⑤ 2021년 전년 대비 감소량은 2022년 전년 대비 감소량 224톤과 같다.

30초 컷 풀이 Tip

1. 수치를 일일이 확인하는 것보다 풀이처럼 증감 추이를 먼저 판단해서 선택지를 1차적으로 거르고 나머지 선택지 중 그래프 모양이 크게 차이나는 곳의 수치를 우선적으로 확인하면 빠르게 풀이할 수 있다.
2. 선택지를 먼저 보고 특징적인 부분이 있는 선택지를 먼저 판단한다.
   예 ①, ③의 경우 제시된 자료의 수치를 보고 바로 확인할 수 있으므로 이를 우선적으로 파악한다.

03 창의수리

창의수리는 20문제가 출제되며, 15분의 시간이 주어진다. 주로 수의 관계(약수와 배수, 소수, 합성수, 인수분해, 최대공약수·최소공배수 등)를 이용하는 기초적인 계산 문제, 방정식과 부등식을 수립(날짜·요일·시간, 시간·거리·속도, 나이·수량, 원가·정가, 일·일률, 농도, 비율 등)하여 미지수를 계산하는 응용계산 문제, 경우의 수와 확률을 구하는 문제 등이 출제된다.

수의 관계에 대해 알고 그것을 응용하여 계산할 수 있는지, 그리고 미지수를 구하기 위해 필요한 계산식을 세울 수 있는지를 평가하는 유형이다. 최근에는 단순하게 계산하는 문제가 아닌 두, 세 단계의 풀이과정을 거쳐서 답을 도출하는 문제가 출제되고 있으므로 기초적인 유형을 정확하게 알고, 이를 활용하는 연습을 해야 한다.

┤ 학습 포인트 ├─

• 문제풀이 시간 확보가 관건이므로 이 유형에서 점수를 따기 위해서는 다양한 문제를 최대한 많이 풀어보는 수밖에 없다.
• 고등학교 시절을 생각하며 오답노트를 만드는 것도 좋은 방법이 될 수 있다.

1. 수의 관계

(1) 약수와 배수

a가 b로 나누어떨어질 때, a는 b의 배수, b는 a의 약수

(2) 소수

1과 자기 자신만을 약수로 갖는 수, 즉 약수의 개수가 2개인 수

(3) 합성수

1과 자신 이외의 수를 약수로 갖는 수, 즉 소수가 아닌 수 또는 약수의 개수가 3개 이상인 수

(4) 최대공약수

2개 이상의 자연수의 공통된 약수 중에서 가장 큰 수

(5) 최소공배수

2개 이상의 자연수의 공통된 배수 중에서 가장 작은 수

(6) 서로소

1 이외에 공약수를 갖지 않는 두 자연수, 즉 최대공약수가 1인 두 자연수

(7) 소인수분해

주어진 합성수를 소수의 거듭제곱의 형태로 나타내는 것

(8) 약수의 개수

자연수 $N = a^m \times b^n$에 대하여, N의 약수의 개수는 $(m+1) \times (n+1)$개

(9) 최대공약수와 최소공배수의 관계

두 자연수 A, B에 대하여, 최소공배수와 최대공약수를 각각 L, G라고 하면 $A \times B = L \times G$가 성립한다.

2. 방정식의 활용

(1) 날짜 · 요일 · 시계

① 날짜 · 요일

⊙ 1일=24시간=1,440분=86,400초

ⓛ 날짜 · 요일 관련 문제는 대부분 나머지를 이용해 계산한다.

② 시계

⊙ 시침이 1시간 동안 이동하는 각도 : 30°

ⓛ 시침이 1분 동안 이동하는 각도 : 0.5°

ⓒ 분침이 1분 동안 이동하는 각도 : 6°

(2) 거리 · 속력 · 시간

① (거리)=(속력)×(시간)

⊙ 기차가 터널을 통과하거나 다리를 지나가는 경우

• (기차가 움직인 거리)=(기차의 길이)+(터널 또는 다리의 길이)

ⓛ 두 사람이 반대 방향 또는 같은 방향으로 움직이는 경우

• (두 사람 사이의 거리)=(두 사람이 움직인 거리의 합 또는 차)

② $(속력)=\dfrac{(거리)}{(시간)}$

⊙ 흐르는 물에서 배를 타는 경우

• (하류로 내려갈 때의 속력)=(배 자체의 속력)+(물의 속력)

• (상류로 올라갈 때의 속력)=(배 자체의 속력)−(물의 속력)

③ $(시간)=\dfrac{(거리)}{(속력)}$

(3) 나이 · 인원 · 개수

구하고자 하는 것을 미지수로 놓고 식을 세운다. 동물의 경우 다리의 개수에 유의해야 한다.

(4) 원가 · 정가

① (정가)=(원가)+(이익), (이익)=(정가)−(원가)

② $(a원에서 \ b\% \ 할인한 \ 가격)=a\times\left(1-\dfrac{b}{100}\right)$

(5) 일률 · 톱니바퀴

① 일률

전체 일의 양을 1로 놓고, 시간 동안 한 일의 양을 미지수로 놓고 식을 세운다.

• $(일률)=\dfrac{(작업량)}{(작업기간)}$

• $(작업기간)=\dfrac{(작업량)}{(일률)}$

• (작업량)=(일률)×(작업기간)

② 톱니바퀴

(톱니 수)×(회전수)=(총 맞물린 톱니 수)

즉, A, B 두 톱니에 대하여, (A의 톱니 수)×(A의 회전수)=(B의 톱니 수)×(B의 회전수)가 성립한다.

(6) 농도

① $(농도)=\dfrac{(용질의\ 양)}{(용액의\ 양)}\times100$

② $(용질의\ 양)=\dfrac{(농도)}{100}\times(용액의\ 양)$

(7) 수 I

① 연속하는 세 자연수 : $x-1,\ x,\ x+1$
② 연속하는 세 짝수(홀수) : $x-2,\ x,\ x+2$

(8) 수 II

① 십의 자릿수가 x, 일의 자릿수가 y인 두 자리 자연수 : $10x+y$
　이 수에 대해, 십의 자리와 일의 자리를 바꾼 수 : $10y+x$
② 백의 자릿수가 x, 십의 자릿수가 y, 일의 자릿수가 z인 세 자리 자연수 : $100x+10y+z$

(9) 증가 · 감소

① x가 $a\%$ 증가 : $\left(1+\dfrac{a}{100}\right)x$

② y가 $b\%$ 감소 : $\left(1-\dfrac{b}{100}\right)y$

3. 경우의 수 · 확률

(1) 경우의 수

① 경우의 수 : 어떤 사건이 일어날 수 있는 모든 가짓수
② 합의 법칙
　㉠ 두 사건 A, B가 동시에 일어나지 않을 때, A가 일어나는 경우의 수를 m, B가 일어나는 경우의
　　수를 n이라고 하면, 사건 A 또는 B가 일어나는 경우의 수는 $m+n$이다.
　㉡ '또는', '~이거나'라는 말이 나오면 합의 법칙을 사용한다.
③ 곱의 법칙
　㉠ A가 일어나는 경우의 수를 m, B가 일어나는 경우의 수를 n이라고 하면, 사건 A와 B가 동시에
　　일어나는 경우의 수는 $m\times n$이다.
　㉡ '그리고', '동시에'라는 말이 나오면 곱의 법칙을 사용한다.

④ 여러 가지 경우의 수

　㉠ 동전 n개를 던졌을 때, 경우의 수 : 2^n

　㉡ 주사위 m개를 던졌을 때, 경우의 수 : 6^m

　㉢ 동전 n개와 주사위 m개를 던졌을 때, 경우의 수 : $2^n \times 6^m$

　㉣ n명을 한 줄로 세우는 경우의 수 : $n! = n \times (n-1) \times (n-2) \times \cdots \times 2 \times 1$

　㉤ n명 중, m명을 뽑아 한 줄로 세우는 경우의 수 : $_n\mathrm{P}_m = n \times (n-1) \times \cdots \times (n-m+1)$

　㉥ n명을 한 줄로 세울 때, m명을 이웃하여 세우는 경우의 수 : $(n-m+1)! \times m!$

　㉦ 0이 아닌 서로 다른 한 자리 숫자가 적힌 n장의 카드에서, m장을 뽑아 만들 수 있는 m자리
　　 정수의 개수 : $_n\mathrm{P}_m$

　㉧ 0을 포함한 서로 다른 한 자리 숫자가 적힌 n장의 카드에서, m장을 뽑아 만들 수 있는 m자리
　　 정수의 개수 : $(n-1) \times {}_{n-1}\mathrm{P}_{m-1}$

　㉨ n명 중, 자격이 다른 m명을 뽑는 경우의 수 : $_n\mathrm{P}_m$

　㉩ n명 중, 자격이 같은 m명을 뽑는 경우의 수 : $_n\mathrm{C}_m = \dfrac{_n\mathrm{P}_m}{m!}$

　㉪ 원형 모양의 탁자에 n명을 앉히는 경우의 수 : $(n-1)!$

⑤ **최단거리 문제** : A에서 B 사이에 P가 주어져 있다면, A와 P의 최단거리, B와 P의 최단거리를 각각
　구하여 곱한다.

(2) 확률

① (사건 A가 일어날 확률)$= \dfrac{\text{(사건 A가 일어나는 경우의 수)}}{\text{(모든 경우의 수)}}$

② **여사건의 확률**

　㉠ 사건 A가 일어날 확률이 p일 때, 사건 A가 일어나지 않을 확률은 $(1-p)$이다.

　㉡ '적어도'라는 말이 나오면 주로 사용한다.

③ **확률의 계산**

　㉠ 확률의 덧셈

　　두 사건 A, B가 동시에 일어나지 않을 때, A가 일어날 확률을 p, B가 일어날 확률을 q라고 하면,
　　사건 A 또는 B가 일어날 확률은 $p+q$이다.

　㉡ 확률의 곱셈

　　A가 일어날 확률을 p, B가 일어날 확률을 q라고 하면, 사건 A와 B가 동시에 일어날 확률은
　　$p \times q$이다.

④ **여러 가지 확률**

　㉠ 연속하여 뽑을 때, 꺼낸 것을 다시 넣고 뽑는 경우 : 처음과 나중의 모든 경우의 수는 같다.

　㉡ 연속하여 뽑을 때, 꺼낸 것을 다시 넣지 않고 뽑는 경우 : 나중의 모든 경우의 수는 처음의 모든
　　경우의 수보다 1만큼 작다.

　㉢ (도형에서의 확률)$= \dfrac{\text{(해당하는 부분의 넓이)}}{\text{(전체 넓이)}}$

01 거리 · 속력 · 시간

| 유형분석 |

- (거리)=(속력)×(시간) 공식을 활용한 문제이다.

  $(속력)=\dfrac{(거리)}{(시간)}$, $(시간)=\dfrac{(거리)}{(속력)}$

- 기차와 터널의 길이, 물과 같이 속력이 있는 장소 등 추가적인 거리나 속력 시간에 대한 조건과 결합하여 난도 높은 문제로 출제된다.

S사원은 회사 근처 카페에서 거래처와 미팅을 갖기로 했다. 처음에는 4km/h로 걸어가다가 약속 시간에 늦을 것 같아서 10km/h로 뛰어서 24분 만에 미팅 장소에 도착했다. 회사에서 카페까지의 거리가 2.5km일 때, S사원이 뛴 거리는?

① 0.6km
② 0.9km
③ 1.2km
④ 1.5km
⑤ 1.8km

정답 ④

S사원이 회사에서 카페까지 걸어간 거리를 $x$km, 뛴 거리를 $y$km라고 하자.

회사에서 카페까지의 거리는 2.5km이므로 걸어간 거리 $x$km와 뛴 거리 $y$km를 합하면 2.5km이다.

$x+y=2.5$ ··· ㉠

S사원이 회사에서 카페까지 24분이 걸렸으므로 걸어간 시간$\left(\dfrac{x}{4}\text{시간}\right)$과 뛰어간 시간$\left(\dfrac{y}{10}\text{시간}\right)$을 합치면 24분이다.

이때 속력은 시간 단위이므로 분으로 바꾸어 계산한다.

$\dfrac{x}{4}\times60+\dfrac{y}{10}\times60=24 \rightarrow 5x+2y=8$ ··· ㉡

㉡$-2\times$㉠을 하여 ㉠과 ㉡을 연립하면 $x=1$이고, 구한 x의 값을 ㉠에 대입하면 $y=1.5$이다.

따라서 S사원이 뛴 거리는 1.5km이다.

30초 컷 풀이 Tip

1. 미지수를 정할 때에는 문제에서 묻는 것을 정확하게 파악해야 한다.
2. 속력과 시간의 단위를 처음에 정리하여 계산하면 계산 실수 없이 풀이할 수 있다.
   - 1시간=60분=3,600초
   - 1km=1,000m=100,000cm

| 유형분석 |

- (농도)$=\dfrac{\text{(용질의 양)}}{\text{(용액의 양)}}\times100$ 공식을 활용한 문제이다.
- (소금물의 양)=(물의 양)+(소금의 양)이라는 것에 유의하고, 더해지거나 없어진 것을 미지수로 두고 풀이한다.

소금물 500g이 있다. 이 소금물에 농도가 3%인 소금물 200g을 온전히 섞었더니 소금물의 농도는 7%가 되었다. 500g의 소금물에 녹아 있던 소금의 양은?

① 31g

② 37g

③ 43g

④ 49g

⑤ 55g

정답 ③

500g의 소금물에 녹아 있던 소금의 양을 xg이라고 하자.

소금물 500g에 농도 3%인 소금물 200g을 섞었을 때 소금물의 농도가 주어졌으므로 농도를 기준으로 식을 세우면 다음과 같다.

$$\dfrac{x+6}{500+200}\times100=7$$

$\rightarrow (x+6)\times100=7\times(500+200) \rightarrow (x+6)\times100=4,900 \rightarrow 100x+600=4,900$

$\rightarrow 100x=4,300$

$\therefore x=43$

따라서 500g의 소금물에 녹아 있던 소금의 양은 43g이다.

30초 컷 풀이 Tip

간소화

숫자의 크기를 최대한 간소화해야 한다. 특히, 농도의 경우 분수와 정수가 같이 제시되고, 최근에는 비율을 활용한 문제가 많이 출제되고 있으므로 통분이나 약분을 통해 수를 간소화시켜 계산 실수를 줄일 수 있도록 한다.

주의사항

항상 미지수를 구해서 그 값을 계산하여 풀이해야 하는 것은 아니다. 문제에서 원하는 값은 정확한 미지수를 구하지 않아도 풀이과정에서 답이 제시되는 경우가 있으므로 문제에서 묻는 것을 명확히 해야 한다.

섞은 소금물 풀이 방법

1. 정보 정리

   주어진 정보를 각 소금물 단위로 정리한다. 각 소금물에서 2가지 정보가 주어졌다면 계산으로 나머지 정보를 찾는다.

2. 미지수 설정

   각 소금물에서 2가지 이상의 정보가 없다면 그중 1가지 정보를 미지수로 설정한다. 나머지 모르는 정보도 앞서 설정한 미지수로 표현해놓는다.

3. 식 세우기

   섞기 전과 섞은 후의 소금의 양, 소금물의 양을 이용하여 식을 세운다.

| 유형분석 |

- 전체 일의 양을 1로 두고 풀이하는 유형이다.
- 분이나 초 단위 계산이 가장 어려운 유형으로 출제되고 있다.
- (일률)$=\dfrac{(작업량)}{(작업기간)}$, (작업기간)$=\dfrac{(작업량)}{(일률)}$, (작업량)$=$(일률)$\times$(작업기간)

한 공장에서는 기계 2대를 운용하고 있다. 이 공장의 전체 작업을 수행할 때 A기계로는 12시간이 걸리며, B기계로는 18시간이 걸린다. 이미 절반의 작업이 수행된 상태에서, A기계로 4시간 동안 작업하다가 이후로는 A, B 두 기계를 모두 동원해 작업을 수행했다면 남은 절반의 작업을 완료하는 데 소요되는 총시간은?

① 1시간
② 1시간 12분
③ 1시간 20분
④ 1시간 30분
⑤ 1시간 40분

정답 ②

전체 일의 양을 1이라고 하자. A기계가 한 시간 동안 작업할 수 있는 일의 양은 $\dfrac{1}{12}$ 이고, B기계가 한 시간 동안 작업할 수 있는 일의 양은 $\dfrac{1}{18}$ 이다.

이미 절반의 작업이 진행되었으므로 남은 일의 양은 $1-\dfrac{1}{2}=\dfrac{1}{2}$ 이다.

이 중 A기계로 4시간 동안 작업을 진행했으므로 A기계와 B기계가 함께 작업해야 하는 일의 양은 $\dfrac{1}{2}-\left(\dfrac{1}{12}\times4\right)=\dfrac{1}{6}$ 이다.

따라서 남은 $\dfrac{1}{6}$ 을 수행하는 데 걸리는 시간은 $\dfrac{\dfrac{1}{6}}{\left(\dfrac{1}{12}+\dfrac{1}{18}\right)}=\dfrac{\dfrac{1}{6}}{\dfrac{5}{36}}=\dfrac{6}{5}$ 시간, 즉 1시간 12분이다.

30초 컷 풀이 Tip

1. 전체의 값을 모르는 상태에서 비율을 묻는 문제의 경우 전체를 1이라고 하면 쉽게 풀이할 수 있다.

   예 S가 1개의 빵을 만드는 데 3시간이 걸린다. 1개의 빵을 만드는 일의 양을 1이라고 하면 S는 한 시간에 $\dfrac{1}{3}$ 만큼의 빵을 만든다.

2. 난이도가 있는 일의 양 문제를 접근할 때 전체 일의 양을 막대 그림으로 표현하면서 풀이하면 한눈에 파악할 수 있다.

   예

$\dfrac{1}{2}$ 수행됨	A기계로 4시간 동안 작업	A, B 두 기계를 모두 동원해 작업

대표유형

04 금액

| 유형분석 |

- 원가, 정가, 할인가, 판매가 등의 개념을 명확히 한다.

  (정가)=(원가)+(이익)

  (이익)=(정가)-(원가)

  a원에서 $b\%$ 할인한 가격$=a\times\left(1-\dfrac{b}{100}\right)$

- 난이도가 어려운 편은 아니지만 비율을 활용한 계산 문제이기 때문에 실수하기 쉽다.

- 경우의 수와 결합하여 출제되기도 한다.

종욱이는 25,000원짜리 피자 두 판과 8,000원짜리 샐러드 세 개를 주문했다. 통신사 멤버십 혜택으로 피자는 15%, 샐러드는 25%를 할인받을 수 있고, 이벤트로 통신사 멤버십 혜택을 적용한 금액의 10%를 추가 할인받았다고 한다. 종욱이가 할인받은 금액은?

① 12,150원

② 13,500원

③ 18,600원

④ 19,550원

⑤ 20,850원

정답 ④

할인받기 전 종욱이가 지불할 금액은 $25,000\times2+8,000\times3=74,000$원이다.

통신사 할인과 이벤트 할인을 적용한 금액은 $(25,000\times2\times0.85+8,000\times3\times0.75)\times0.9=54,450$원이다.

따라서 종욱이가 할인받은 금액은 $74,000-54,450=19,550$원이다.

30초 컷 풀이 Tip

전체 금액을 구하는 것이 아니라 할인된 금액을 구하면 수의 크기도 작아지고, 풀이 과정을 단축시킬 수 있다.

예를 들어 위의 문제에서 피자는 15%, 샐러드는 25%를 할인받았으므로 할인받은 금액은 각각 7,500원, 6,000원이다.

할인받은 금액의 합을 원래 지불했어야 하는 금액에서 빼면 60,500원이고, 이의 10%는 6,050원이므로 종욱이가 할인받은 총금액은 $7,500+6,000+6,050=19,550$원이다.

| 유형분석 |

- 순열(P)과 조합(C)을 활용한 문제이다.

  $$_nP_m = n \times (n-1) \times \cdots \times (n-m+1)$$

  $$_nC_m = \frac{_nP_m}{m!} = \frac{n \times (n-1) \times \cdots \times (n-m+1)}{m!}$$

- 벤다이어그램을 활용한 문제가 출제되기도 한다.

S사에서 파견 근무를 나갈 10명을 뽑아 팀을 구성하려 한다. 새로운 팀 내에서 팀장 1명과 회계 담당 2명을 뽑으려고 하는데, 이 인원을 뽑는 경우는 몇 가지인가?

① 300가지   ② 320가지

③ 348가지   ④ 360가지

⑤ 396가지

정답 ④

- 팀장 1명을 뽑는 경우의 수 : $_{10}C_1 = 10$가지

- 회계 담당 2명을 뽑는 경우의 수 : $_9C_2 = \dfrac{9 \times 8}{2!} = 36$가지

따라서 $10 \times 36 = 360$가지이다.

30초 컷 풀이 Tip

경우의 수의 합의 법칙과 곱의 법칙 등에 대해 명확히 한다.

합의 법칙

㉠ 두 사건 A, B가 동시에 일어나지 않을 때, A가 일어나는 경우의 수를 m, B가 일어나는 경우의 수를 n이라고 하면,
　A 또는 B가 일어나는 경우의 수는 $m+n$이다.

㉡ '또는', '~이거나'라는 말이 나오면 합의 법칙을 사용한다.

곱의 법칙

㉠ A가 일어나는 경우의 수를 m, B가 일어나는 경우의 수를 n이라고 하면, A와 B가 동시에 일어나는 경우의 수는 $m \times n$이다.

㉡ '그리고', '동시에'라는 말이 나오면 곱의 법칙을 사용한다.

06 확률

| 유형분석 |

- 순열(P)과 조합(C)을 활용한 문제이다.
- 조건부 확률 문제가 출제되기도 한다.

주머니에 1부터 10까지의 숫자가 적힌 카드 10장이 들어있다. 주머니에서 카드를 세 번 뽑는다고 할 때, 1, 2, 3이 적힌 카드 중 하나 이상을 뽑을 확률은?(단, 꺼낸 카드는 다시 넣지 않는다)

① $\dfrac{5}{8}$

② $\dfrac{17}{24}$

③ $\dfrac{7}{24}$

④ $\dfrac{7}{8}$

⑤ $\dfrac{5}{6}$

정답 ②

(1, 2, 3이 적힌 카드 중 하나 이상을 뽑을 확률)=1−(세 번 모두 4~10이 적힌 카드를 뽑을 확률)

- 세 번 모두 4~10이 적힌 카드를 뽑을 확률 : $\dfrac{7}{10} \times \dfrac{6}{9} \times \dfrac{5}{8} = \dfrac{7}{24}$

∴ 1, 2, 3이 적힌 카드 중 하나 이상을 뽑을 확률 : $1 - \dfrac{7}{24} = \dfrac{17}{24}$

30초 컷 풀이 Tip

여사건의 확률
㉠ 사건 A가 일어날 확률이 p일 때, 사건 A가 일어나지 않을 확률은 $(1-p)$이다.
㉡ '적어도'라는 말이 나오면 주로 사용한다.

확률의 덧셈
두 사건 A, B가 동시에 일어나지 않을 때, A가 일어날 확률을 p, B가 일어날 확률을 q라고 하면, 사건 A 또는 B가 일어날 확률은 $p+q$이다.

확률의 곱셈
A가 일어날 확률을 p, B가 일어날 확률을 q라고 하면, 사건 A와 B가 동시에 일어날 확률은 $p \times q$이다.

교육은 우리 자신의 무지를 점차 발견해 가는 과정이다.

– 윌 듀란트 –

3일 차

추리

01 언어추리

합격 CHEAT KEY

언어추리는 20문제가 출제되며, 15분의 시간이 주어진다. 주어진 정보를 종합하고, 진술문 간의 관계 구조를 파악하여 새로운 내용을 추론해내는 능력을 요한다. 온라인 SKCT에서 출제되는 언어추리는 크게 명제추리, 조건추리로 구분할 수 있다.

01 명제추리

삼단논법을 통해 적절한 결론을 찾는 문제가 출제되며, 최근 벤다이어그램 등을 이용해야 풀이할 수 있는 문제도 출제되고 있으므로 다양한 유형의 문제를 접해보는 것이 중요하다.

┤ 학습 포인트 ├
- 명제의 기본적인 개념(역 · 이 · 대우)에 대해 정확히 알고 기호화시킬 수 있어야 한다.
- 전제나 결론을 찾는 문제가 출제되기도 하므로 삼단논법에 대한 정확한 개념을 알아야 한다.

02 조건추리

언어추리에서 난도가 높은 편이므로 고득점을 얻기 위해서 반드시 빠르고 정확하게 풀이하는 연습을 해야 한다.

┤ 학습 포인트 ├
- 제시된 조건을 간단하게 도식화시켜서 풀이할 수 있는 연습을 해야 한다.

01 언어추리 핵심이론

1. 연역 추론

이미 알고 있는 판단(전제)을 근거로 새로운 판단(결론)을 유도하는 추론이다. 연역 추론은 진리일 가능성을 따지는 귀납 추론과는 달리, 명제 간의 관계와 논리적 타당성을 따진다. 즉, 연역 추론은 전제들로부터 절대적인 필연성을 가진 결론을 이끌어내는 추론이다.

(1) 직접 추론

한 개의 전제로부터 중간적 매개 없이 새로운 결론을 이끌어내는 추론이며, 대우 명제가 그 대표적인 예이다.

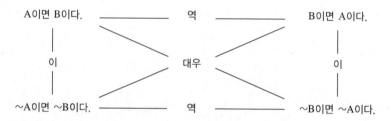

• 한국인은 모두 황인종이다.		(전제)
• 그러므로 황인종이 아닌 사람은 모두 한국인이 아니다.		(결론 1)
• 그러므로 황인종 중에는 한국인이 아닌 사람도 있다.		(결론 2)

(2) 간접 추론

둘 이상의 전제로부터 새로운 결론을 이끌어내는 추론이다. 삼단논법이 가장 대표적인 예이다.

① **정언 삼단논법** : 세 개의 정언명제로 구성된 간접추론 방식이다. 세 개의 명제 가운데 두 개의 명제는 전제이고, 나머지 한 개의 명제는 결론이다. 세 명제의 주어와 술어는 세 개의 서로 다른 개념을 표현한다.

② **가언 삼단논법** : 가언명제로 이루어진 삼단논법을 말한다. 가언명제란 두 개의 정언명제가 '만일 ~이라면'이라는 접속사에 의해 결합된 복합명제이다. 여기서 '만일'에 의해 이끌리는 명제를 전건이라고 하고, 그 뒤의 명제를 후건이라고 한다. 가언 삼단논법의 종류로는 혼합가언 삼단논법과 순수가언 삼단논법이 있다.

㉠ 혼합가언 삼단논법 : 대전제만 가언명제로 구성된 삼단논법이다. 긍정식과 부정식 두 가지가 있으며, 긍정식은 'A면 B이다. A이다. 그러므로 B이다.'이고, 부정식은 'A면 B이다. B가 아니다. 그러므로 A가 아니다.'이다.

- 만약 A라면 B이다.
- B가 아니다.
- 그러므로 A가 아니다.

㉡ 순수가언 삼단논법 : 대전제와 소전제 및 결론까지 모두 가언명제들로 구성된 삼단논법이다.

- 만약 A라면 B이다.
- 만약 B라면 C이다.
- 그러므로 만약 A라면 C이다.

③ 선언 삼단논법 : '~이거나 ~이다.'의 형식으로 표현되며 전제 속에 선언명제를 포함하고 있는 삼단논법이다.

- 내일은 비가 오거나 눈이 온다(A 또는 B이다).
- 내일은 비가 오지 않는다(A가 아니다).
- 그러므로 내일은 눈이 온다(그러므로 B이다).

④ 딜레마 논법 : 대전제는 두 개의 가언명제로, 소전제는 하나의 선언명제로 이루어진 삼단논법으로, 양도추론이라고도 한다.

• 만일 네가 거짓말을 하면, 신이 미워할 것이다.	(대전제)
• 만일 네가 거짓말을 하지 않으면, 사람들이 미워할 것이다.	(대전제)
• 너는 거짓말을 하거나, 거짓말을 하지 않을 것이다.	(소전제)
• 그러므로 너는 미움을 받게 될 것이다.	(결론)

2. 귀납 추론

특수한 또는 개별적인 사실로부터 일반적인 결론을 이끌어 내는 추론을 말한다. 귀납 추론은 구체적 사실들을 기반으로 하여 결론을 이끌어 내기 때문에 필연성을 따지기보다는 개연성과 유관성, 표본성 등을 중시하게 된다. 여기서 개연성이란, 관찰된 어떤 사실이 같은 조건하에서 앞으로도 관찰될 수 있는가 하는 가능성을 말하고, 유관성은 추론에 사용된 자료가 관찰하려는 사실과 관련되어야 하는 것을 일컬으며, 표본성은 추론을 위한 자료의 표본 추출이 공정하게 이루어져야 하는 것을 가리킨다. 이러한 귀납 추론은 일상생활 속에서 많이 사용하고, 우리가 알고 있는 과학적 사실도 이와 같은 방법으로 밝혀졌다.

그러나 전제들이 참이어도 결론이 항상 참인 것은 아니다. 단 하나의 예외로 인하여 결론이 거짓이 될 수 있다.

- 성냥불은 뜨겁다.
- 연탄불도 뜨겁다.
- 그러므로 모든 불은 뜨겁다.

위 예문에서 '성냥불이나 연탄불이 뜨거우므로 모든 불은 뜨겁다.'라는 결론이 나왔는데, 반딧불은 뜨겁지 않으므로 '모든 불이 뜨겁다.'라는 결론은 거짓이 된다.

(1) 완전 귀납 추론

관찰하고자 하는 집합의 전체를 다 검증함으로써 대상의 공통 특질을 밝혀내는 방법이다. 이는 예외 없는 진실을 발견할 수 있다는 장점은 있으나, 집합의 규모가 크고 속성의 변화가 다양할 경우에는 적용하기 어려운 단점이 있다.

　예 1부터 10까지의 수를 다 더하여 그 합이 55임을 밝혀내는 방법

(2) 통계적 귀납 추론

통계적 귀납 추론은 관찰하고자 하는 집합의 일부에서 발견한 몇 가지 사실을 열거함으로써 그 공통점을 결론으로 이끌어 내려는 방식을 가리킨다. 관찰하려는 집합의 규모가 클 때 그 일부를 표본으로 추출하여 조사하는 방식이 이에 해당하며, 표본 추출의 기준이 얼마나 적합하고 공정한가에 따라 그 결과에 대한 신뢰도가 달라진다는 단점이 있다.

　예 여론조사에서 일부의 국민에 대한 설문 내용을 바탕으로, 이를 전체 국민의 여론으로 제시하는 것

(3) 인과적 귀납 추론

관찰하고자 하는 집합의 일부 원소들이 지닌 인과 관계를 인식하여 그 원인이나 결과를 이끌어 내려는 방식을 말한다.

① 일치법 : 공통적인 현상을 지닌 몇 가지 사실 중에서 각기 지닌 요소 중 어느 한 가지만 일치한다면 이 요소가 공통 현상의 원인이라고 판단

② **차이법** : 어떤 현상이 나타나는 경우와 나타나지 않은 경우를 놓고 보았을 때, 각 경우의 여러 조건 중 단 하나만이 차이를 보인다면 그 차이를 보이는 조건이 원인이 된다고 판단

　　예 현수와 승재는 둘 다 지능이나 학습 시간, 학습 환경 등이 비슷한데 공부하는 태도에는 약간의 차이가 있다. 따라서 두 사람이 성적이 차이를 보이는 것은 학습 태도의 차이 때문으로 생각된다.

③ **일치·차이 병용법** : 몇 개의 공통 현상이 나타나는 경우와 몇 개의 그렇지 않은 경우를 놓고 일치법과 차이법을 병용하여 적용함으로써 그 원인을 판단

　　예 학업 능력 정도가 비슷한 두 아동 집단에 대해 처음에는 같은 분량의 과제를 부여하고 나중에는 각기 다른 분량의 과제를 부여한 결과, 많이 부여한 집단의 성적이 훨씬 높게 나타났다. 이로 보아, 과제를 많이 부여하는 것이 적게 부여하는 것보다 학생의 학업 성적 향상에 도움이 된다고 판단할 수 있다.

④ **공변법** : 관찰하는 어떤 사실의 변화에 따라 현상의 변화가 일어날 때 그 변화의 원인이 무엇인지 판단

　　예 담배를 피우는 양이 각기 다른 사람들의 집단을 조사한 결과, 담배를 많이 피울수록 폐암에 걸릴 확률이 높다는 사실이 발견되었다.

⑤ **잉여법** : 앞의 몇 가지 현상이 뒤의 몇 가지 현상의 원인이며, 선행 현상의 일부분이 후행 현상의 일부분이라면, 선행 현상의 나머지 부분이 후행 현상의 나머지 부분의 원인임을 판단

　　예 어젯밤 일어난 사건의 혐의자는 정은이와 규민이 두 사람인데, 정은이는 알리바이가 성립되어 혐의 사실이 없는 것으로 밝혀졌다. 따라서 그 사건의 범인은 규민이일 가능성이 높다.

3. 유비 추론

두 개의 대상 사이에 일련의 속성이 동일하다는 사실에 근거하여 그것들의 나머지 속성도 동일하리라는 결론을 이끌어내는 추론, 즉 이미 알고 있는 것에서 다른 유사한 점을 찾아내는 추론을 말한다. 그렇기 때문에 유비 추론은 잣대(기준)가 되는 사물이나 현상이 있어야 한다. 유비 추론은 가설을 세우는 데 유용하다. 이미 알고 있는 사례로부터 아직 알지 못하는 것을 생각해 봄으로써 쉽게 가설을 세울 수 있다. 이때 유의할 점은 이미 알고 있는 사례와 이제 알고자 하는 사례가 매우 유사하다는 확신과 증거가 있어야 한다. 그렇지 않은 상태에서 유비 추론에 의해 결론을 이끌어 내면, 그것은 개연성이 거의 없고 잘못된 결론이 될 수도 있다.

- 지구에는 공기, 물, 흙, 햇빛이 있다(A는 a, b, c, d의 속성을 가지고 있다).
- 화성에는 공기, 물, 흙, 햇빛이 있다(B는 a, b, c, d의 속성을 가지고 있다).
- 지구에 생물이 살고 있다(A는 e의 속성을 가지고 있다).
- 그러므로 화성에도 생물이 살고 있을 것이다(그러므로 B도 e의 속성을 가지고 있을 것이다).

| 유형분석 |

- 명제는 삼단논법과 역·이·대우 명제를 통해 풀이하는 유형이다.
- 주어진 문장들을 빠르게 도식화하여 정리한다.

제시된 명제가 모두 참일 때, 빈칸에 들어갈 명제로 가장 적절한 것은?

전제1. 공부를 하지 않으면 시험을 못 본다.
전제2. _____
결론. 공부를 하지 않으면 성적이 나쁘게 나온다.

① 공부를 한다면 시험을 잘 본다.
② 시험을 잘 본다면 공부를 한 것이다.
③ 성적이 좋다면 공부를 한 것이다.
④ 시험을 잘 본다면 성적이 좋은 것이다.
⑤ 성적이 좋다면 시험을 잘 본 것이다.

정답 ⑤

'공부를 함'을 p, '시험을 잘 봄'을 q, '성적이 좋게 나옴'을 r이라 하면 첫 번째 명제는 $\sim p \rightarrow \sim q$, 마지막 명제는 $\sim p \rightarrow \sim r$이다.
따라서 $\sim q \rightarrow \sim r$이 빈칸에 들어가야 $\sim p \rightarrow \sim q \rightarrow \sim r$이 되어 $\sim p \rightarrow \sim r$이 성립한다.
참인 명제의 대우도 역시 참이므로 $\sim q \rightarrow \sim r$의 대우인 '성적이 좋다면 시험을 잘 본 것이다.'가 답이 된다.

30초 컷 풀이 Tip

전제 추리 방법	결론 추리 방법
전제1이 $p \rightarrow q$일 때, 결론이 $p \rightarrow r$이라면 각 명제의 앞부분이 같으므로 뒷부분을 $q \rightarrow r$로 이어준다. 만일 형태가 이와 맞지 않는다면 대우 명제를 이용한다.	대우 명제를 활용하여 전제1과 전제2가 $p \rightarrow q$, $q \rightarrow r$의 형태로 만들어진다면 결론은 $p \rightarrow r$이다.

해설처럼 p, q, r 등의 문자나 자신이 알아볼 수 있는 단어나 기호 등 실제로 표시할 수 없으므로 주어진 정보를 수식화하여 암기한다. 아래와 같이 풀이가 가능하도록 풀이과정을 암기해야 한다.

전제1. 공부 × → 시험 ×
전제2. _____
결론. 공부 × → 성적 ×

주어진 정보

⇒ 전제2. 시험 × → 성적 ×
　　　& 성적 ○ → 시험 ○

문제 풀이

| 유형분석 |

- '어떤', '모든' 등 일부 또는 전체를 나타내는 명제 유형이다.
- 전제 또는 결론을 추리하는 유형이 출제된다.
- 벤다이어그램으로 나타내어 접근한다.

제시된 명제가 모두 참일 때, 빈칸에 들어갈 명제로 가장 적절한 것은?

전제1. 어떤 키가 작은 사람은 농구를 잘한다.
전제2. _____
결론. 어떤 순발력이 좋은 사람은 농구를 잘한다.

① 어떤 키가 작은 사람은 순발력이 좋다.
② 농구를 잘하는 어떤 사람은 키가 작다.
③ 순발력이 좋은 사람은 모두 키가 작다.
④ 키가 작은 사람은 모두 순발력이 좋다.
⑤ 어떤 키가 작은 사람은 농구를 잘하지 못한다.

정답 ④

'키가 작은 사람'을 A, '농구를 잘하는 사람'을 B, '순발력이 좋은 사람'을 C라고 하면, 전제1과 결론은 다음과 같은 벤다이어그램으로 나타낼 수 있다.

1) 전제1

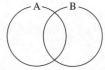

2) 결론

결론이 참이 되기 위해서는 B와 공통되는 부분의 A와 C가 연결되어야 하므로 A를 C에 모두 포함시켜야 한다.
즉, 다음과 같은 벤다이어그램이 성립할 때 마지막 명제가 참이 될 수 있으므로 빈칸에 들어갈 명제는 '키가 작은 사람은 모두 순발력이 좋다.'의 ④이다.

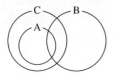

오답분석
① 다음과 같은 경우 성립하지 않는다.

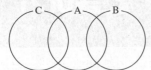

③ 다음과 같은 경우 성립하지 않는다.

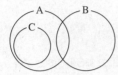

30초 컷 풀이 Tip

다음은 출제 가능성이 높은 명제 유형을 정리한 표이다. 이를 응용한 다양한 유형의 문제가 출제될 수 있으므로 대표적인 유형을 학습해두어야 한다.

구분		전제1	전제2	결론
명제 유형1	명제	어떤 A는 B이다.	모든 A는 C이다.	어떤 C는 B이다. (=어떤 B는 C이다.)
	벤다이어그램	A — B	C / A	C — B / A
명제 유형2	명제	모든 A는 B이다.	모든 A는 C이다.	어떤 C는 B이다. (=어떤 B는 C이다.)
	벤다이어그램	B / A	C / A	B — C / A

| 유형분석 |

- 주어진 조건에 따라 한 줄로 세우거나 자리를 배치하는 유형이다.
- 평소 충분한 연습이 되어있지 않으면 풀기 어려운 유형이므로, 최대한 다양한 유형을 접해보고 패턴을 익히는 것이 좋다.

S그룹 마케팅팀에는 부장 A, 과장 B · C, 대리 D · E, 신입사원 F · G 총 7명이 근무하고 있다. A부장은 신입사원 입사 기념으로 팀원들과 함께 영화관에 갔다. 다음 〈조건〉에 따라 영화관 좌석에 앉는다고 할 때, 항상 옳은 것은?

조건
- 7명은 7자리가 일렬로 붙어 있는 좌석에 앉는다.
- 양 끝자리 옆에는 비상구가 있다.
- D와 F는 인접한 자리에 앉는다.
- A와 B 사이에는 1명이 앉아 있다.
- C와 G 사이에는 1명이 앉아 있다.
- G는 왼쪽 비상구 옆 자리에 앉아 있다.

① E는 D와 B 사이에 앉는다.
② G와 가장 멀리 떨어진 자리에 앉는 사람은 D이다.
③ C 양옆에는 A와 B가 앉는다.
④ D는 비상구와 붙어 있는 자리에 앉는다.
⑤ 가운데 자리에는 항상 B가 앉는다.

정답 ③

여섯 번째 조건에 의해 G는 첫 번째 자리에 앉고, 다섯 번째 조건에 의해 C는 세 번째 자리에 앉는다.

A와 B가 네 번째·여섯 번째 또는 다섯 번째·일곱 번째 자리에 앉으면 D와 F가 나란히 앉을 수 없다. 따라서 A와 B는 두 번째, 네 번째 자리에 앉는다.

그러면 남은 자리는 다섯·여섯·일곱 번째 자리이므로 D와 F는 다섯·여섯 번째 또는 여섯·일곱 번째 자리에 앉게 되고, 나머지 한 자리에 E가 앉는다.

이를 정리하면 다음과 같다.

구분	1	2	3	4	5	6	7
경우 1	G	A	C	B	D	F	E
경우 2	G	A	C	B	F	D	E
경우 3	G	A	C	B	E	D	F
경우 4	G	A	C	B	E	F	D
경우 5	G	B	C	A	D	F	E
경우 6	G	B	C	A	F	D	E
경우 7	G	B	C	A	E	D	F
경우 8	G	B	C	A	E	F	D

C의 양옆에는 항상 A와 B가 앉으므로 ③은 항상 옳다.

오답분석

① 경우 3, 경우 4, 경우 7, 경우 8에서만 가능하며, 나머지 경우에는 성립하지 않는다.
②·④ 경우 4와 경우 8에서만 가능하며, 나머지 경우에는 성립하지 않는다.
⑤ B는 두 번째 자리에 앉을 수도 있다.

30초 컷 풀이 Tip

이 유형에서 가장 먼저 해야 할 일은 고정된 조건을 찾는 것이다. 고정된 조건을 찾아 그 부분을 정해 놓으면 경우의 수가 훨씬 줄어든다.

온라인 풀이 Tip

컴퓨터 화면을 오래 쳐다보면서 풀 수 있는 유형이 아니므로 빠르게 문제를 읽고 풀 수 있도록 모든 조건을 정리해 놓아야 한다. 그러기 위해서는 주어진 조건을 기호화하여 이해하기 쉽도록 머릿속으로 정리할 수 있어야 한다.

간단한 기호로 조건 정리하기

주어진 조건	기호화 예시								
7명은 7자리가 일렬로 붙어 있는 좌석에 앉는다.	1	2	3	4	5	6	7		
양 끝자리 옆에는 비상구가 있다.	비	1	2	3	4	5	6	7	비
D와 F는 인접한 자리에 앉는다.	D∧F								
A와 B 사이에는 1명이 앉아 있다.	A∨B								
C와 G 사이에는 1명이 앉아 있다.	C∨G								
G는 왼쪽 비상구 옆 자리에 앉아 있다.	│G								

04 진실게임

| 유형분석 |

- 일반적으로 4 ~ 5명의 진술이 제시되며, 각 진술의 진실 및 거짓 여부를 확인하여 범인을 찾는 유형이다.
- 추리 유형 중에서도 난도가 상대적으로 높은 것으로 알려져 있으나, 문제풀이 패턴을 익히면 시간을 절약할 수 있는 문제이다.
- 각 진술 사이의 모순을 찾아 성립하지 않는 경우의 수를 제거하거나, 경우의 수를 나누어 모든 조건이 들어맞는지를 확인해야 한다.

S그룹에 지원한 5명의 취업준비생 갑, 을, 병, 정, 무 중 1명이 합격하였다. 취업준비생들은 다음과 같이 이야기하였고, 1명이 거짓말을 하였다. 합격한 학생은 누구인가?

> 갑 : 을은 합격하지 않았다.
> 을 : 합격한 사람은 정이다.
> 병 : 내가 합격하였다.
> 정 : 을의 말은 거짓말이다.
> 무 : 나는 합격하지 않았다.

① 갑
② 을
③ 병
④ 정
⑤ 무

정답 ③

을과 정은 상반된 이야기를 하고 있으므로 둘 중 한 명은 진실, 다른 한 명은 거짓을 말하고 있다.

ⅰ) 을이 진실, 정이 거짓인 경우 : 정을 제외한 네 사람의 말은 모두 참이므로 합격자는 병, 정이 되는데, 합격자는 한 명이어야 하므로 모순이다. 따라서 을은 거짓, 정은 진실을 말한다.

ⅱ) 을이 거짓, 정이 진실인 경우 : 을을 제외한 네 사람의 말은 모두 참이므로 합격자는 병이다.

따라서 합격자는 병이 된다.

30초 컷 풀이 Tip

진실게임 유형 중 90% 이상은 다음 두 가지 방법으로 풀 수 있다. 주어진 진술을 빠르게 훑으며 다음 두 가지 중 어떤 경우에 해당되는지 확인한 후 문제를 풀어나간다.

두 명 이상의 발언 중 한쪽이 진실이면 다른 한쪽이 거짓인 경우
1. A가 진실이고 B가 거짓인 경우, B가 진실이고 A가 거짓인 경우 두 가지로 나눌 수 있다.
2. 두 가지 경우에서 각 발언의 진위 여부를 판단한다.
3. 주어진 조건과 비교한다(범인의 숫자가 맞는지, 진실 또는 거짓을 말한 인원수가 조건과 맞는지 등).

두 명 이상의 발언 중 한쪽이 진실이면 다른 한쪽도 진실인 경우
1. A와 B가 모두 진실인 경우, A와 B가 모두 거짓인 경우 두 가지로 나눌 수 있다.
2. 두 가지 경우에서 각 발언의 진위 여부를 판단한다.
3. 주어진 조건과 비교한다(범인의 숫자가 맞는지, 진실 또는 거짓을 말한 인원수가 조건과 맞는지 등).

3일 차

02 수열추리

합격 CHEAT KEY

수열추리는 일정한 규칙에 따라 배열된 숫자 열이나 숫자의 집합으로부터 규칙 및 관계의 특성을 추론하는 능력을 알아보기 위한 유형의 문제가 출제되며, 총 15분 동안 20문제를 풀어야 한다.

일정한 규칙에 따라 나열된 수를 보고 규칙을 찾아 빈칸에 들어가는 수를 찾아내는 유형이다. 기본적인 등차, 등비, 계차수열과 관련하여 이를 응용한 문제와 건너뛰기 수열(홀수 항, 짝수 항에 규칙이 따로 적용되는 수열)이 많이 출제되는 편이며, 군수열이 출제되기도 한다. 또한 나열되는 수는 자연수뿐만 아니라 분수, 소수, 정수 등 다양하게 제시된다. 수가 변화하는 규칙을 빠르게 파악하는 것이 관건이므로, 많은 문제를 풀어보며 유형을 익히는 것이 중요하다.

┤ 학습 포인트 ├

- 눈으로만 규칙을 찾고자 할 경우 변화된 값을 모두 외우기 어려우므로 나열된 수의 변화된 값을 적어두면 규칙을 발견하기 용이하다.
- 규칙이 발견되지 않는 경우에는 홀수 항과 짝수 항을 분리해서 파악하거나 군수열을 생각해본다.

02 수열추리 핵심이론

(1) **등차수열** : 앞의 항에 일정한 수를 더해 이루어지는 수열

$$\boxed{예}\quad 1 \quad 3 \quad 5 \quad 7 \quad 9 \quad 11 \quad 13 \quad 15$$
$$\underset{+2}{} \ \underset{+2}{} \ \underset{+2}{} \ \underset{+2}{} \ \underset{+2}{} \ \underset{+2}{} \ \underset{+2}{}$$

(2) **등비수열** : 앞의 항에 일정한 수를 곱해 이루어지는 수열

$$\boxed{예}\quad 1 \quad 2 \quad 4 \quad 8 \quad 16 \quad 32 \quad 64 \quad 128$$
$$\underset{\times 2}{} \ \underset{\times 2}{} \ \underset{\times 2}{} \ \underset{\times 2}{} \ \underset{\times 2}{} \ \underset{\times 2}{} \ \underset{\times 2}{}$$

(3) **계차수열** : 앞의 항과의 차가 일정하게 증가하는 수열

$$\boxed{예}\quad 1 \quad 2 \quad 4 \quad 7 \quad 11 \quad 16 \quad 22 \quad 29$$
$$\underset{+1}{} \ \underset{+2}{} \ \underset{+3}{} \ \underset{+4}{} \ \underset{+5}{} \ \underset{+6}{} \ \underset{+7}{}$$
$$\underset{+1}{} \ \underset{+1}{} \ \underset{+1}{} \ \underset{+1}{} \ \underset{+1}{} \ \underset{+1}{}$$

(4) **피보나치 수열** : 앞의 두 항의 합이 그 다음 항의 수가 되는 수열

$$a_n = a_{n-1} + a_{n-2} \ (n \geq 3, \ a_n = 1, \ a_2 = 1)$$

$$\boxed{예}\quad 1 \quad 1 \quad \underset{1+1}{2} \quad \underset{1+2}{3} \quad \underset{2+3}{5} \quad \underset{3+5}{8} \quad \underset{5+8}{13} \quad \underset{8+13}{21}$$

(5) **건너뛰기 수열** : 두 개 이상의 수열이 일정한 간격을 두고 번갈아가며 나타나는 수열

$$\boxed{예}\quad 1 \quad 1 \quad 3 \quad 7 \quad 5 \quad 13 \quad 7 \quad 19$$

- 홀수항 : $1 \quad 3 \quad 5 \quad 7$
  $$\underset{+2}{} \ \underset{+2}{} \ \underset{+2}{}$$
- 짝수항 : $1 \quad 7 \quad 13 \quad 19$
  $$\underset{+6}{} \ \underset{+6}{} \ \underset{+6}{}$$

(6) **군수열** : 일정한 규칙성으로 몇 항씩 묶어 나눈 수열

$$\boxed{예}\quad \bullet \ 1 \ 1 \ 2 \ 1 \ 2 \ 3 \ 1 \ 2 \ 3 \ 4$$
$$\Rightarrow \underline{1} \ \underline{1 \ 2} \ \underline{1 \ 2 \ 3} \ \underline{1 \ 2 \ 3 \ 4}$$

$\bullet \ 1 \ 3 \ 4 \ 6 \ 5 \ 11 \ 2 \ 6 \ 8 \ 9 \ 3 \ 12$

$$\Rightarrow \underset{1+3=4}{\underline{1 \ 3 \ 4}} \ \underset{6+5=11}{\underline{6 \ 5 \ 11}} \ \underset{2+6=8}{\underline{2 \ 6 \ 8}} \ \underset{9+3=12}{\underline{9 \ 3 \ 12}}$$

$\bullet \ 1 \ 3 \ 3 \ 2 \ 4 \ 8 \ 5 \ 6 \ 30 \ 7 \ 2 \ 14$

$$\Rightarrow \underset{1\times3=3}{\underline{1 \ 3 \ 3}} \ \underset{2\times4=8}{\underline{2 \ 4 \ 8}} \ \underset{5\times6=30}{\underline{5 \ 6 \ 30}} \ \underset{7\times2=14}{\underline{7 \ 2 \ 14}}$$

| 유형분석 |

- 나열된 수를 분석하여 그 안의 규칙을 찾고 적용할 수 있는지를 평가하는 유형이다.
- 규칙에 분수나 소수가 나오면 어려운 문제인 것처럼 보이지만 오히려 규칙은 단순한 경우가 많다.

일정한 규칙으로 수를 나열할 때, 빈칸에 들어갈 알맞은 수는?

| | 1 | -1 | 2 | -6 | 24 | -120 | (|) | $-5,040$ |

① 700   ② 720

③ 740   ④ 760

⑤ 780

정답 ②

앞의 항에 $\times(-1)$, $\times(-2)$, $\times(-3)$, …인 수열이다.

따라서 ( )$=(-120)\times(-6)=720$이다.

30초 컷 풀이 Tip

- 처음에 규칙이 잘 보이지 않아서 어렵다는 평이 많은 유형이므로 수록되어 있는 문제의 다양한 풀이 방법을 충분히 숙지하는 것이 중요하다.
- 한 번에 여러 개의 수열을 보는 것보다 하나의 수열을 찾아서 규칙을 찾은 후 다른 것에 적용시켜보는 것이 빠른 방법일 수 있다.

많이 보고 많이 겪고 많이 공부하는 것은 배움의 세 기둥이다.

– 벤자민 디즈라엘리 –

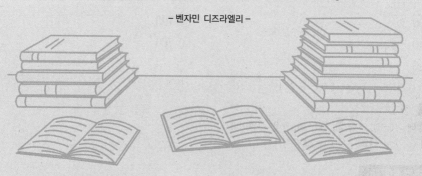

4일 차

모의고사

01 언어이해

01 다음 글의 주제로 가장 적절한 것은?

> 최근에 사이버공동체를 중심으로 한 시민의 자발적 정치 참여 현상이 많은 관심을 끌고 있다. 이러한 현상과 관련하여 A의 연구가 새삼 주목받고 있다. A의 연구에 따르면 공동체의 구성원이 됨으로써 얻게 되는 '사회적 자본'이 시민사회의 성숙과 민주주의 발전을 가져오는 원동력이다. A의 이론에서는 공동체에 대한 자발적 참여를 통해 사회 구성원 간의 상호 의무감과 신뢰, 구성원들이 공유하는 규칙과 관행, 사회적 유대 관계와 같은 사회적 자본이 늘어나면, 사회 구성원 간의 협조적인 행위가 가능하게 된다고 보았다. 더 나아가 A는 자원봉사자와 같이 공동체 참여도가 높은 사람이 투표할 가능성이 높고 정부 정책에 대한 의견 개진도 활발해지는 등 정치 참여도가 높아진다고 주장하였다.
>
> 몇몇 학자들은 A의 이론을 적용하여 면대면 접촉에 따른 인간관계의 산물인 사회적 자본이 사이버공동체에서도 충분히 형성될 수 있다고 보았다. 그리고 사이버공동체에서 사회적 자본의 증가는 곧 정치 참여도 활성화시킬 것으로 기대했다. 하지만 이러한 기대와는 달리 정치 참여가 활성화되지 않았다. 요즘 젊은이들을 보면 각종 사이버공동체에 자발적으로 참여하는 수준은 높지만 투표나 다른 정치 활동에는 무관심하거나 심지어 정치를 혐오하기도 한다. 이런 측면에서 A의 주장은 사이버공동체가 활성화된 오늘날에는 잘 맞지 않는다.
>
> 이러한 이유 때문에 오늘날 사이버공동체를 중심으로 한 정치 참여를 더 잘 이해하기 위해서 '정치적 자본' 개념의 도입이 필요하다. 정치적 자본은 사회적 자본의 구성 요소와는 달리 정치 정보의 습득과 이용, 정치적 토론과 대화, 정치적 효능감 등으로 구성된다. 정치적 자본은 사회적 자본과 마찬가지로 공동체 참여를 통해서 획득되지만, 정치 과정에의 관여를 촉진한다는 점에서 사회적 자본과는 구분될 필요가 있다. 사회적 자본만으로 정치 참여를 기대하기 어렵고, 사회적 자본과 정치 참여 사이를 정치적 자본이 매개할 때 비로소 정치 참여가 활성화된다.

① 사이버공동체를 통해 축적된 사회적 자본에 정치적 자본이 더해질 때 정치 참여가 활성화된다.

② 사회적 자본은 정치적 자본을 포함하기 때문에 그 자체로 정치 참여의 활성화를 가져온다.

③ 사회적 자본이 많은 사회는 정치 참여가 활발하기 때문에 민주주의가 실현된다.

④ 사이버공동체의 특수성으로 인해 시민들의 정치 참여가 어렵게 되었다.

⑤ 사이버공동체에의 자발적 참여 증가는 정치 참여를 활성화시킨다.

02

일반적으로 동식물에서 종(種)이란 '같은 개체끼리 교배하여 자손을 남길 수 있는' 또는 '외양으로 구분이 가능한' 집단을 뜻한다. 그렇다면 세균처럼 한 개체가 둘로 분열하여 번식하며 외양의 특징도 많지 않은 미생물에서는 종을 어떤 기준으로 구분할까?

미생물의 종 구분에는 외양과 생리적 특성을 이용한 방법이 사용되기도 한다. 하지만 이러한 특성들은 미생물이 어떻게 배양되는지에 따라 변할 수 있으며, 모든 미생물에 적용될 만한 공통적 요소가 되기도 어렵다. 이런 문제를 극복하기 위해 오늘날 미생물 종의 구분에는 주로 유전적 특성을 이용하고 있다. 미생물의 유전체는 DNA로 이루어진 많은 유전자로 구성되는데, 특정 유전자를 비교함으로써 미생물들 간의 유전적 관계를 알 수 있다. 종의 구분에는 서로 간의 차이를 잘 나타내 주는 유전자를 이용한다. 유전자 비교를 통해 미생물들이 유전적으로 얼마나 가깝고 먼지를 확인할 수 있는데, 이를 '유전거리'라 한다. 유전거리가 가까울수록 같은 종으로 묶일 가능성이 커진다.

하지만 유전자 비교로 확인한 유전거리만으로는 두 미생물이 같은 종에 속하는지를 명확히 판별하기 어렵다. 특정 유전자가 해당 미생물의 전체적인 유전적 특성을 대변하지는 못하기 때문이다. 이러한 문제를 보완하기 위한 것이 미생물들 간의 유전체 유사도를 측정하는 방법이다. 유전체 유사도를 정확히 측정하기 위해서는 모든 유전자를 대상으로 유전적 관계를 살펴야 하지만, 수많은 유전자를 모두 비교하는 것은 현실적으로 어렵다. 따라서 유전체의 특성을 화학적으로 비교하는 방법이 주로 사용되고 있다. 이렇게 얻어진 유전체 유사도는 종의 경계를 확정하는 데 유용한 기준을 제공한다.

① 외양과 생리적 특성을 이용한 종 구분 방법은 미생물의 종 구분 시 일절 사용하지 않는다.
② 유전체 유사도를 이용한 방법은 비교대상이 되는 유전자를 모두 비교해야만 가능하다.
③ 유전거리보다는 유전체의 비교가 종을 구분하는 데 더 명확한 기준을 제시한다.
④ 미생물의 유전체는 동식물의 유전자보다 구조가 단순하여 종 구분이 용이하다.
⑤ 유전체의 특성을 물리적으로 비교하는 방법이 널리 사용되고 있다.

4일 차

어떤 연구자들은 동성애가 어린 시절 경험의 결과라고 생각한다. 이들에 따르면, 특정한 유형의 부모가 자녀를 양육할 경우, 그 자녀가 동성애자가 될 가능성이 높다는 것이다. 이를 입증하기 위해, 수백 명의 동성애 남성과 여성을 대상으로 대규모 연구가 실시되었다. 그 결과 동성애자가 강압적인 어머니와 복종적인 아버지에 의해 양육되었다는 아무런 증거도 발견하지 못하였다.

그 후 연구자들은 동성애의 원인으로 뇌에 주목했다. 몇몇 연구에서 이성애 남성과 동성애 남성, 이성애 여성의 뇌를 사후에 조사하였다. 이들의 뇌는 시교차 상핵, 성적 이형핵, 전교련이라는 뇌 부위에서 차이가 있었다. 예를 들어 시교차 상핵은 동성애 남자가 더 크고, 이성애 남성과 이성애 여성은 그보다 작았다. 그러나 이러한 뇌 영역 및 그 크기의 차이가 인간의 성적 방향성과 직접적인 인과 관계를 맺고 있다는 증거는 아직까지 발견되지 않았다. 오히려 개인의 성적 방향성이 뇌 구조에 후천적으로 영향을 미쳤을 가능성이 제기되었다. 그렇다면 뇌 구조의 차이가 성적 방향성의 원인이라기보다는 그 결과일 수 있다.

최근 성적 방향성이 출생 전 호르몬 노출과 관련된다는 사실이 밝혀졌다. 안드로겐 호르몬은 출생 전 태아의 정소에서 분비되는 호르몬 중 하나이다. 이 안드로겐 호르몬의 노출 정도가 남성화 수준과 남성의 성적 방향성을 결정하는 요인 중 하나이다. 이러한 연구 결과에 따른다면, 실제로 성적 방향성의 원인이 되는 차이가 발생하는 곳은 뇌가 아닌 다른 영역일 가능성이 높다.

실험실 동물을 이용한 또 다른 연구에서는 출생 전 스트레스가 성숙한 후의 성행동에 영향을 미칠 수 있음이 밝혀졌다. 임신한 쥐를 구금하거나 밝은 빛에 노출시켜 스트레스를 유발하는 방식으로, 수컷 태아의 안드로겐 생산을 억제 시키는 스트레스 호르몬을 방출하도록 하였다. 그 결과 스트레스를 받은 어미에게서 태어난 수컷 쥐는 그렇지 않은 쥐에 비하여 수컷의 성 활동을 덜 나타내는 경향이 있었다. 다른 연구에서는 출생 전 스트레스가 성적 이형핵의 크기를 축소시킨다는 사실을 발견했다. 성적 이형핵의 크기를 비교해보면, 이성애 남성에게서 가장 크고 동성애 남성과 이성애 여성은 상대적으로 작다.

성적 방향성을 결정짓는 또 다른 요인은 유전이다. 동성애가 유전적 근거를 갖는다면, 쌍생아의 경우 둘 중 한 사람이라도 동성애자인 집단에서 둘 다 동성애자로 일치하는 비율은 일란성 쌍생아의 경우가 이란성 쌍생아의 경우보다 높아야 한다. 조사 결과, 남성 쌍생아의 경우 일란성 쌍생아의 동성애 일치 비율은 52%인 반면 이란성 쌍생아의 경우 22%였다. 여성의 경우 일란성 쌍생아의 동성애 일치 비율은 48%이고, 이란성 쌍생아의 경우 16%였다.

① 뇌의 시교차 상핵과 성적 이형핵의 크기 차이가 남성의 성적 방향성을 결정하는 요인 중 하나이다.

② 출생 전 특정 호르몬에 얼마나 노출되었는지가 남성의 성적 방향성을 결정하는 요인 중 하나이다.

③ 어린 시절 부모의 억압적 양육과 특정 유형의 편향된 상호작용이 동성애를 결정하는 요인 중 하나이다.

④ 출생 전 스트레스는 성적 이형핵의 크기를 축소시켜 그 부위에서 생성되는 안드로겐 호르몬의 양을 감소시킨다.

⑤ 일란성 쌍생아의 동성애 일치 비율은 남성이 여성에 비해 동성애를 후천적으로 선택하는 비율이 높다는 것을 보여준다.

04

사람의 키는 주로 다리뼈의 길이에 의해서 결정된다. 다리뼈는 뼈대와 뼈끝판 그리고 뼈끝으로 구성되어 있다. 막대기 모양의 뼈대는 뼈 형성세포인 조골세포를 가지고 있다. 그리고 뼈끝은 다리뼈의 양쪽 끝 부분이며 뼈끝과 뼈대의 사이에는 여러 개의 연골세포층으로 구성된 뼈끝판이 있다. 뼈끝판의 세포층 중 뼈끝과 경계면에 있는 세포층에서만 세포분열이 일어난다.

연골세포의 세포분열이 일어날 때, 뼈대 쪽에 가장 가깝게 있는 연골세포의 크기가 커지면서 뼈끝판이 두꺼워진다. 크기가 커진 연골세포는 결국 죽으면서 빈 공간을 남기고 이렇게 생긴 공간이 뼈대에 있는 조골세포로 채워지면서 뼈가 형성된다. 이 과정을 되풀이하면서 뼈끝판이 두꺼워지는 만큼 뼈대의 길이 성장이 일어나는데, 이는 연골세포의 분열이 계속되는 한 지속된다.

사춘기 동안 뼈의 길이 성장에는 여러 호르몬이 관여하는데, 이 중 뇌에서 분비하는 성장호르몬은 직접 뼈에 작용하여 뼈를 성장시킨다. 또한 성장호르몬은 간세포에 작용하여 뼈의 길이 성장 과정 전체를 촉진하는 성장인자를 분비하도록 한다. 이외에도 갑상샘 호르몬과 남성호르몬인 안드로겐도 뼈의 길이 성장에 영향을 미친다. 성장호르몬이 뼈에 작용하기 위해서는 갑상샘 호르몬의 작용이 있어야 하기 때문에 갑상샘 호르몬은 뼈의 성장에 중요한 요인이다. 안드로겐은 뼈의 성장을 촉진함으로써 사춘기 남자의 급격한 성장에 일조한다. 부신에서 분비되는 안드로겐은 이 시기에 나타나는 뼈의 길이 성장에 관여한다. 하지만 사춘기가 끝날 때, 안드로겐은 뼈끝판 전체에서 뼈가 형성되도록 하여 뼈의 길이 성장을 정지시킨다. 결국 사춘기 이후에는 호르몬에 의한 뼈의 길이 성장이 일어나지 않는다.

① 사람의 키를 결정짓는 다리뼈는 연골세포의 분열로 인해 성장하게 된다.

② 뼈끝판의 세포층 중 뼈대와 경계면에 있는 세포층에서만 세포분열이 일어난다.

③ 사춘기 이후에 뼈의 길이가 성장하였다면, 호르몬이 그 원인이다.

④ 성장호르몬은 간세포에 작용하여 뼈 성장을 촉진하는 성장인자를 분비하는 등 뼈 성장에 간접적으로 도움을 준다.

⑤ 뼈의 성장을 촉진시키는 호르몬인 안드로겐은 남성호르몬으로서, 여자에게서는 생성되지 않는다.

다음 글의 밑줄 친 시기에 대한 설명으로 가장 적절한 것은?

하나의 패러다임 형성은 애초에 불완전하지만 이후 연구의 방향을 제시하고 소수 특정 부분의 성공적인 결과를 약속할 수 있을 뿐이다. 그러나 패러다임의 정착은 연구의 정밀화, 집중화 등을 통하여 자기 지식을 확장해 가며 차츰 폭넓은 이론 체계를 구축한다.

이처럼 과학자들이 패러다임을 기반으로 하여 연구를 진척시키는 것을 쿤은 '정상 과학'이라고 부른다. 기초적인 전제가 확립되었으므로 과학자들은 이 시기에 상당히 심오한 문제의 작은 영역들에 집중함으로써, 그렇지 않더라면 상상조차 못했을 자연의 어느 부분을 깊이 있게 탐구하게 된다. 그에 따라 각종 실험 장치들도 정밀해지고 다양해지며, 문제를 해결해 가는 특정 기법과 규칙들이 만들어진다.

연구는 이제 혼란으로서의 다양성이 아니라, 이론과 자연 현상을 일치시켜 가는 지식의 확장으로서의 다양성을 이루게 된다.

그러나 정상 과학은 완성된 과학이 아니다. 과학적 사고방식과 관습, 기법 등이 하나의 기반으로 통일돼 있다는 것일 뿐 해결해야 할 과제는 무수하다. 패러다임이란 과학자들 사이의 세계관 통일이지 세계에 대한 해석의 끝은 아니다.

그렇다면 정상 과학의 시기에는 어떤 연구가 어떻게 이루어지는가? 정상 과학의 시기에는 이미 이론의 핵심 부분들은 정립돼 있다. 따라서 과학자들의 연구는 근본적인 새로움을 좇아가지는 않으며, 다만 연구의 세부 내용이 좀 더 깊어지거나 넓어질 뿐이다. 이러한 시기에 과학자들의 열정과 헌신성은 무엇으로 유지될 수 있을까? 연구가 고작 예측된 결과를 좇아갈 뿐이고, 예측된 결과가 나오지 않으면 실패라고 규정되는 상태에서 과학의 발전은 어떻게 이루어지는가?

쿤은 이 물음에 대하여 '수수께끼 풀이'라는 대답을 준비한다. 어떤 현상의 결과가 충분히 예측된다 할지라도 정작 그 예측이 달성되는 세세한 과정은 대개 의문 속에 있게 마련이다. 자연 현상의 전 과정을 우리가 일목요연하게 알고 있는 것은 아니기 때문이다. 이론으로서의 예측 결과와 실제의 현상을 일치시키기 위해서는 여러 복합적인 기기적, 개념적, 수학적인 방법이 필요하다. 이것이 수수께끼 풀이이다.

① 패러다임을 기반으로 하여 연구를 진척하기 때문에 다양한 학설과 이론이 등장한다.
② 예측된 결과만을 좇을 수밖에 없기 때문에 과학자들의 열정과 헌신성은 낮아진다.
③ 기초적인 전제가 확립되었으므로 작은 범주의 영역에 대한 연구에 집중한다.
④ 과학자들 사이의 세계관이 통일된 시기이기 때문에 완성된 과학이라고 부를 수 있다.
⑤ 이 시기는 문제를 해결해가는 과정보다는 기초 이론에 대한 발견이 주가 된다.

06 다음 글에서 추론할 수 있는 내용으로 가장 적절한 것은?

조선이 임진왜란 중에도 필사적으로 보존하고자 한 서적이 바로 조선왕조실록이다. 실록은 원래 서울의 춘추관과 성주·충주·전주 4곳의 사고(史庫)에 보관되었으나, 임진왜란 이후 전주 사고의 실록만 온전한 상태였다. 전란이 끝난 후 단 1벌 남은 실록을 다시 여러 벌 등서하자는 주장이 제기되었다. 우여곡절 끝에 실록 인쇄가 끝난 시기는 1606년이었다. 재인쇄 작업의 결과 원본을 포함해 모두 5벌의 실록을 갖추게 되었다. 원본은 강화도 마니산에 봉안하고 나머지 4벌은 서울의 춘추관과 평안도 묘향산, 강원도의 태백산과 오대산에 봉안했다.

이 5벌 중에서 서울 춘추관의 것은 1624년 이괄의 난 때 불에 타 없어졌고, 묘향산의 것은 1633년 후금과의 관계가 악화되자 전라도 무주의 적상산에 사고를 새로 지어 옮겼다. 강화도 마니산의 것은 1636년 병자호란 때 청군에 의해 일부 훼손되었던 것을 현종 때 보수하여 숙종 때 강화도 정족산에 다시 봉안했다. 결국 내란과 외적 침입으로 인해 5곳 가운데 1곳의 실록은 소실되었고, 1곳의 실록은 장소를 옮겼으며, 1곳의 실록은 손상을 입었던 것이다.

정족산, 태백산, 적상산, 오대산 4곳의 실록은 그 후 안전하게 지켜졌다. 그러나 일본이 다시 여기에 손을 대었다. 1910년 조선 강점 이후 일제는 정족산과 태백산에 있던 실록을 조선총독부로 이관하고, 적상산의 실록은 구황궁 장서각으로 옮겼으며, 오대산의 실록은 일본 동경제국대학으로 반출했다. 일본으로 반출한 것은 1923년 관동 대지진 때 거의 소실되었다. 정족산과 태백산의 실록은 1930년에 경성제국대학으로 옮겨져 지금까지 서울대학교에 보존되어 있다. 한편 장서각의 실록은 6·25 전쟁 때 북한으로 옮겨져 현재 김일성종합대학에 소장되어 있다.

① 재인쇄하였던 실록은 모두 5벌이다.
② 태백산에 보관하였던 실록은 현재 일본에 있다.
③ 현재 한반도에 남아 있는 실록은 모두 4벌이다.
④ 적상산에 보관하였던 실록은 일부가 훼손되었다.
⑤ 현존하는 실록 중에서 가장 오래된 것은 서울대학교에 있다.

스피노자의 윤리학을 이해하기 위해서는 코나투스(Conatus)라는 개념이 필요하다. 스피노자에 따르면 실존하는 모든 사물은 자신의 존재를 유지하기 위해 노력하는데, 이것이 바로 그 사물의 본질인 코나투스라는 것이다. 정신과 신체를 서로 다른 것이 아니라 하나로 보았던 그는 정신과 신체에 관계되는 코나투스를 충동이라 부르고, 다른 사물들과 같이 인간도 자신을 보존하고자 하는 충동을 갖고 있다고 보았다. 특히 인간은 자신의 충동을 의식할 수 있다는 점에서 동물과 차이가 있다며 인간의 충동을 욕망이라고 하였다. 즉, 인간에게 코나투스란 삶을 지속하고자 하는 욕망을 의미한다.

스피노자는 선악의 개념도 코나투스와 연결 짓는다. 그는 사물이 다른 사물과 어떤 관계를 맺느냐에 따라 선이 되기도 하고 악이 되기도 한다고 말한다. 코나투스의 관점에서 보면 선이란 자신의 신체적 활동 능력을 증가시키는 것이며, 악은 자신의 신체적 활동 능력을 감소시키는 것이다. 이를 정서의 차원에서 설명하면 선은 자신에게 기쁨을 주는 모든 것이며, 악은 자신에게 슬픔을 주는 모든 것이다. 한마디로 인간의 선악에 대한 판단은 자신의 감정에 따라 결정된다는 것을 의미한다.

이러한 생각을 토대로 스피노자는 코나투스인 욕망을 긍정하고 욕망에 따라 행동하라고 이야기한다. 슬픔은 거부하고 기쁨을 지향하라는 것, 그것이 곧 선의 추구라는 것이다. 그리고 코나투스는 타자와의 관계에 영향을 받으므로 인간에게는 타자와 함께 자신의 기쁨을 증가시킬 수 있는 공동체가 필요하다고 말한다. 그 안에서 자신과 타자 모두의 코나투스를 증가시킬 수 있는 기쁨의 관계를 형성하라는 것이 스피노자의 윤리학이 우리에게 하는 당부이다.

① 자신의 힘을 능동적으로 발휘하여 욕망을 성취할 수 있을 때 비로소 진정한 자유의 기쁨을 누릴 수 있다.

② 인간의 모든 행동은 욕망에 의해 생겨나며, 욕망이 없다면 무기력한 존재가 될 수밖에 없다.

③ 인간을 포함한 모든 동물은 삶에 대한 본능적 의지인 코나투스를 가지고 있다.

④ 욕망은 채우고 채워도 완전히 충족될 수 없으므로 욕망의 결핍이 주는 고통으로부터 벗어나기 위해 욕망을 절제해야 한다.

⑤ 타자와의 관계 속에서 촉발되는 감정에 휘둘릴 수 있으므로 자신의 욕망에 대한 주체적 태도를 지녀야 한다.

08 다음 글의 주제로 가장 적절한 것은?

> 우유니 사막은 세계 최대의 소금사막으로 남아메리카 중앙부 볼리비아의 포토시주(州)에 위치한 소금 호수로, '우유니 소금사막' 혹은 '우유니 염지' 등으로 불린다. 지각변동으로 솟아오른 바다가 빙하기를 거쳐 녹기 시작하면서 거대한 호수가 생겨났다. 사막의 면적은 1만 2,000km²이며 해발고도 3,680m의 고지대에 위치한다. 물이 배수되지 않은 지형적 특성 때문에 물이 고여 얕은 호수가 되었으며, 소금으로 덮인 수면 위에 푸른 하늘과 흰 구름이 거울처럼 투명하게 반사되어 관광지로도 이름이 높다.
>
> 소금층 두께는 30cm부터 깊은 곳은 100m 이상이며 호수의 소금 매장량은 약 100억 톤 이상이다. 우기인 12월에서 3월 사이에는 20~30cm의 물이 고여 얕은 염호를 형성하는 반면, 긴 건기 동안에는 표면뿐만 아니라 사막의 아래까지 증발한다. 특이한 점은 지역에 따라 호수의 색이 흰색, 적색, 녹색 등의 다른 빛깔을 띤다는 점이다. 이는 호수마다 쌓인 침전물의 색깔과 조류의 색깔이 다르기 때문이다. 또한 소금 사막 곳곳에서는 커다란 바위부터 작은 모래까지 한꺼번에 섞인 빙하성 퇴적물들과 같은 빙하의 흔적들을 볼 수 있다.

① 우유니 사막의 기후와 식생
② 우유니 사막의 주민 생활
③ 우유니 사막의 자연지리적 특징
④ 우유니 사막 이름의 유래
⑤ 우유니 사막의 관광 상품 종류

09

(가) 여기에 반해 동양에서는 보름달에 좋은 이미지를 부여한다. 예를 들어, 우리나라의 처녀귀신이나 도깨비는 달빛이 흐린 그믐 무렵에나 활동하는 것이다. 그런데 최근에는 동서양의 개념이 마구 뒤섞여 보름달을 배경으로 악마의 상징인 늑대가 우는 광경이 동양의 영화에 나오기도 한다.

(나) 동양에서 달은 '음(陰)'의 기운을, 해는 '양(陽)'의 기운을 상징한다는 통념이 자리를 잡았다. 그래서 달을 '태음', 해를 '태양'이라고 불렀다. 동양에서는 해와 달의 크기가 같은 덕에 음과 양도 동등한 자격을 갖춘다. 즉, 음과 양은 어느 하나가 좋고 다른 하나는 나쁜 것이 아니라 서로 보완하는 관계를 이루는 것이다.

(다) 옛날부터 형성된 이러한 동서양 간의 차이는 오늘날까지 영향을 끼치고 있다. 동양에서는 달이 밝으면 달맞이를 하는데, 서양에서는 달맞이를 자살 행위처럼 여기고 있다. 특히 보름달은 서양인들에게 거의 공포의 상징과 같은 존재이다. 예를 들어, 13일의 금요일에 보름달이 뜨게 되면 사람들이 외출조차 꺼린다.

(라) 하지만 서양의 경우는 다르다. 서양에서는 낮은 신이, 밤은 악마가 지배한다는 통념이 있다. 따라서 밤의 상징인 달에 좋지 않은 이미지를 부여하게 되었다. 이는 해와 달의 명칭을 보면 알 수 있다. 라틴어로 해를 'Sol', 달을 'Luna'라고 하는데 정신병을 뜻하는 단어 'Lunacy'의 어원이 바로 'Luna'이다.

① (가) – (나) – (라) – (다)
② (나) – (라) – (가) – (다)
③ (나) – (라) – (다) – (가)
④ (다) – (나) – (가) – (라)
⑤ (다) – (나) – (라) – (가)

10

(가) 동아시아의 문명 형성에 가장 큰 영향력을 끼친 책을 꼽을 때, 그 중에 『논어』가 빠질 수 없다. 『논어』는 공자(B.C 551 ~ 479)가 제자와 정치인 등을 만나서 나눈 이야기를 담고 있다. 공자의 활동기간으로 따져보면 『논어』는 지금으로부터 대략 2,500년 전에 쓰인 것이다. 지금의 우리는 한나절에 지구 반대편으로 날아다니고, 여름에 겨울 과일을 먹는 그야말로 공자는 상상할 수도 없는 세상에 살고 있다.

(나) 2,500년 전의 공자와 그가 대화한 사람 역시 우리와 마찬가지로 '호모 사피엔스'이기 때문이다. 2,500년 전의 사람도 배고프면 먹고, 졸리면 자고, 좋은 일이 있으면 기뻐하고, 나쁜 일이 있으면 화를 내는 오늘날의 사람과 다름없었다. 불의를 보면 공분하고, 전쟁보다 평화가 지속되기를 바라고, 예술을 보고 들으며 즐거워했는데, 오늘날의 사람도 마찬가지이다.

(다) 물론 2,500년의 시간으로 인해 달라진 점도 많고 시대와 문화에 따라 '사람다움이 무엇인가?'에 대한 답은 다를 수 있지만, 사람은 돌도 아니고 개도 아니고 사자도 아니라 여전히 사람일 뿐인 것이다. 즉 현재의 인간이 과거보다 자연의 힘에 두려워하지 않고 자연을 합리적으로 설명할 수는 있지만, 인간적 약점을 극복하고 신적인 존재가 될 수는 없는 그저 인간일 뿐인 것이다.

(라) 『논어』의 일부는 여성과 아동, 이민족에 대한 당시의 편견을 드러내고 있어 이처럼 달라진 시대의 흐름에 따라 폐기될 수밖에 없지만, 이를 제외한 부분은 '오래된 미래'로서 읽을 가치가 있는 것이다.

(마) 이론의 생명 주기가 짧은 학문의 경우, 2,500년 전의 책은 역사적 가치가 있을지언정 이론으로서는 폐기 처분이 당연시된다. 그런데 왜 21세기의 우리가 2,500년 전의 『논어』를 지금까지도 읽고, 또 읽어야 할 책으로 간주하고 있는 것일까?

① (가) – (마) – (나) – (다) – (라)
② (나) – (라) – (다) – (가) – (마)
③ (다) – (나) – (라) – (가) – (마)
④ (라) – (다) – (나) – (가) – (마)
⑤ (마) – (가) – (나) – (다) – (라)

다음 제시된 문단을 읽고, 이어질 문장을 논리적 순서대로 바르게 나열한 것은?

> 구체적 행위에 대한 도덕적 판단 문제를 다루는 것이 규범 윤리학이라면, 옳음의 의미 문제, 도덕적 진리의 존재 문제 등과 같이 규범 윤리학에서 사용하는 개념과 원칙에 대해 다루는 것은 메타 윤리학이다. 메타 윤리학에서 도덕 실재론과 정서주의는 '옳음'과 '옳지 않음'의 의미를 이해하는 방식과 도덕적 진리의 존재 여부에 대해 상반된 주장을 펼친다.

> (가) 따라서 '옳다' 혹은 '옳지 않다'라는 도덕적 판단을 내리지만, 과학적 진리와 같은 도덕적 진리는 없다는 입장을 보인다.
> (나) 도덕 실재론에서는 도덕적 판단과 도덕적 진리를 과학적 판단 및 과학적 진리와 마찬가지라고 본다.
> (다) 한편, 정서주의에서는 어떤 도덕적 행위에 대해 도덕적으로 옳음이나 도덕적으로 옳지 않음이라는 성질은 객관적으로 존재하지 않는 것이고 도덕적 판단도 참 또는 거짓으로 판정되는 명제를 나타내지 않는다.
> (라) 즉, 과학적 판단이 '참' 또는 '거짓'을 판정할 수 있는 명제를 나타내고 이때 참으로 판정된 명제를 과학적 진리라고 부르는 것처럼, 도덕적 판단도 참 또는 거짓으로 판정할 수 있는 명제를 나타내고 참으로 판정된 명제가 곧 도덕적 진리라고 규정하는 것이다.

① (가) – (나) – (다) – (라)　　　② (나) – (가) – (다) – (라)
③ (나) – (라) – (다) – (가)　　　④ (다) – (가) – (나) – (라)
⑤ (다) – (라) – (나) – (가)

12 다음 글의 제목으로 가장 적절한 것은?

반대는 필수불가결한 것이다. 지각 있는 대부분의 사람이 그러하듯 훌륭한 정치가는 항상 열렬한 지지자보다는 반대자로부터 더 많은 것을 배운다. 만약 반대자들이 위험이 있는 곳을 지적해 주지 않는다면, 그는 지지자들에 떠밀려 파멸의 길을 걷게 될 수 있기 때문이다. 따라서 현명한 정치가라면 그는 종종 친구들로부터 벗어나기를 기도할 것이다. 친구들이 자신을 파멸시킬 수도 있다는 것을 알기 때문이다. 그리고 비록 고통스럽다 할지라도 결코 반대자 없이 홀로 남겨지는 일이 일어나지 않기를 기도할 것이다. 반대자들이 자신을 이성과 양식의 길에서 멀리 벗어나지 않도록 해준다는 사실을 알기 때문이다. 자유의지를 가진 국민의 범국가적 화합은 정부의 독단과 반대당의 혁명적 비타협성을 무력화시키는 정치권력의 충분한 균형에 의존하고 있다. 그 균형이 어떤 상황 때문에 강제로 타협하게 되지 않는 한, 그리고 모든 시민이 어떤 정책에 영향을 미칠 수는 있으나 누구도 혼자 정책을 지배할 수 없다는 것을 느끼게 되지 않는 한, 그리고 습관과 필요에 의해서 서로 조금씩 양보하지 않는 한, 자유는 유지될 수 없기 때문이다.

① 민주주의와 사회주의
② 반대의 필요성과 민주주의
③ 민주주의와 일방적인 의사소통
④ 권력을 가진 자와 혁명을 꿈꾸는 집단
⑤ 혁명의 정의

※ 다음 글의 내용으로 적절하지 않은 것을 고르시오. [13~15]

13

> 청색기술은 자연의 원리를 차용하거나 자연에서 영감을 얻은 기술을 말한다. 그리고 청색기술을 경제 전반으로 확대한 것을 '청색 경제'라고 한다. 벨기에의 환경운동가인 군터 파울리(Gunter Pauli)가 저탄소 성장을 표방하는 녹색기술의 한계를 지적하며 청색경제를 제안했다. 녹색경제가 환경오염에 대한 사후 대책으로 환경보호를 위한 비용을 수반한다면, 청색경제는 애초에 자연 친화적이면서도 경제적인 물질을 창조한다는 점에서 차이가 있다.
>
> 청색기술은 오랫동안 진화를 거듭해서 자연에 적응한 동식물 등을 모델 삼아 새로운 제품을 만드는데, 특히 화학·재료과학 분야에서 연구가 활발히 진행되고 있다. 예를 들어 1955년 스위스에서 식물 도꼬마리의 가시를 모방해 작은 돌기를 가진 잠금장치 '벨크로(일명 찍찍이)'가 발명되었고, 얼룩말의 줄무늬에서 피부 표면 온도를 낮추는 원리를 알아낼 수 있었다.
>
> 이미 미국·유럽·일본 등 선진국에서는 청색기술을 국가 전략사업으로 육성하고 있고, 세계 청색기술 시장은 2030년에 1조 6,000억 달러 규모로 성장할 전망이다. 그러나 커다란 잠재력을 지닌 것에 비해 사람들의 인식은 터무니없이 부족하다. 청색기술에 대해 많은 사람이 알고 있을수록 환경과 기술에 대한 가치관의 변화를 이끌어낼 수 있고, 기술을 상용화시킬 수 있다. 따라서 청색기술의 발전을 위해서는 많은 홍보가 필요하다.

① 청색경제는 자연과 상생하는 것을 목적으로 하며 이를 바탕으로 경제성을 창조한다.

② 청색기술의 대상은 자연에 포함되는 모든 동식물이다.

③ 흰개미집을 모델로 냉난방 없이 공기를 신선하게 유지하도록 설계된 건물은 청색기술을 활용한 것이다.

④ 청색기술 시장은 커다란 잠재력을 지닌 시장이다.

⑤ 청색기술을 홍보하는 것은 사람들의 가치관 변화와 기술 상용화에 도움이 된다.

14

아무리 튤립이 귀하다 한들 알뿌리 하나의 값이 요즈음 돈으로 쳐서 45만 원이 넘는 수준까지 치솟을 수 있을까? 엄지손가락만한 크기의 메추리알 하나의 값이 달걀 한 꾸러미 값보다도 더 비싸질 수 있을까? 이 두 물음에 대한 대답은 모두 '그렇다.'이다.

역사책을 보면 1636년 네덜란드에서는 튤립 알뿌리 하나의 값이 정말로 그 수준으로 뛰어오른 적이 있었다. 그리고 그때를 기억하는 사람은 알겠지만, 실제로 1950년대 말 우리나라에서 한때 메추리알 값이 그렇게까지 비쌌던 적이 있었다.

어떤 상품의 가격은 기본적으로 수요와 공급의 힘에 의해 결정된다. 시장에 참여하고 있는 경제 주체들은 자신이 갖고 있는 정보를 기초로 하여 수요와 공급을 결정한다. 이들이 똑같은 정보를 함께 갖고 있으며 이 정보가 아주 틀린 것이 아닌 한, 상품의 가격은 어떤 기본적인 수준에서 크게 벗어나지 않을 것이라고 예상할 수 있다. 예를 들어 튤립 알뿌리 하나의 값은 수선화 알뿌리 하나의 값과 비슷하고, 메추리알 하나는 달걀 하나보다 더 쌀 것으로 짐작해도 무방하다는 말이다.

그러나 현실에서는 사람들이 서로 다른 정보를 갖고 시장에 참여하는 경우가 많다. 어떤 사람은 특정한 정보를 갖고 있는데 거래 상대방은 그 정보를 갖고 있지 못한 경우도 있다. 뿐만 아니라 거래에 참여하는 목적이나 재산 등의 측면에서 큰 차이가 존재하는 것이 보통이다. 이런 경우에는 어떤 상품의 가격이 우리의 상식으로는 도저히 이해하기 힘든 수준까지 일시적으로 뛰어오르는 현상이 나타날 가능성이 있다. 이런 현상은 특히 투기의 대상이 되는 자산의 경우에 자주 목격되는데, 우리는 이를 '거품(Bubbles)'이라고 부른다.

일반적으로 거품은 어떤 상품(특히 자산)의 가격이 지속적으로 급격히 상승하는 현상을 가리킨다. 이와 같은 지속적인 가격 상승이 일어나는 이유는 애초에 생긴 가격 상승이 추가적인 가격 상승의 기대로 이어져 투기 바람이 형성되기 때문이다. 어떤 상품의 가격이 올라 그것을 미리 사둔 사람이 재미를 보았다는 소문이 돌면 너도나도 사려고 달려들기 때문에 가격이 천정부지*로 뛰어오르게 된다. 물론 이 같은 거품이 무한정 커질 수는 없고 언젠가는 터져 정상적인 상태로 돌아올 수밖에 없다. 이때 거품이 터지는 충격으로 인해 경제에 심각한 위기가 닥칠 수도 있다.

*천정부지 : 물가 따위가 한 없이 오르기만 함을 비유적으로 이르는 말

① 거품은 투기의 대상이 되는 자산에서 자주 일어난다.
② 거품이 터지면 경제에 심각한 위기를 초래할 수 있다.
③ 거래에 참여하는 사람의 목적이나 재산에 큰 차이가 없다면 거품이 일어날 수 있다.
④ 상품의 가격이 일반적인 상식으로는 이해되지 않는 수준까지 일시적으로 상승할 수도 있다.
⑤ 일반적으로 시장에 참여하고 있는 경제 주체들은 자신의 정보를 바탕으로 수요와 공급을 결정한다.

15

어떤 사회 현상이 나타나는 경우 그러한 현상은 '제도'의 탓일까, 아니면 '문화'의 탓일까? 이 논쟁은 정치학을 비롯한 모든 사회과학에서 두루 다루는 주제이다. 정치학에서 제도주의자들은 보다 선진화된 사회를 만들기 위해서 제도의 정비가 중요하다고 주장한다. 하지만 문화주의자들은 실제적인 '운용의 묘'를 살리는 문화가 제도의 정비보다 중요하다고 주장한다.

문화주의자들은 문화를 가치, 신념, 인식 등의 총체로서 정치적 행동과 행위를 특정한 방향으로 움직여 일정한 행동 양식을 만들어내는 것으로 정의한다. 이러한 문화에 대한 정의를 바탕으로 이들은 국민이 정부에게 하는 정치적 요구인 투입과 정부가 생산하는 정책인 산출을 기반으로 정치 문화를 편협형, 신민형, 참여형의 세 가지로 유형화하였다.

편협형 정치 문화는 투입과 산출에 대한 개념이 모두 존재하지 않는 정치 문화이다. 투입이 없으며, 정부도 산출에 대한 개념이 없어서 적극적 참여자로서의 자아가 있을 수 없다. 사실상 정치 체계에 대한 인식이 국민들에게 존재할 수 없는 사회이다. 샤머니즘에 의한 신정 정치, 부족 또는 지역 사회 등 전통적인 원시 사회가 이에 해당한다.

다음으로 신민형 정치 문화는 투입이 존재하지 않으며, 적극적 참여자로서의 자아가 형성되지 못한 사회이다. 이런 상황에서 산출이 존재한다는 의미는 국민이 정부가 해주는 대로 받는다는 것을 의미한다. 이들 국민은 정부에 복종하는 성향이 강하다. 하지만 편협형 정치 문화와 달리 이들 국민은 정치 체계에 대한 최소한의 인식은 있는 상태이다. 일반적으로 독재 국가의 정치 체계가 이에 해당한다.

마지막으로 참여형 정치 문화는 국민들이 자신들의 요구 사항을 표출할 줄도 알고, 정부는 그러한 국민들의 요구에 응답하는 사회이다. 따라서 국민들은 적극적인 참여자로서의 자아가 형성되어 있으며, 그러한 적극적 참여자들로 형성된 정치 체계가 존재하는 사회이다. 이는 선진 민주주의 사회로서 현대의 바람직한 민주주의 사회상이다.

정치 문화 유형 연구는 어떤 사회가 민주주의를 제대로 구현하기 위해서 우선적으로 필요한 것이 무엇인가 하는 질문에 대한 답을 제시하고 있다. 문화주의자들은 국가를 특정 제도의 장단점에 의해서가 아니라 국가의 구성 요소들이 민주주의라는 보편적인 목적을 위해 얼마나 잘 기능하고 있는가를 기준으로 평가하고 있는 것이다.

① 문화주의자들은 정치문화를 편협형, 신민형, 참여형으로 나눈다.
② 편협형 정치 문화는 투입과 산출에 대한 개념이 없다.
③ 참여형 정치 문화는 국민과 정부가 소통하는 사회이다.
④ 신민형 정치 문화는 투입은 존재하지 않으며 산출은 존재하는 사회이다.
⑤ 독재 국가의 정치 체계는 편협형 정치 문화에 해당한다.

16 다음 글에 대한 반론으로 가장 적절한 것은?

최근 들어 도시의 경쟁력 향상을 위한 새로운 전략의 하나로 창조 도시에 대한 논의가 활발하게 진행되고 있다. 창조 도시는 창조적 인재들이 창의성을 발휘할 수 있는 환경을 갖춘 도시이다. 즉 창조 도시는 인재들을 위한 문화 및 거주 환경의 창조성이 풍부하며, 혁신적이고도 유연한 경제 시스템을 구비하고 있는 도시인 것이다.

창조 도시의 주된 동력을 창조 산업으로 볼 것인가 창조 계층으로 볼 것인가에 대해서는 견해가 다소 엇갈리고 있다. 창조 산업을 중시하는 관점에서는, 창조 산업이 도시에 인적·사회적·문화적·경제적 다양성을 불어넣음으로써 도시의 재구조화를 가져오고 나아가 부가가치와 고용을 창출한다고 주장한다. 창의적 기술과 재능을 소득과 고용의 원천으로 삼는 창조 산업의 예로는 광고, 디자인, 출판, 공연 예술, 컴퓨터 게임 등이 있다.

창조 계층을 중시하는 관점에서는, 개인의 창의력으로 부가가치를 창출하는 창조 계층이 모여서 인재 네트워크인 창조 자본을 형성하고, 이를 통해 도시는 경제적 부를 축적할 수 있는 자생력을 갖게 된다고 본다. 따라서 창조 계층을 끌어들이고 유지하는 것이 도시의 경쟁력을 제고하는 관건이 된다. 창조 계층에는 과학자, 기술자, 예술가, 건축가, 프로그래머, 영화 제작자 등이 포함된다.

① 창조 산업의 산출물은 그것에 대한 소비자의 수요와 가치 평가를 예측하기 어렵다.
② 창조 도시를 통해 효과적으로 인재를 육성할 수 있다.
③ 창조 산업을 통해 도시를 새롭게 구조화할 수 있다.
④ 광고 등의 산업을 중심으로 부가가치를 창출해 낼 수 있다.
⑤ 인재 네트워크 형성 역시 부가가치를 창출할 수 있는 방법 중 하나이다.

17 다음 글의 빈칸에 들어갈 말을 〈보기〉에서 골라 바르게 짝지은 것은?

『정의론』을 통해 현대 영미 윤리학계에 정의에 대한 화두를 던진 사회철학자 '롤즈'는 전형적인 절차주의적 정의론자이다. 그는 정의로운 사회 체제에 대한 논의를 주도해온 공리주의가 소수자 및 개인의 권리를 고려하지 못한다는 점에 주목하여 사회계약론적 토대하에 대안적 정의론을 정립하고자 하였다.

롤즈는 개인이 정의로운 제도하에서 자유롭게 자신들의 욕구를 추구하기 위해서는 ___(가)___ 등이 필요하며 이는 사회의 기본 구조를 통해서 최대한 공정하게 분배되어야 한다고 생각했다. 그리고 이를 실현할 수 있는 사회 체제에 대한 논의가, 자유롭고 평등하며 합리적인 개인들이 모두 동의할 수 있는 원리들을 탐구하는 데에서 출발해야 한다고 보고 '원초적 상황'의 개념을 제시하였다.

'원초적 상황'은 정의로운 사회 체제의 기본 원칙들을 선택하는 합의 당사자들로 구성된 가설적 상황으로, 이들은 향후 헌법과 하위 규범들이 따라야 하는 가장 근본적인 원리들을 합의한다. '원초적 상황'에서 합의 당사자들은 ___(나)___ 등에 대한 정보를 모르는 상태에 놓이게 되는데 이를 '무지의 베일'이라고 한다. 단, 합의 당사자들은 ___(다)___ 와/과 같은 사회에 대한 일반적 지식을 알고 있으며, 공적으로 합의된 규칙을 준수하고, 합리적인 욕구를 추구할 수 있는 존재로 간주된다. 롤즈는 이러한 '무지의 베일' 상태에서 사회 체제의 기본 원칙들에 만장일치로 합의하는 것이 보장된다고 생각하였다. 또한 무지의 베일을 벗은 후에 겪을지 모를 피해를 우려하여 합의 당사자들이 자신의 피해를 최소화할 수 있는 내용을 계약에 포함시킬 것으로 보았다.

위와 같은 원초적 상황을 전제로 합의 당사자들은 정의의 원칙들을 선택하게 된다. 제1원칙은 모든 사람이 다른 개인들의 자유와 양립 가능한 한도 내에서 '기본적 자유'에 대한 평등한 권리를 갖는다는 것인데, 이를 '자유의 원칙'이라고 한다. 여기서 롤즈가 말하는 '기본적 자유'는 양심과 사고 표현의 자유, 정치적 자유 등을 포함한다.

보기

㉠ 자신들의 사회적 계층, 성, 인종, 타고난 재능, 취향
㉡ 자유와 권리, 임금과 재산, 권한과 기회
㉢ 인간의 본성, 제도의 영향력

	(가)	(나)	(다)
①	㉠	㉡	㉢
②	㉡	㉠	㉢
③	㉡	㉢	㉠
④	㉢	㉠	㉡
⑤	㉢	㉡	㉠

18 다음 글의 중심 내용으로 가장 적절한 것은?

> 그리스 철학의 집대성자라고도 불리는 철학자 아리스토텔레스는 자연의 모든 물체는 '자연의 사다리'에 의해 계급화되어 있다고 생각했다. 자연의 사다리는 아래서부터 무생물, 식물, 동물, 인간 그리고 신인데, 이러한 계급에 맞춰 각각에 일정한 기준을 부여했다. 18세기 유럽 철학계와 과학계에서는 이러한 자연의 사다리 사상이 크게 유행을 했으며 사다리의 상층인 신과 인간에게는 높은 이성과 가치가 있고, 그 아래인 동물과 식물에게는 인간보다 낮은 가치가 있다고 보기 시작했다.
>
> 이처럼 서양의 자연관은 인간과 자연을 동일시하던 고대에서 벗어나 인간만이 영혼이 있으며, 이에 따라 인간만이 자연을 지배할 수 있다고 믿는 기독교 중심의 중세시대를 지나, 여러 철학자들을 거쳐 점차 인간이 자연보다 우월한 자연지배관으로 모습이 바뀌기 시작했다. 이러한 자연관을 토대로 서양에서는 자연스럽게 산업혁명 등을 통한 대량소비와 대량생산의 경제성장구조와 가치체계가 발전되어 왔다.
>
> 동양의 자연관 역시 동양철학과 불교 등의 이념과 함께 고대에서 중세세대를 지나게 되었다. 하지만 서양의 인간중심 철학과 달리 동양철학과 불교에서는 자연과 인간을 동일선상에 놓거나 둘의 조화를 중요시 하여 합일론을 주장했다. 이들의 사상은 노자와 장자의 무위자연의 도, 불교의 윤회사상 등에서 살펴볼 수 있다. 대량소비와 대량생산으로 대표되는 자본주의의 한계와 함께 지구온난화, 자원고갈, 생태계 파괴가 대두되는 요즘, 동양의 자연관이 주목받고 있다.

① 서양철학에서 나타나는 부작용
② 자연의 사다리와 산업혁명
③ 철학과 지구온난화의 상관관계
④ 서양의 자연관과 동양의 자연관의 차이
⑤ 서양철학의 문제점과 동양철학을 통한 해결법

19 다음 글의 주장을 강화하는 진술은?

> 변호사인 스티븐 와이즈는 그의 저서에서 사람들에 대해서는 권리를 인정하면서도 동물에 대해서는
> 그렇게 하지 않는 법을 지지할 수 없다고 주장했다. 이렇게 하는 것은 자유인에 대해서는 권리를
> 인정하면서도 노예에 대해서는 그렇게 하지 않는 법과 마찬가지로 불합리하다는 것이다. 동물학자
> 인 제인 구달은 이 책을 동물의 마그나 카르타라고 극찬했으며, 하버드 대학은 저자인 와이즈를 동
> 물권법 교수로 임용했다.
> 와이즈는 동물의 권리에 대해 이야기하면서 권리와 의무와 같은 법적 관계를 논의하기 위한 기초가
> 되는 법철학에 대해서는 별로 다루고 있지 않다. 그가 의존하고 있는 것은 자연과학이다. 특히 유인
> 원이 우리 인간과 얼마나 비슷한지를 알려주는 영장류 동물학의 연구 성과에 기초하여 동물의 권리
> 에 대해 이야기하고 있다.
> 인간이 권리를 갖는 이유는 우리 인간이 생물학적으로 인간종(種)의 일원이기 때문이기도 하지만,
> 법적 권리와 의무의 주체가 될 수 있는 '인격체'이기 때문이다. 예를 들어 자연인(自然人)이 아닌
> 법인(法人)이 권리와 의무의 주체가 되는 것은 그것이 인간종의 일원이기 때문이 아니라 법적으로
> 인격체로 인정받기 때문이다. 인격체는 생물학에서 논의할 개념이 아니라 법철학에서 다루어야 할
> 개념이다.
> 인격체는 공동체의 일원이 될 수 있는 개체를 의미한다. 공동체의 일원이 되기 위해서는 협상, 타협,
> 동의의 능력이 필요하고, 이런 능력을 지닌 개체에게는 권리와 의무 그리고 책임 등이 부여된다.
> 이러한 개념을 바탕으로 사회 질서의 근원적 규칙을 마련할 수 있고 이 규칙은 우리가 사회생활을
> 영위하기 위한 전략을 규정한다. 하지만 이런 전략의 사용은 우리와 마찬가지로 규칙에 기초하여
> 선택된 전략을 사용할 수 있는 개체를 상대할 경우로 국한된다.
> 우리 인간이 동물을 돌보거나 사냥하는 것은 공동체의 규칙에 근거하여 선택한 결정이다. 비록 동물
> 이 생명을 갖는 개체라 하더라도 인격체는 아니기 때문에 동물은 법적권리를 가질 수 없다.

① 애완견에게 유산을 상속하는 것도 법적 효력을 갖는다.

② 여우사냥 반대운동이 확산된 결과 에스키모 공동체가 큰 피해를 입었다.

③ 동물들은 철학적 사유도 못하고 물리학도 못하지만, 인간들 가운데에도 그러한 지적 능력이 없는
   사람은 많다.

④ 어떤 동물은 인간에게 해를 입히거나 인간을 공격하기도 하지만 우리는 그 동물에게 법적 책임을
   묻지 않는다.

⑤ 늑대를 지적이고 사회적인 존재라고 생각한 아메리카 인디언들은 자신들의 초기 문명기에 늑대
   무리를 모델로 하여 사회를 만들었다.

20 다음 글에 대한 반론으로 가장 적절한 것은?

> 법과 정의의 관계는 법학의 고전적인 과제 가운데 하나이다. 때와 장소에 관계없이 누구에게나 보편적으로 받아들여질 수 있는 정의롭고 도덕적인 법을 떠올리게 되는 것은 자연스러운 일이다. 전통적으로 이런 법을 '자연법'이라 부르며 논의해 왔다. 자연법은 인위적으로 제정되는 것이 아니라 인간의 경험에 앞서 존재하는 본질적인 것으로서 신의 법칙이나 우주의 질서 또는 인간 본성에 근원을 둔다. 특히 인간의 본성에 깃든 이성, 다시 말해 참과 거짓, 선과 악을 분별할 수 있는 인간만의 자질은 자연법을 발견해 낼 수 있는 수단이 된다.
>
> 서구 중세의 신학에서는 자연법을 인간 이성에 새겨진 신의 법이라고 이해하여 종교적 권위를 중시하였다. 이후 근대의 자연법 사상에서는 신학의 의존으로부터 독립하여 자연법을 오직 이성으로써 확인할 수 있다고 보았다. 이런 경향을 열었다고 할 수 있는 그로티우스(1583~1645)는 중세의 전통을 수용하면서도 인간 이성에 따른 자연법의 기초를 확고히 하였다. 그는 이성을 통해 확인되고 인간 본성에 합치하는 법 규범은 자연법이자 신의 의지라고 말하면서, 이 자연법은 신도 변경할 수 없는 본질적인 것이라고 주장하였다. 이성의 올바른 인도를 통해 다다르게 되는 자연법은 국가와 실정법을 초월하는 규범이라고 보았다.

① 자연법은 누구에게나 받아들여질 수 있어야 한다.
② 자연법은 명확히 확정하기 어렵기 때문에 현실적으로 효력을 갖춘 실정법만을 법으로 인정해야 한다.
③ 보통 인간만이 가지고 있는 자질이 자연법이 된다.
④ 근대부터 자연법을 신학으로부터 독립적으로 취급했다.
⑤ 그로티우스는 실정법과 자연법을 구별하여 다뤘다.

01 S통신회사는 휴대전화의 통화시간에 따라 월 2시간까지는 기본요금, 2시간 초과 3시간까지는 분당 a원, 3시간 초과부터는 $2a$원을 부과한다. 다음 자료와 같이 요금이 청구되었을 때, a의 값은?

〈휴대전화 이용요금〉

구분	통화시간	요금
1월	3시간 30분	21,600원
2월	2시간 20분	13,600원

① 50
② 80
③ 100
④ 120
⑤ 150

02 다음은 병역자원 현황을 나타낸 표이다. 총지원자 수에 대한 2016 · 2017년 평균과 2022 · 2023년 평균과의 차이는?

〈병역자원 현황〉

(단위 : 만 명)

구분	2016년	2017년	2018년	2019년	2020년	2021년	2022년	2023년
징 · 소집 대상	135.3	128.6	126.2	122.7	127.2	130.2	133.2	127.7
보충역 복무자 등	16.0	14.3	11.6	9.5	8.9	8.6	8.6	8.9
병력동원 대상	675.6	664.0	646.1	687.0	694.7	687.4	654.5	676.4
합계	826.9	806.9	783.9	819.2	830.8	826.2	796.3	813.0

① 11.25만 명
② 11.75만 명
③ 12.25만 명
④ 12.75만 명
⑤ 13.25만 명

03 다음은 10대 무역수지 흑자국에 대한 자료이다. 이에 대한 내용으로 옳지 않은 것은?

〈10대 무역수지 흑자국〉

(단위 : 백만 달러)

구분	2021년		2022년		2023년	
	국가명	흑자액	국가명	흑자액	국가명	흑자액
1	중국	32,457	중국	45,264	중국	47,779
2	홍콩	18,174	홍콩	23,348	홍콩	28,659
3	마샬군도	9,632	미국	9,413	싱가포르	11,890
4	미국	8,610	싱가포르	7,395	미국	11,635
5	멕시코	6,161	멕시코	7,325	베트남	8,466
6	싱가포르	5,745	베트남	6,321	멕시코	7,413
7	라이베리아	4,884	인도	5,760	라이베리아	7,344
8	베트남	4,780	라이베리아	5,401	마샬군도	6,991
9	폴란드	3,913	마샬군도	4,686	브라질	5,484
10	인도	3,872	슬로바키아	4,325	인도	4,793

① 2021년부터 2023년까지 10대 무역수지 흑자국에 2번 이상 포함된 국가의 수는 9개국이다.

② 2023년 1위 흑자국의 액수는 10위 흑자국 액수의 10배 이상이다.

③ 싱가포르의 2021년 대비 2023년의 흑자액은 2배 이상이다.

④ 싱가포르를 제외하고 2021년 대비 2023년의 흑자 증가율이 가장 높은 나라는 베트남이다.

⑤ 2021년부터 2023년까지 매년 순위가 상승하는 나라는 2개국이다.

04 다음은 국민연금 운용수익률 추이를 나타낸 표이다. 이에 대한 내용으로 옳은 것은?

<국민연금 운용수익률 추이>

(단위 : %)

구분		11년 연평균 (2013 ~ 2023년)	5년 연평균 (2019 ~ 2023년)	3년 연평균 (2021 ~ 2023년)	2023년 (2023년 1년간)
전체		5.24	3.97	3.48	−0.92
금융부문		5.11	3.98	3.49	−0.93
	국내주식	4.72	1.30	3.07	−16.77
	해외주식	5.15	4.75	3.79	−6.19
	국내채권	4.84	3.60	2.45	4.85
	해외채권	4.37	3.58	2.77	4.21
	대체투자	8.75	9.87	8.75	11.80
	단기자금	4.08	1.58	1.59	2.43
공공부문		8.26	–	–	–
복지부문		6.34	−1.65	−1.51	−1.52
기타부문		1.69	0.84	0.73	0.96

① 2023년 운용수익률은 모든 부문에서 적자를 기록했다.

② 금융부문 운용수익률은 연평균기간이 짧을수록 꾸준히 증가하고 있다.

③ 공공부문은 조사기간 내내 운용수익률이 가장 높은 부문이다.

④ 국민연금 전체 운용수익률은 연평균기간이 짧을수록 점차 감소하고 있다.

⑤ 단기자금 운용수익률은 매년 증가하고 있다.

05 다음은 국내 수출물가지수를 나타낸 표이다. 이에 대한 설명으로 옳은 것은?

<table>
<tr><th colspan="5">〈2022년 11월 ~ 2023년 2월 국내 수출물가지수〉</th></tr>
<tr><th>구분</th><th>2022년 11월</th><th>2022년 12월</th><th>2023년 1월</th><th>2023년 2월</th></tr>
<tr><td>총지수</td><td>85.82</td><td>83.80</td><td>82.78</td><td>82.97</td></tr>
<tr><td>농산물</td><td>153.48</td><td>179.14</td><td>178.17</td><td>178.24</td></tr>
<tr><td>수산물</td><td>92.40</td><td>91.37</td><td>92.29</td><td>90.02</td></tr>
<tr><td>공산품</td><td>85.71</td><td>83.67</td><td>82.64</td><td>82.84</td></tr>
<tr><td>식료품</td><td>103.76</td><td>103.30</td><td>103.89</td><td>103.78</td></tr>
<tr><td>담배</td><td>96.92</td><td>97.39</td><td>97.31</td><td>97.35</td></tr>
<tr><td>섬유 및 가죽제품</td><td>108.18</td><td>108.94</td><td>111.91</td><td>112.18</td></tr>
<tr><td>의약품</td><td>100.79</td><td>100.56</td><td>101.55</td><td>101.11</td></tr>
<tr><td>기타최종화학제품</td><td>106.53</td><td>105.31</td><td>103.88</td><td>103.57</td></tr>
<tr><td>플라스틱제품</td><td>90.50</td><td>90.13</td><td>90.63</td><td>91.40</td></tr>
<tr><td>전기기계 및 장치</td><td>93.11</td><td>92.64</td><td>92.35</td><td>92.32</td></tr>
<tr><td>반도체 및 전자표시장치</td><td>55.05</td><td>54.18</td><td>51.09</td><td>49.60</td></tr>
<tr><td>컴퓨터 및 주변기기</td><td>60.91</td><td>59.78</td><td>59.47</td><td>59.58</td></tr>
<tr><td>가정용 전기기기</td><td>92.53</td><td>92.08</td><td>91.94</td><td>91.94</td></tr>
<tr><td>정밀기기</td><td>76.03</td><td>75.72</td><td>74.10</td><td>74.12</td></tr>
<tr><td>자동차</td><td>99.97</td><td>99.66</td><td>99.54</td><td>99.48</td></tr>
<tr><td>기타 제조업제품</td><td>108.13</td><td>107.59</td><td>107.54</td><td>107.98</td></tr>
</table>

※ 2021년 동월 같은 분야의 물가지수를 기준(=100)으로 나타낸 지수임

① 2022년 11월 정밀기기 분야의 전년 동월 대비 감소율은 30% 이상이다.
② 2023년 2월 농산물 분야의 물가는 수산물 분야 물가의 2배 미만이다.
③ 물가의 2023년 1월 전월 대비 감소율은 담배 분야가 전기기계 및 장치 분야보다 높다.
④ 2022년 11월과 2022년 12월에 전년 동월 대비 물가가 증가한 분야의 수는 다르다.
⑤ 공산품 분야의 2021년 11월 물가를 250이라고 한다면, 2022년 11월 물가는 190 이상이다.

06 다음은 2023년 우리나라 초·중고생 스마트폰 중독 현황을 나타낸 표이다. 이에 대한 〈보기〉의 설명 중 옳지 않은 것을 모두 고르면?

〈2023년 우리나라 초·중고생 스마트폰 중독 현황〉

(단위 : %)

구분		전체	초등학생(9 ~ 11세)	중고생(12 ~ 17세)
전체		32.38	31.51	32.71
성별	남자	32.88	33.35	32.71
	여자	31.83	29.58	32.72
가구소득별	기초수급	30.91	30.35	31.05
	차상위	30.53	24.21	30.82
	일반	32.46	31.56	32.81
거주지역별	대도시	31.95	30.80	32.40
	중소도시	32.49	32.00	32.64
	농어촌	34.50	32.84	35.07
가족유형별	양부모	32.58	31.75	32.90
	한 부모·조손	31.16	28.83	31.79

※ 각 항목의 전체 인원은 그 항목에 해당하는 초등학생 수와 중고생 수의 합을 말함

보기

ㄱ. 초등학생과 중고생 모두 남자의 스마트폰 중독 비율이 여자의 스마트폰 중독 비율보다 높다.
ㄴ. 한 부모·조손 가족의 스마트폰 중독 비율은 초등학생이 중고생의 70% 이상이다.
ㄷ. 조사대상 중 대도시에 거주하는 초등학생 수는 중고생 수보다 많다.
ㄹ. 초등학생과 중고생 모두 기초수급가구의 경우가 일반가구의 경우보다 스마트폰 중독 비율이 높다.

① ㄴ
② ㄱ, ㄷ
③ ㄱ, ㄹ
④ ㄱ, ㄷ, ㄹ
⑤ ㄴ, ㄷ, ㄹ

07 다음은 2023년 11월 기준 민간부문의 공사완료 후 미분양된 면적별 주택 현황을 나타낸 표이다. 이에 대한 〈보기〉의 설명 중 옳은 것을 모두 고르면?

〈미분양된 면적별 민간부문 주택 현황〉

(단위 : 가구)

구분	면적별 주택유형			합계
	$60m^2$ 미만	$60 \sim 85m^2$	$85m^2$ 초과	
전국	3,453	11,316	1,869	16,638
서울	–	16	4	20
부산	83	179	133	395
대구	–	112	1	113
인천	5	164	340	509
광주	16	27	–	43
대전	148	125	–	273
울산	38	56	14	108
세종	–	–	–	–
경기	232	604	1,129	1,965
기타	2,931	10,033	248	13,212

보기

ㄱ. 면적이 넓은 유형의 주택일수록 공사완료 후 미분양된 민간부문 주택이 많은 지역은 두 곳뿐이다.

ㄴ. 부산의 공사완료 후 미분양된 민간부문 주택 중 면적이 $60 \sim 85m^2$에 해당하는 주택이 차지하는 비중은 면적이 $85m^2$를 초과하는 주택이 차지하는 비중보다 10%p 이상 높다.

ㄷ. 면적이 $60m^2$ 미만인 공사완료 후 미분양된 민간부문 주택 수 대비 면적이 $60 \sim 85m^2$에 해당하는 공사완료 후 미분양된 민간부문 주택 수의 비율은 광주가 울산보다 높다.

① ㄱ

② ㄷ

③ ㄱ, ㄴ

④ ㄴ, ㄷ

⑤ ㄱ, ㄴ, ㄷ

08 다음은 S연구기관의 직종별 인력 현황을 나타낸 표이다. 인력 현황 중 평균 연령을 그래프로 바르게 나타낸 것은?

<S연구기관의 직종별 인력 현황>

(단위 : 명, 세, 만 원)

구분		2018년	2019년	2020년	2021년	2022년
정원	연구 인력	80	80	85	90	95
	지원 인력	15	15	18	20	25
	소계	95	95	103	110	120
현원	연구 인력	79	79	77	75	72
	지원 인력	12	14	17	21	25
	소계	91	93	94	96	97
박사 학위 소지자	연구 인력	52	53	51	52	55
	지원 인력	3	3	3	3	3
	소계	55	56	54	55	58
평균 연령	연구 인력	42.1	43.1	41.2	42.2	39.8
	지원 인력	43.8	45.1	46.1	47.1	45.5
평균 연봉 지급액	연구 인력	4,705	5,120	4,998	5,212	5,430
	지원 인력	4,954	5,045	4,725	4,615	4,540

① (세)

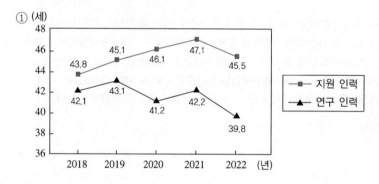

② (세)

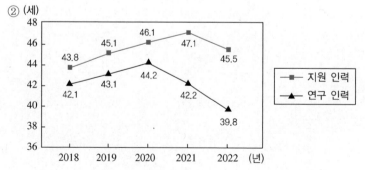

③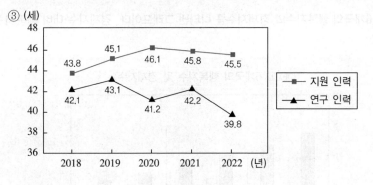

④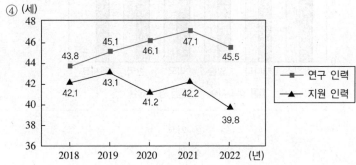

⑤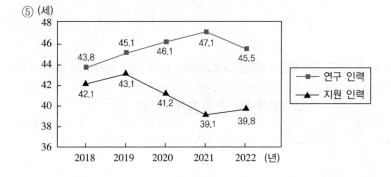

09 다음은 OECD 6개국의 행복지수와 경제지수를 나타낸 그래프이다. 경제지수 대비 행복지수가 가장 큰 나라는?

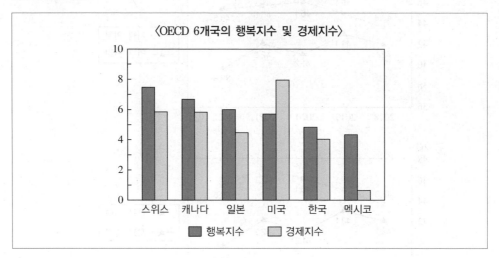

① 스위스　　　　　　　　　　② 일본
③ 미국　　　　　　　　　　　④ 한국
⑤ 멕시코

10 다음은 출생아 수 및 합계 출산율을 나타낸 그래프이다. 이에 대한 내용으로 옳은 것은?

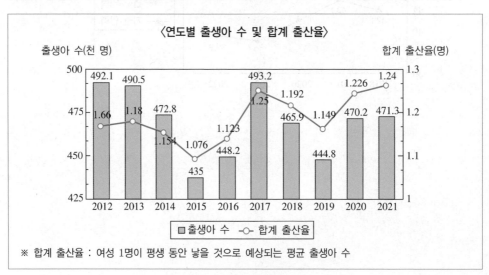

① 2015년의 출생아 수는 2013년에 비해 약 0.6배이다.
② 우리나라의 합계 출산율은 지속적으로 상승하고 있다.
③ 한 여성이 평생 동안 낳을 것으로 예상되는 평균 출생아 수는 2015년에 가장 낮다.
④ 2020년에 비해 2021년에는 합계 출산율이 0.024명 증가했다.
⑤ 2019년 이후 합계 출산율이 상승하고 있으므로 2022년에도 전년보다 증가할 것이다.

11 다음은 청년층 고용에 대한 자료이다. 이에 대한 설명으로 옳지 않은 것은?

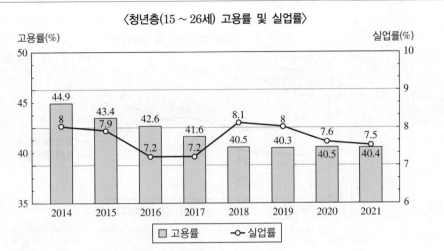

〈청년층(15 ~ 26세) 고용률 및 실업률〉

※ (실업률)=[(실업자수)÷(경제활동인구)]×100
※ (고용률)=[(취업자수)÷(생산가능인구)]×100

〈청년층(15 ~ 26세) 고용동향〉

(단위 : %, 천 명)

구분	2014년	2015년	2016년	2017년	2018년	2019년	2020년	2021년
생산가능인구	9,920	9,843	9,855	9,822	9,780	9,705	9,589	9,517
경제활동인구	4,836	4,634	4,530	4,398	4,304	4,254	4,199	4,156
경제활동참가율	48.8	47.1	46.0	44.8	44.0	43.8	43.8	43.7

※ 생산가능인구 : 만 15세 이상 인구
※ 경제활동인구 : 만 15세 이상 인구 중 취업자와 실업자
※ (경제활동참가율)=[(경제활동인구)÷(생산가능인구)]×100

① 청년층 고용률과 실업률의 변화 추세는 동일하지 않다.
② 전년과 비교했을 때, 2015년에 경제활동인구가 가장 많이 감소했다.
③ 생산가능인구는 매년 감소하고 있다.
④ 청년층 고용률 대비 실업률 비율이 가장 높았던 해는 2018년이다.
⑤ 경제활동참가율은 전체적으로 감소하는 추세이다.

12 다음은 연도별 화재 발생건수 및 피해액을 나타낸 그래프이다. 이에 대한 설명으로 옳지 않은 것은?

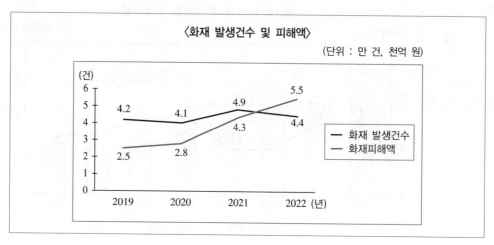

〈화재 발생건수 및 피해액〉

(단위 : 만 건, 천억 원)

① 화재 발생건수와 화재피해액은 비례한다.
② 화재피해액은 매년 증가한다.
③ 화재 발생건수가 가장 높은 해는 2021년이다.
④ 화재피해액은 2021년 이후 처음으로 4천억 원을 넘어섰다.
⑤ 화재 발생건수가 높다고 화재피해액도 높은 것은 아니다.

13 다음은 S지역 전체 가구를 대상으로 원자력발전소 사고 전·후 식수 조달원 변경에 대해 설문조사한 결과이다. 이에 대한 설명으로 옳은 것은?

〈원자력발전소 사고 전·후 S지역 조달원별 가구 수〉

(단위 : 가구)

사고 후 조달원 사고 전 조달원	수돗물	정수	약수	생수
수돗물	40	30	20	30
정수	10	50	10	30
약수	20	10	10	40
생수	10	10	10	40

※ S지역 가구의 식수 조달원은 수돗물, 정수, 약수, 생수로 구성되며, 각 가구는 한 종류의 식수 조달원만 이용함

① 사고 전에 식수 조달원으로 정수를 이용하는 가구 수가 가장 많다.
② 사고 전에 비해 사고 후에 이용 가구 수가 감소한 식수 조달원의 수는 3개이다.
③ 사고 전·후 식수 조달원을 변경한 가구 수는 전체 가구 수의 60% 이하이다.
④ 사고 전에 식수 조달원으로 정수를 이용하던 가구는 모두 사고 후에도 정수를 이용한다.
⑤ 각 식수 조달원 중에서 사고 전·후에 이용 가구 수의 차이가 가장 큰 것은 생수이다.

14 다음은 2023년 경제자유구역 입주 사업체 투자재원조달 실태조사 결과이다. 이에 대한 〈보기〉의 설명 중 옳은 것을 모두 고르면?

〈2023년 경제자유구역 입주 사업체 투자재원조달 실태조사〉

(단위 : 백만 원, %)

구분		전체		국내투자		해외투자	
		금액	비중	금액	비중	금액	비중
국내재원	자체	4,025	57.2	2,682	52.6	1,343	69.3
	정부	2,288	32.5	2,138	42.0	150	7.7
	기타	356	5.0	276	5.4	80	4.2
	소계	6,669	94.7	5,096	100.0	1,573	81.2
해외재원	소계	365	5.3	–	–	365	18.8
합계		7,034	100.0	5,096	100.0	1,938	100.0

보기

ㄱ. 자체 재원조달금액 중 국내투자에 사용되는 금액이 차지하는 비중은 60%를 초과한다.

ㄴ. 해외재원은 모두 해외투자에 사용되고 있다.

ㄷ. 국내재원 중 정부조달금액이 차지하는 비중은 40%를 초과한다.

ㄹ. 국내재원 중 국내투자금액은 해외투자금액의 3배 미만이다.

① ㄱ, ㄴ   ② ㄱ, ㄷ

③ ㄴ, ㄷ   ④ ㄴ, ㄹ

⑤ ㄷ, ㄹ

15 다음은 도로 종류에 따른 월별 교통사고 현황을 나타낸 자료이다. 이에 대한 설명으로 옳지 않은 것은?

〈도로 종류별 월별 교통사고〉

(단위 : 개, 명)

구분	2월			3월			4월		
	발생 건수	사망자 수	부상자 수	발생 건수	사망자 수	부상자 수	발생 건수	사망자 수	부상자 수
일반국도	1,054	53	1,964	1,308	64	2,228	1,369	72	2,387
지방도	1,274	39	2,106	1,568	50	2,543	1,702	44	2,712
특별·광역시도	5,990	77	8,902	7,437	86	10,920	7,653	79	11,195
시도	4,941	86	7,374	6,131	117	9,042	6,346	103	9,666
군도	513	14	756	601	28	852	646	26	959
고속국도	256	16	746	316	20	765	335	15	859
기타	911	11	1,151	1,255	13	1,571	1,335	15	1,653

① 해당 시기 동안 특별·광역시도의 교통사고 발생 건수는 지속적으로 증가한다.

② 3월에 가장 많은 사고가 발생한 도로 종류에서 당월 가장 많은 사망자가 발생했다.

③ 부상자 수는 해당 기간 동안 모든 도로 종류에서 지속적으로 증가하는 추세를 보인다.

④ 한 달 동안 교통사고 사망자 수가 100명이 넘는 도로 종류는 시도가 유일하다.

⑤ 2월부터 4월까지 부상자 수가 가장 적은 도로는 기타를 제외하고 모두 고속국도이다.

16 다음은 S시에 거주하는 20 ~ 30대 청년들의 주거 점유형태를 나타낸 자료이다. 이에 대한 설명으로 옳은 것은?(단, 소수점 둘째 자리에서 반올림한다)

〈20 ~ 30대 청년 주거 점유형태〉

(단위 : 명)

구분	자가	전세	월세	무상	합계
20 ~ 24세	537	1,862	5,722	5,753	13,874
25 ~ 29세	795	2,034	7,853	4,576	15,258
30 ~ 34세	1,836	4,667	13,593	1,287	21,383
35 ~ 39세	2,489	7,021	18,610	1,475	29,595
합계	5,657	15,584	45,778	13,091	80,110

① 20 ~ 24세 전체 인원 중 월세 비중은 40% 미만이고, 자가 비중은 3% 미만이다.

② 20 ~ 24세를 제외한 20 ~ 30대 청년 중에서 무상이 차지하는 비중이 월세 비중보다 더 높다.

③ 20 ~ 30대 인원 대비 자가 비율보다 20대 청년 중에서 자가가 차지하는 비율이 더 낮다.

④ 연령대가 높아질수록 연령대별로 자가 비중이 높아지고, 월세 비중이 낮아진다.

⑤ 20 ~ 30대 연령대에서 월세에 사는 25 ~ 29세 연령대가 차지하는 비율은 10% 이상이다.

17 다음은 S편의점의 3 ~ 8월까지 6개월간 캔 음료 판매현황을 정리한 자료이다. 이에 대한 설명으로 옳지 않은 것은?(단, 3 ~ 5월은 봄, 6 ~ 8월은 여름이다)

〈S편의점 캔 음료 판매현황〉

(단위 : 캔)

구분	맥주	커피	탄산음료	이온음료	과일음료
3월	601	264	448	547	315
4월	536	206	452	523	362
5월	612	184	418	519	387
6월	636	273	456	605	406
7월	703	287	476	634	410
8월	812	312	513	612	419

① 맥주는 매월 커피의 2배 이상 판매되었다.
② 모든 캔 음료는 봄보다 여름에 더 잘 팔렸다.
③ 이온음료는 탄산음료보다 봄에 더 잘 팔렸다.
④ 맥주는 매월 가장 많은 판매 비중을 보이고 있다.
⑤ 모든 캔 음료는 여름에 매월 꾸준히 판매량이 증가하였다.

18 다음은 2018년과 2023년 11월 시도별 이동자 수 및 이동률을 나타낸 자료이다. 이에 대한 설명으로 옳지 않은 것은?

〈2023년 11월 시도별 이동자 수(총전입)〉

(단위 : 명)

지역	전국	서울	부산	대구	인천	광주
이동자 수	650,197	132,012	42,243	28,060	40,391	17,962

〈2018년 11월 시도별 이동률(총전입)〉

(단위 : %)

지역	전국	서울	부산	대구	인천	광주
이동자 수	1.27	1.34	1.21	1.14	1.39	1.23

① 서울의 총전입자 수는 전국의 총전입자 수의 20% 이상이다.
② 서울, 부산, 대구, 인천, 광주 중 대구의 총전입률이 가장 낮다.
③ 서울은 총전입자 수와 총전입률 모두 다른 지역에 비해 가장 높다.
④ 부산의 총전입자 수는 광주의 총전입자 수의 2배 이상이다.
⑤ 총전입자 수가 가장 작은 지역은 광주이다.

19 다음은 최근 5개년의 아동 비만율을 나타낸 자료이다. 이에 대한 〈보기〉의 설명 중 옳은 것을 모두 고르면?

<연도별 아동 비만율>

(단위 : %)

구분	2018년	2019년	2020년	2021년	2022년
유아(만 6세 미만)	11	10.80	10.20	7.40	5.80
어린이(만 6세 이상 만 13세 미만)	9.80	11.90	14.50	18.20	19.70
청소년(만 13세 이상 만 19세 미만)	18	19.20	21.50	24.70	26.10

보기

ㄱ. 조사기간 동안 모든 아동의 비만율은 전년 대비 증가하고 있다.
ㄴ. 조사기간 동안 어린이 비만율은 유아 비만율보다 크고, 청소년 비만율보다 작다.
ㄷ. 2018년 대비 2022년 청소년 비만율의 증가율은 45%이다.
ㄹ. 2022년과 2020년의 비만율 차이가 가장 큰 아동은 어린이이다.

① ㄱ, ㄷ   ② ㄱ, ㄹ
③ ㄴ, ㄷ   ④ ㄴ, ㄹ
⑤ ㄷ, ㄹ

20 다음은 우리나라 사업체 임금과 근로시간을 나타낸 자료이다. 이를 그래프로 나타낸 것으로 옳지 않은 것은?

〈월평균 근로일수, 근로시간, 임금총액 현황〉

(단위 : 일, 시간, 천 원, %)

구분	2015년	2016년	2017년	2018년	2019년	2020년	2021년	2022년
근로일수	22.7	22.3	21.5	21.5	21.5	21.5	21.3	21.1
근로시간	191.2	188.4	184.8	184.4	184.7	182.1	179.9	178.1
주당근로시간	44.1	43.4	42.6	42.5	42.5	41.9	41.4	41.0
전년 대비 근로시간 증감률	-2.0	-1.5	-1.9	-0.2	0.2	-1.4	-1.2	-1.0
임금총액	2,541	2,683	2,802	2,863	3,047	3,019	3,178	3,299
임금총액 상승률	5.7	5.6	4.4	2.2	6.4	-0.9	5.3	3.8

〈사업체 규모별 상용근로자의 근로시간 및 임금총액 현황〉

(단위 : 시간, 천 원)

구분		전규모	5 ~ 9인	10 ~ 29인	30 ~ 99인	100 ~ 299인	300인 이상
2017년	근로시간	184.8	187.0	188.5	187.2	183.8	177.2
	임금총액	2,802	2,055	2,385	2,593	2,928	3,921
2018년	근로시간	184.4	187.3	187.6	185.8	185.1	177.0
	임금총액	2,863	2,115	2,442	2,682	2,957	3,934
2019년	근로시간	184.7	186.9	187.1	187.0	187.9	175.9
	임금총액	3,047	2,212	2,561	2,837	3,126	4,291
2020년	근로시간	182.1	182.9	182.9	184.7	184.3	176.3
	임금총액	3,019	2,186	2,562	2,864	3,113	4,273
2021년	근로시간	179.9	180.8	180.2	183.3	182.8	173.6
	임금총액	3,178	2,295	2,711	3,046	3,355	4,424
2022년	근로시간	178.1	178.9	178.8	180.8	180.3	172.5
	임금총액	3,299	2,389	2,815	3,145	3,484	4,583

① (시간, 일)

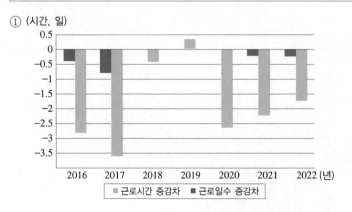

② (천 원)

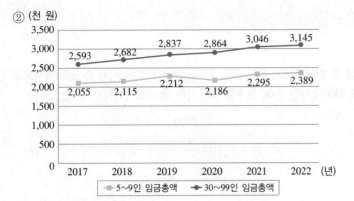

③ (년)

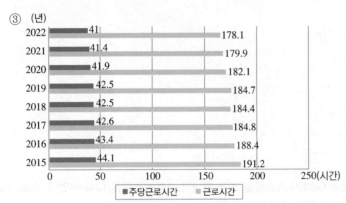

④ (시간)

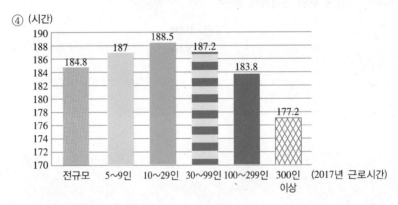

⑤ (시간)

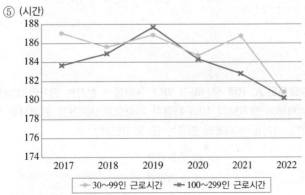

01 S대리는 주말마다 집 앞 산책로에서 운동한다. 10km인 산책로를 시속 3km의 속력으로 걷다가 중간에 시속 6km로 뛰어 2시간 만에 완주할 때, 시속 6km로 뛰어간 거리는?

① 4km ② 6km

③ 8km ④ 10km

⑤ 12km

02 농도가 15%인 소금물 800g에서 소금물을 조금 퍼내고, 150g의 물을 다시 부었다. 이때 소금물의 농도가 12%라면, 처음에 퍼낸 소금물의 양은?

① 100g ② 150g

③ 200g ④ 250g

⑤ 300g

03 S회사에서는 원가가 같은 주요품목 A, B를 생산하고 있다. A제품의 정가는 원가의 25%를 붙여 192개를 팔았고, B제품은 A제품의 정가보다 10% 저렴한 가격으로 960개를 판매하여 이번 달 총매출액이 6,600만 원이었다. A제품 400개의 원가는 총 얼마인가?

① 2,000만 원 ② 2,100만 원

③ 2,200만 원 ④ 2,300만 원

⑤ 2,400만 원

04 A가 혼자 하면 4일, B가 혼자 하면 6일 걸리는 일이 있다. A가 먼저 2일 동안 일을 하고 남은 양을 B가 끝마치려 한다. B는 며칠 동안 일을 해야 하는가?

① 2일

② 3일

③ 4일

④ 5일

⑤ 6일

4일 차

05 장난감 A기차와 B기차가 4cm/s의 일정한 속력으로 달리고 있다. A기차가 12초, B기차가 15초에 0.3m 길이의 터널을 완전히 지났을 때, A기차와 B기차의 길이의 합은?

① 46cm

② 47cm

③ 48cm

④ 49cm

⑤ 50cm

06 A대리는 거래처와의 외부 미팅으로 인근에 있는 유료주차장에 차량을 세워 두었다. 유료주차장은 처음 1시간까지는 기본요금 2,000원이 발생하고, 1시간부터 2시간 사이에는 10분당 x원 그리고 2시간부터 3시간 사이에는 15분당 y원이 발생한다. A대리는 1시간 30분 동안 주차한 요금으로 총 5,000원을 냈고, 같은 곳에 주차한 거래처 직원도 2시간 30분 동안 주차한 요금으로 총 11,000원을 냈다고 할 때, x와 y의 합은?

① 2,000

② 2,500

③ 3,000

④ 3,500

⑤ 4,000

07 농도가 30%인 설탕물을 창가에 두고 물 50g을 증발시켜 농도가 35%인 설탕물을 만들었다. 여기에 설탕을 더 넣어 40%의 설탕물을 만든다면 몇 g의 설탕을 넣어야 하는가?

① 20g   ② 25g

③ 30g   ④ 35g

⑤ 40g

08 평상시에 A아파트 12층까지 올라갈 때, 엘리베이터를 이용하면 1분 15초가 걸리고, 비상계단을 이용하면 6분 50초가 걸린다. A아파트는 저녁 8시부터 8시 30분까지 사람들이 몰려서, 엘리베이터 이용 시간이 2분마다 35초씩 늘어난다. 저녁 8시부터 몇 분이 지나면 엘리베이터를 이용하는 것보다 계단을 이용할 때 12층에 빨리 도착하는가?(단, 정수 단위로 분을 계산한다)

① 12분   ② 14분

③ 16분   ④ 18분

⑤ 20분

09 다이어트를 결심한 철수는 월요일부터 일요일까지 하루에 한 가지씩 운동을 하는 계획을 세우려 한다. 다음 내용을 참고할 때, 철수가 세울 수 있는 일주일간 운동 계획의 수는?

> • 7일 중 4일은 수영을 한다.
> • 수영을 하지 않는 날 중 이틀은 농구, 야구, 테니스 중 매일 서로 다른 종목 하나씩을 선택하고 남은 하루는 배드민턴, 검도, 줄넘기 중 한 종목을 선택한다.

① 630가지   ② 840가지

③ 1,270가지   ④ 1,680가지

⑤ 1,890가지

10 민섭이는 가족여행을 하려고 한다. 총경비의 $\frac{1}{3}$은 숙박비이고, $\frac{1}{3}$은 왕복 항공권 비용이다. 숙박비와 항공권 비용을 쓰고 남은 경비의 $\frac{1}{6}$은 교통비로 사용하고, 이외의 나머지 경비를 40만 원으로 책정할 때, 예상하는 총경비는?

① 138만 원 　　　　　　　　　　② 140만 원

③ 142만 원 　　　　　　　　　　④ 144만 원

⑤ 146만 원

11 내일은 축구경기가 있는 날인데 비가 올 확률은 $\frac{2}{5}$이다. 비가 온다면 이길 확률이 $\frac{1}{3}$, 비가 오지 않는다면 이길 확률이 $\frac{1}{4}$일 때, 이길 확률은?

① $\frac{4}{15}$ 　　　　　　　　　　② $\frac{17}{60}$

③ $\frac{3}{10}$ 　　　　　　　　　　④ $\frac{19}{60}$

⑤ $\frac{1}{2}$

12 민솔이와 현진이가 달리기를 하는데 민솔이는 출발 지점에서 초속 7m, 현진이는 민솔이보다 40m 앞에서 초속 5m로 동시에 출발하였다. 두 사람이 만나는 것은 출발한 지 몇 초 후인가?

① 11초 　　　　　　　　　　② 14초

③ 20초 　　　　　　　　　　④ 23초

⑤ 27초

13 물통에 물을 가득 채우는 데 A관은 10분, B관은 15분 걸린다. 두 관을 모두 사용하면 몇 분 만에 물을 가득 채울 수 있는가?

① 3분   ② 4분

③ 5분   ④ 6분

⑤ 7분

14 13%의 소금물 400g과 7%의 소금물 200g을 섞은 후, 농도를 알 수 없는 소금물 100g을 섞었더니 22%의 소금물이 되었다. 농도를 알 수 없는 소금물의 농도는?

① 66%   ② 78%

③ 88%   ④ 92%

⑤ 96%

15 S학생은 5지선다형 문제 2개를 풀고자 한다. 첫 번째 문제의 정답은 선택지 중 1개이지만, 두 번째 문제의 정답은 선택지 중 2개이며, 모두 맞혀야 정답으로 인정된다. 두 문제 중 하나만 맞힐 확률은?

① 18%   ② 20%

③ 26%   ④ 30%

⑤ 44%

16 경림이와 소정이가 같은 지점에서 출발한 후, 서로 반대 방향으로 경림이는 시속 $x$km, 소정이는 시속 6km로 걸어갔다. 2시간 20분 후에 둘 사이의 거리가 24.5km가 되었다고 할 때, 경림이의 걸음 속도는?

① 4km/h   ② 4.5km/h

③ 5km/h   ④ 5.5km/h

⑤ 6km/h

17 학생회장을 포함한 학생 4명과 A ~ H교수 8명 중 위원회를 창설하기 위한 대표 5명을 뽑으려고 한다. 학생회장과 A교수가 동시에 위원회 대표가 될 수 없을 때, 위원회를 구성할 수 있는 경우의 수는?(단, 교수와 학생의 구성 비율은 신경 쓰지 않는다)

① 588가지   ② 602가지

③ 648가지   ④ 658가지

⑤ 672가지

18 첫째와 둘째, 둘째와 셋째의 터울이 각각 3살인 A, B, C 삼 형제가 있다. 3년 후면 막내 C의 나이는 첫째 A 나이의 $\frac{2}{3}$ 가 된다고 한다. A, B, C의 나이를 모두 더하면 얼마인가?

① 33   ② 36

③ 39   ④ 45

⑤ 48

19 톱니 수가 각각 6개, 8개, 10개, 12개인 톱니바퀴 A, B, C, D가 일렬로 있다. A는 B와 맞닿아 있고, B는 A, C와 C는 B, D와 맞닿아 있다. A가 12바퀴 회전을 할 때, B와 D는 각각 몇 번 회전하는가?

① 6번, 10번   ② 9번, 6번

③ 6번, 8번   ④ 9번, 5번

⑤ 6번, 7번

20 8%의 소금물 400g에 3%의 소금물 몇 g을 넣으면 5%의 소금물이 되는가?

① 600g   ② 650g

③ 700g   ④ 750g

⑤ 800g

※ 마지막 명제가 참일 때, 빈칸에 들어갈 명제로 가장 적절한 것을 고르시오. [1~3]

01

> • 낡은 것을 버려야 새로운 것을 채울 수 있다.
> • _____
> 그러므로 새로운 것을 채우지 않는다면 더 많은 세계를 경험할 수 없다.

① 새로운 것을 채운다면 낡은 것을 버릴 수 있다.
② 낡은 것을 버리지 않는다면 새로운 것을 채울 수 없다.
③ 새로운 것을 채운다면 더 많은 세계를 경험할 수 있다.
④ 낡은 것을 버리지 않는다면 더 많은 세계를 경험할 수 없다.
⑤ 더 많은 세계를 경험하지 못한다면 새로운 것을 채울 수 없다.

02

> • A세포가 있는 동물은 물체의 상을 감지할 수 없다.
> • B세포가 없는 동물은 물체의 상을 감지할 수 있다.
> • _____
> 그러므로 A세포가 있는 동물은 빛의 유무를 감지할 수 있다.

① 빛의 유무를 감지할 수 있는 동물은 B세포가 있다.
② B세포가 없는 동물은 빛의 유무를 감지할 수 없다.
③ B세포가 있는 동물은 빛의 유무를 감지할 수 있다.
④ 물체의 상을 감지할 수 있는 동물은 빛의 유무를 감지할 수 있다.
⑤ 빛의 유무를 감지할 수 없는 동물은 물체의 상을 감지할 수 없다.

03

> • 승리했다면 팀플레이가 되었다는 것이다.
> • _____
> 그러므로 패스하지 않으면 승리하지 못한다.

① 팀플레이가 된다면 패스했다는 것이다.
② 팀플레이가 된다면 승리하지 못한다.
③ 승리했다면 패스했다는 것이다.
④ 팀플레이가 된다면 승리한다.
⑤ 패스하면 팀플레이가 된다.

04 20대 남녀, 30대 남녀, 40대 남녀 6명이 뮤지컬 관람을 위해 공연장을 찾았다. 다음 〈조건〉을 참고할 때, 항상 옳은 것은?

조건
- 양 끝자리에는 다른 성별이 앉는다.
- 40대 남성은 왼쪽에서 두 번째 자리에 앉는다.
- 30대 남녀는 서로 인접하여 앉지 않는다.
- 30대와 40대는 인접하여 앉지 않는다.
- 30대 남성은 맨 오른쪽 끝자리에 앉는다.

〈뮤지컬 관람석〉

① 20대 남녀는 왼쪽에서 첫 번째 자리에 앉을 수 없다.
② 20대 남녀는 서로 인접하여 앉는다.
③ 40대 남녀는 서로 인접하여 앉지 않는다.
④ 20대 남성은 40대 여성과 인접하여 앉는다.
⑤ 30대 남성은 20대 여성과 인접하여 앉지 않는다.

05 S사의 A ~ D는 각각 다른 팀에 근무하는데, 각 팀은 2층, 3층, 4층, 5층에 위치하고 있다. 다음 〈조건〉을 참고할 때, 항상 참인 것은?

조건
- A, B, C, D 중 2명은 부장, 1명은 과장, 1명은 대리이다.
- 대리의 사무실은 B보다 높은 층에 있다.
- B는 과장이다.
- A는 대리가 아니다.
- A의 사무실이 가장 높다.

① 부장 중 1명은 반드시 2층에 근무한다.
② A는 부장이다.
③ 대리는 4층에 근무한다.
④ B는 2층에 근무한다.
⑤ C는 대리이다.

06 다음 중 제시된 명제를 통해 추론할 수 없는 것은?

> • 운동을 좋아하는 사람은 담배를 좋아하지 않는다.
> • 커피를 좋아하는 사람은 담배를 좋아한다.
> • 커피를 좋아하지 않는 사람은 주스를 좋아한다.
> • 과일을 좋아하는 사람은 커피를 좋아하지 않는다.

① 운동을 좋아하는 사람은 커피를 좋아하지 않는다.
② 주스를 좋아하지 않는 사람은 담배를 좋아한다.
③ 과일을 좋아하는 사람은 담배를 좋아한다.
④ 운동을 좋아하는 사람은 주스를 좋아한다.
⑤ 과일을 좋아하는 사람은 주스를 좋아한다.

07 S사는 공개 채용을 통해 4명의 남자 사원과 2명의 여자 사원을 최종 선발하였고, 선발된 6명의 신입 사원을 기획부, 인사부, 구매부 세 부서에 배치하려고 한다. 다음 〈조건〉에 따라 신입 사원을 배치할 때, 옳지 않은 것은?

> 조건
> • 기획부, 인사부, 구매부 각 부서에 적어도 1명의 신입 사원을 배치한다.
> • 기획부, 인사부, 구매부에 배치되는 신입 사원의 수는 서로 다르다.
> • 부서별로 배치되는 신입 사원의 수는 구매부가 가장 적고, 기획부가 가장 많다.
> • 여자 신입 사원만 배치되는 부서는 없다.

① 인사부에는 2명의 신입 사원이 배치된다.
② 구매부에는 1명의 남자 신입 사원이 배치된다.
③ 기획부에는 반드시 여자 신입 사원이 배치된다.
④ 인사부에는 반드시 여자 신입 사원이 배치된다.
⑤ 인사부에는 1명 이상의 남자 신입 사원이 배치된다.

※ 제시된 명제가 모두 참일 때, 다음 중 빈칸에 들어갈 전제로 가장 적절한 것을 고르시오. [8~10]

08

전제1. 한씨는 부동산을 구두로 양도했다.
전제2. _____
결론. 한씨의 부동산 양도는 무효다.

① 무효가 아니면, 부동산을 구두로 양도했다.
② 부동산을 구두로 양도하지 않으면, 무효다.
③ 부동산을 구두로 양도하면, 무효다.
④ 부동산을 구두로 양도하면, 무효가 아니다.
⑤ 구두로 양보하지 않으면, 무효가 아니다.

09

전제1. 봄이 오면 꽃이 핀다.
전제2. _____
결론. 봄이 오면 제비가 돌아온다.

① 제비가 돌아오지 않으면, 꽃이 핀다.
② 제비가 돌아오지 않으면, 꽃이 피지 않는다.
③ 꽃이 피면, 봄이 오지 않는다.
④ 꽃이 피면, 제비가 돌아오지 않는다.
⑤ 제비가 돌아오면, 꽃이 핀다.

10

전제1. 연예인이 모델이면 매출액이 증가한다.
전제2. _____
결론. 연예인이 모델이면 브랜드 인지도가 높아진다.

① 브랜드 인지도가 높아지면, 연예인이 모델이다.
② 브랜드 인지도가 높아지면, 매출액이 줄어든다.
③ 매출액이 줄어들면, 브랜드 인지도가 높아진다.
④ 매출액이 증가하면, 브랜드 인지도가 높아진다.
⑤ 매출액이 증가하면, 브랜드 인지도가 낮아진다.

11 S사의 A ~ F팀은 월요일부터 토요일까지 하루에 2팀씩 함께 회의를 진행한다. 다음 〈조건〉을 참고할 때, 반드시 참인 것은?(단, 월요일부터 토요일까지 각 팀의 회의 진행 횟수는 서로 같다)

> **조건**
> • 오늘은 목요일이고 A팀과 F팀이 함께 회의를 진행했다.
> • B팀은 A팀과 연이은 요일에 회의를 진행하지 않는다.
> • B팀은 오늘을 포함하여 이번 주에는 더 이상 회의를 진행하지 않는다.
> • C팀은 월요일에 회의를 진행했다.
> • D팀과 C팀은 이번 주에 B팀과 한 번씩 회의를 진행한다.
> • A팀과 F팀은 이번 주에 이틀을 연이어 함께 회의를 진행한다.

① E팀은 수요일과 토요일 하루 중에만 회의를 진행한다.
② 화요일에 회의를 진행한 팀은 B팀과 E팀이다.
③ C팀과 E팀은 함께 회의를 진행하지 않는다.
④ C팀은 월요일과 수요일에 회의를 진행했다.
⑤ F팀은 목요일과 금요일에 회의를 진행한다.

12 카페를 운영 중인 S씨는 4종류의 음료를 여름 한정 메뉴로 판매하기로 결정하였고, 이를 위해 해당 음료의 재료를 유통하는 업체 두 곳을 선정하려 한다. 선정된 유통업체는 서로 다른 메뉴의 재료를 담당해야 하며, 반드시 담당하는 메뉴에 필요한 재료를 모두 공급해야 한다. 다음 중 S씨가 선정할 두 업체로 옳은 것은?

> **조건**
> • A, B, C, D업체는 각각 5가지 재료 중 3종류의 재료를 유통한다.
> • 모든 업체가 유통하는 재료가 있다.
> • A업체가 유통하는 재료들로 카페라테를 만들 수 있다.
> • B업체가 유통하는 재료들로는 카페라테를 만들 수 있지만, 아포가토는 만들 수 없다.
> • C업체는 딸기를 유통하지 않으나, D업체는 딸기를 유통한다.
> • 팥은 B업체를 제외하고 모든 업체가 유통한다.
> • 우유를 유통하는 업체는 두 곳이다.

〈메뉴별 필요한 재료〉

구분	재료
카페라테	커피 원두, 우유
아포가토	커피 원두, 아이스크림
팥빙수	아이스크림, 팥
딸기라테	우유, 딸기

① A업체, B업체
② A업체, C업체
③ B업체, C업체
④ B업체, D업체
⑤ C업체, D업체

13 A ~ F 6명은 피자 3판을 모두 같은 양으로 나누어 먹기로 하였다. 피자 3판은 각각 동일한 크기로 8조각으로 나누어져 있다. 다음 〈조건〉을 고려하여 앞으로 2조각을 더 먹어야 하는 사람은?

> **조건**
> • 현재 총 6조각이 남아있다.
> • A, B, E는 같은 양을 먹었고, 나머지는 모두 먹은 양이 달랐다.
> • F는 D보다 적게 먹었으며, C보다는 많이 먹었다.

① A, B, E   ② C
③ D   ④ F
⑤ 없다.

14 경찰은 용의자 5명을 대상으로 수사를 벌이고 있다. 범인을 검거하기 위해 경찰은 용의자 5명을 심문하였고, 5명은 다음과 같이 진술하였다. 이 중 2명의 진술은 참이고, 3명의 진술은 거짓이라고 할 때, 범인을 고르면?(단, 범행 현장에는 범죄자와 목격자가 있고, 범죄자는 목격자가 아니며, 모든 사람은 참이나 거짓만 말한다)

> A : 나는 범인이 아니고, 나와 E만 범행 현장에 있었다.
> B : C와 D는 범인이 아니고, 목격자는 2명이다.
> C : 나는 B와 함께 있었고, 범행 현장에 있지 않았다.
> D : C의 말은 모두 참이고, B가 범인이다.
> E : 나는 범행 현장에 있었고, A가 범인이다.

① A   ② B
③ C   ④ D
⑤ E

15

- 사과를 좋아하면 배를 좋아하지 않는다.
- 귤을 좋아하면 배를 좋아한다.
- 귤을 좋아하지 않으면 오이를 좋아한다.

① 사과를 좋아하면 오이를 좋아하지 않는다.

② 배를 좋아하면 오이를 좋아한다.

③ 귤을 좋아하면 사과를 좋아한다.

④ 배를 좋아하지 않으면 사과를 좋아한다.

⑤ 사과를 좋아하면 오이를 좋아한다.

16

- 갑과 을 앞에 감자칩, 쿠키, 비스킷이 놓여 있다.
- 세 가지의 과자 중에는 각자 좋아하는 과자가 반드시 있다.
- 갑은 감자칩과 쿠키를 싫어한다.
- 을이 좋아하는 과자는 갑이 싫어하는 과자이다.

① 갑은 좋아하는 과자가 없다.

② 갑은 비스킷을 싫어한다.

③ 을은 비스킷을 싫어한다.

④ 갑과 을이 같이 좋아하는 과자가 있다.

⑤ 갑과 을이 같이 싫어하는 과자가 있다.

17

- 도보로 걷는 사람은 자가용을 타지 않는다.
- 자전거를 타는 사람은 자가용을 탄다.
- 자전거를 타지 않는 사람은 버스를 탄다.

① 자가용을 타는 사람은 도보로 걷는다.
② 버스를 타지 않는 사람은 자전거를 타지 않는다.
③ 버스를 타는 사람은 도보로 걷는다.
④ 도보로 걷는 사람은 버스를 탄다.
⑤ 도보로 걷는 사람은 자전거를 탄다.

18   S사는 사내 직원들의 친목 도모를 위해 산악회를 운영하고 있다. A ~ D 중 최소 1명 이상이 산악회 회원이라고 할 때, 다음 내용에 따라 항상 참인 것은?

- C가 산악회 회원이면 D도 산악회 회원이다.
- A가 산악회 회원이면 D는 산악회 회원이 아니다.
- D가 산악회 회원이 아니면 B가 산악회 회원이 아니거나 C가 산악회 회원이다.
- D가 산악회 회원이면 B는 산악회 회원이고 C도 산악회 회원이다.

① A는 산악회 회원이다.
② B는 산악회 회원이 아니다.
③ C는 산악회 회원이 아니다.
④ B와 D의 산악회 회원 여부는 같다.
⑤ A ~ D 중 산악회 회원은 2명이다.

19 수영, 슬기, 경애, 정서, 민경의 머리 길이가 서로 다르다고 할 때, 다음을 읽고 바르게 추론한 것은?

- 수영이는 단발머리로 슬기와 경애의 머리보다 짧다.
- 정서의 머리는 수영보다 길지만, 슬기보다는 짧다.
- 경애의 머리는 정서보다 길지만, 슬기보다는 짧다.
- 민경의 머리는 경애보다 길지만, 다섯 명 중에 가장 길지는 않다.

① 경애는 단발머리이다.
② 슬기의 머리가 가장 길다.
③ 민경의 머리는 슬기보다 길다.
④ 수영의 머리가 다섯 명 중 가장 짧지는 않다.
⑤ 머리가 긴 순서대로 나열하면 '슬기 – 정서 – 민경 – 경애 – 수영'이다.

20 낮 12시경 준표네 집에 도둑이 들었다. 목격자에 의하면 도둑은 한 명이다. 이 사건의 용의자로는 A~E 다섯 명이 있고, 이들의 진술 내용은 다음과 같이 기록되어 있다. 다섯 명 중 오직 두 명만이 거짓말을 하고 있고, 거짓말을 하는 두 명 중 한 명이 범인이라면 누가 범인인가?

A : 나는 사건이 일어난 낮 12시에 학교에 있었다.
B : 그날 낮 12시에 나는 A, C와 함께 있었다.
C : B는 그날 낮 12시에 A와 부산에 있었다.
D : B의 진술은 참이다.
E : C는 그날 낮 12시에 나와 단 둘이 함께 있었다.

① A   ② B
③ C   ④ D
⑤ E

※ 일정한 규칙으로 수를 나열할 때, 빈칸에 들어갈 알맞은 수를 고르시오. **[1~16]**

01

$$\frac{1}{3} \quad \frac{2}{3} \quad \frac{2}{6} \quad \frac{5}{12} \quad \frac{11}{60} \quad (\quad)$$

① $\dfrac{59}{360}$　　　　　　　② $\dfrac{34}{480}$

③ $\dfrac{59}{660}$　　　　　　　④ $\dfrac{62}{720}$

⑤ $\dfrac{59}{840}$

02

$$-7 \quad -4.5 \quad -1 \quad (\quad) \quad 9$$

① 1.5　　　　　　　② 3.5

③ 4　　　　　　　④ 6.5

⑤ 7

03

$$(\quad) \quad \frac{2}{7} \quad \frac{4}{21} \quad \frac{8}{63} \quad \frac{16}{189} \quad \frac{32}{567}$$

① $\dfrac{1}{7}$　　　　　　　② $\dfrac{2}{7}$

③ $\dfrac{3}{7}$　　　　　　　④ $\dfrac{4}{7}$

⑤ $\dfrac{5}{7}$

04

$\frac{3}{17}$	$\frac{9}{21}$	$\frac{27}{29}$	$\frac{81}{41}$	$\frac{243}{57}$	( )

① $\frac{727}{79}$　　　　　　　　　　② $\frac{729}{77}$

③ $\frac{741}{77}$　　　　　　　　　　④ $\frac{741}{78}$

⑤ $\frac{762}{77}$

05

2	83	10	90	50	97	( )	104

① 150　　　　　　　　　　② 200

③ 250　　　　　　　　　　④ 300

⑤ 350

06

5	8	17	44	125	( )

① 365　　　　　　　　　　② 368

③ 371　　　　　　　　　　④ 374

⑤ 377

07

| 1 | 3 | 6 | 11 | (|) | 29 |

① 16   ② 18
③ 21   ④ 23
⑤ 24

08

| 121 | 144 | 169 | (|) | 225 | 256 |

① 182   ② 186
③ 192   ④ 196
⑤ 198

09

| 2 | 3 | 5 | 9 | 17 | 33 | (|) |

① 71   ② 68
③ 65   ④ 62
⑤ 60

10

| −8 | −2 | 10 | 34 | 82 | 178 | (|) |

① 297   ② 356
③ 360   ④ 370
⑤ 380

11

	( )	2	6	−12	−8	16

① −1   ② 0

③ 3   ④ 4

⑤ 5

12

	2	3	7	16	32	57	( )

① 88   ② 90

③ 93   ④ 95

⑤ 96

13

	4	2	20	5	( )	74	10	5	125

① 3   ② 5

③ 6   ④ 7

⑤ 8

14

| | 6 | 3 | 45 | 10 | ( ) | 60 | 8 | 4 | 60 | |

① 2   ② 3
③ 4   ④ 5
⑤ 6

15

| | 5 | 1 | 2 | 3 | 9 | 4 | 8 | ( ) | 6 | |

① 2   ② 7
③ 10   ④ 11
⑤ 12

16

| | 6 | 3 | 3 | 10 | ( ) | 6 | 8 | 4 | 3 | |

① 2   ② 3
③ 4   ④ 5
⑤ 6

17 다음 수열의 101번째 항의 값은?

$$\frac{7}{11} \qquad \frac{2}{22} \qquad -\frac{3}{33} \qquad -\frac{8}{44} \qquad \cdots$$

① $-\dfrac{327}{1,111}$ 　　　　　② $-\dfrac{327}{1,100}$

③ $-\dfrac{493}{1,111}$ 　　　　　④ $-\dfrac{493}{1,100}$

⑤ $-\dfrac{511}{1,100}$

18 다음 수열의 15번째 항의 값은?

| | 6 | 13 | 26 | 45 | 70 | 101 | 138 | $\cdots$ |

① 610 　　　　　② 620

③ 630 　　　　　④ 640

⑤ 650

19 다음 수열의 2,023번째 항의 값은?

	−3	2	−5	4	−7	8	−9	16	⋯

① −2,021
③ −2,025
⑤ −2,029

② −2,023
④ −2,027

20 다음 수열의 11번째 항의 값은?

	1,000	995	1,005	985	1,025	945	1,105	785	⋯

① 2,385
③ 2,705
⑤ 3,125

② 2,575
④ 2,945

SD에듀

합격의 공식
SD에듀

S D E D U

배우기만 하고 생각하지 않으면 얻는 것이 없고,

생각만 하고 배우지 않으면 위태롭다.

- 공자 -

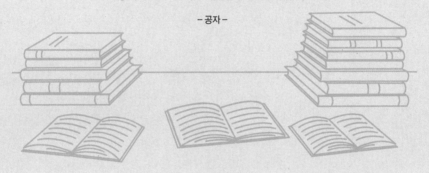

5일 차

심층역량 / 면접

01 심층역량

01 개요

SKCT 심층검사는 타기업의 인성검사와 유사하다고 볼 수 있다. SK그룹이 원하는 '일 잘하는 인재'가 직무를 수행하는 데 필요한 성격, 가치관, 태도를 측정하는 테스트이다.

구분	출제유형
유형 Ⅰ	자신이 성향과 가까운 정도에 따라 '① 전혀 그렇지 않다, ② 그렇지 않다, ③ 조금 그렇지 않다, ④ 조금 그렇다, ⑤ 그렇다, ⑥ 매우 그렇다'를 선택하고, 3개의 문장 중 자신의 성향과 가장 먼 것(멀다)과 가까운 것(가깝다)을 선택하는 문제
유형 Ⅱ	제시된 두 문장에 대해 자신이 동의하는 정도에 따라 '① 전혀 그렇지 않다, ② 그렇지 않다, ③ 그렇다, ④ 매우 그렇다'로 응답하는 문제

※ 계열사별로 시행 여부에 차이가 있을 수 있다.
※ 2023년도 하반기 SKCT에서는 유형 Ⅰ은 45분 동안 240문항, 유형 Ⅱ는 25분 동안 150문항에 응답해야 했다.

02 수검요령 및 유의사항

심층검사는 특별한 수검요령이 없다. 다시 말하면 모범답안도 없고, 정답도 없다는 이야기이다. 또한 국어문제처럼 말의 뜻을 풀이하는 것도 아니다. 굳이 수검요령을 말하자면, 진실하고 솔직한 자신의 생각이 모범답안이라고 할 수 있다.

심층검사에서 가장 중요한 것은 첫째, 솔직한 답변이다. 자신이 지금까지 경험을 통해서 축적해 온 생각과 행동을 허구 없이 솔직하게 기재하는 것이다. 예를 들어, "나는 타인의 물건을 훔치고 싶은 충동을 느껴본 적이 있다."라는 질문에 피검사자들은 많은 생각을 하게 된다. 생각해 보라. 유년기에 또는 성인이 되어서 타인의 물건을 훔치는 일을 저지른 적은 없더라도, 훔치고 싶은 충동은 누구나 조금이라도 다 느껴보았을 것이다. 그런데 이 질문에 고민을 하는 사람이 간혹 있다. 이 질문에 "예"라고 대답하면 담당 검사관들이 자신을 사회적으로 문제가 있는 사람으로 여기지는 않을까 하는 생각에 "아니요"라는 답을 기재하게 된다. 이런 솔직하지 않은 답변은 답변의 신뢰와 솔직함을 나타내는 타당성 척도에 좋지 않은 점수를 주게 된다.

둘째, 일관성 있는 답변이다. 심층검사의 수많은 질문 문항 중에는 비슷한 뜻의 질문이 여러 개 숨어 있는 경우가 많이 있다. 그 질문들은 피검사자의 '솔직한 답변'과 '심리적인 상태'를 알아보기 위해 내포되어 있는 문항들이다. 가령 "나는 유년시절 타인의 물건을 훔친 적이 있다."라는 질문에 "예"라고 대답했는데, "나는 유년시절 타인의 물건을 훔쳐보고 싶은 충동을 느껴본 적이 있다."라는 질문에는 "아니요"라는 답을 기재한다면 어떻겠는가? 일관성 없이 '대충 기재하자.'라는 식의 심리적 무성의한 답변이 되거나, 정신적으로 문제가 있는 사람으로 보일 수 있다.

심층검사는 많은 문항 수를 풀어나가기 때문에 피검사자들은 지루함과 따분함을 느낄 수 있고 반복된 의미의 질문으로 의한 인내상실 등이 나타날 수 있다. 인내를 가지고 솔직하게 자신의 생각을 대답하는 것이 무엇보다 중요한 요령이다.

수검 시 유의사항

(1) 충분한 휴식으로 불안을 없애고 정서적인 안정을 취한다. 심신이 안정되어야 자신의 마음을 표현할 수 있다.
(2) 생각나는 대로 솔직하게 응답한다. 자신을 너무 과대포장하지도, 너무 비하시키지도 말라. 답변을 꾸며서 하면 앞뒤가 맞지 않게끔 구성돼 있어 불리한 평가를 받게 되므로 솔직하게 답하도록 한다.
(3) 검사문항에 대해 지나치게 골똘히 생각해서는 안 된다. 지나치게 몰두하면 엉뚱한 답변이 나올 수 있으므로 불필요한 생각은 삼간다.

03 심층검사 모의연습

※ 심층검사는 정답이 따로 없는 유형의 검사이므로 결과지를 제공하지 않습니다.

유형 Ⅰ

※ 각 문항을 읽고 ①~⑥ 중 자신의 성향과 가까운 정도에 따라 ① 전혀 그렇지 않다, ② 그렇지 않다, ③ 조금 그렇지 않다, ④ 조금 그렇다, ⑤ 그렇다, ⑥ 매우 그렇다 중 하나를 선택하시오. 그리고 3개의 문장 중 자신의 성향을 비추어볼 때 가장 먼 것(멀다)과 가까운 것(가깝다)을 하나씩 선택하시오. [1~100]

01

문항	답안 1						답안 2	
	①	②	③	④	⑤	⑥	멀다	가깝다
A. 시련은 있어도 좌절은 없다고 믿는다.	☐	☐	☐	☐	☐	☐	☐	☐
B. 장래를 생각하면 불안을 느낄 때가 많다.	☐	☐	☐	☐	☐	☐	☐	☐
C. 충동적으로 행동하지 않으려고 욕구와 감정을 조절하는 편이다.	☐	☐	☐	☐	☐	☐	☐	☐

02

문항	답안 1						답안 2	
	①	②	③	④	⑤	⑥	멀다	가깝다
A. 여행을 할 때 인적이 뜸한 곳을 선호한다.	☐	☐	☐	☐	☐	☐	☐	☐
B. 자신의 생각과 감정을 잘 표현하지 못한다.	☐	☐	☐	☐	☐	☐	☐	☐
C. 완전한 안전은 헛된 믿음일 뿐이며 삶은 모험의 연속이라고 생각한다.	☐	☐	☐	☐	☐	☐	☐	☐

03

문항	답안 1						답안 2	
	①	②	③	④	⑤	⑥	멀다	가깝다
A. 정치적·종교적으로 보수적인 편이다.	☐	☐	☐	☐	☐	☐	☐	☐
B. 철학 등의 본질적인 문제에 무관심하다.	☐	☐	☐	☐	☐	☐	☐	☐
C. 지혜로운 사람이 되려면 늘 변해야 한다고 생각한다.	☐	☐	☐	☐	☐	☐	☐	☐

04

문항	답안 1						답안 2	
	①	②	③	④	⑤	⑥	멀다	가깝다
A. 대인관계에서 깊은 상처를 받은 적이 있다.	☐	☐	☐	☐	☐	☐	☐	☐
B. 타인과 협력할 때 자신의 역할에 충실한다.	☐	☐	☐	☐	☐	☐	☐	☐
C. 나는 소수의 정예 엘리트 집단에 어울린다고 생각한다.	☐	☐	☐	☐	☐	☐	☐	☐

05

문항	답안 1						답안 2	
	①	②	③	④	⑤	⑥	멀다	가깝다
A. 자신에게 느슨하며 사고가 유연한 편이다.	☐	☐	☐	☐	☐	☐	☐	☐
B. 계획이나 규칙을 잘 지키지 못하는 편이다.	☐	☐	☐	☐	☐	☐	☐	☐
C. 노력하는 사람이 재능을 타고난 사람을 이긴다고 생각한다.	☐	☐	☐	☐	☐	☐	☐	☐

06

문항	답안 1						답안 2	
	①	②	③	④	⑤	⑥	멀다	가깝다
A. 내 장래는 희망적이라고 생각한다.	☐	☐	☐	☐	☐	☐	☐	☐
B. 스트레스를 받을까봐 두려워지곤 한다.	☐	☐	☐	☐	☐	☐	☐	☐
C. 시간이 지나도 괴로움이 쉽사리 사그라들지 않는다.	☐	☐	☐	☐	☐	☐	☐	☐

07

문항	답안 1						답안 2	
	①	②	③	④	⑤	⑥	멀다	가깝다
A. 내향적이고 사교성이 낮은 편이다.	☐	☐	☐	☐	☐	☐	☐	☐
B. 자극은 다다익선(多多益善)이라고 생각한다.	☐	☐	☐	☐	☐	☐	☐	☐
C. 사람들을 좋아해서 스스럼없이 대화하는 편이다.	☐	☐	☐	☐	☐	☐	☐	☐

08

문항	답안 1						답안 2	
	①	②	③	④	⑤	⑥	멀다	가깝다
A. 낯선 환경에 놓이는 것이 불쾌하다.	☐	☐	☐	☐	☐	☐	☐	☐
B. 통일성보다는 다양성이 중요하다고 여긴다.	☐	☐	☐	☐	☐	☐	☐	☐
C. 깊이 이해하려고 애쓰는 것은 과제 완수의 기본이라고 생각한다.	☐	☐	☐	☐	☐	☐	☐	☐

09

문항	답안 1						답안 2	
	①	②	③	④	⑤	⑥	멀다	가깝다
A. 너무 솔직해 남에게 이용당할 때가 많다.	☐	☐	☐	☐	☐	☐	☐	☐
B. 남의 의견에 별로 구애받지 않는 편이다.	☐	☐	☐	☐	☐	☐	☐	☐
C. 자신의 손실을 남에게 절대 전가하려 하지 않는다.	☐	☐	☐	☐	☐	☐	☐	☐

10

문항	답안 1						답안 2	
	①	②	③	④	⑤	⑥	멀다	가깝다
A. 스스로가 한 일에 책임을 지려고 노력한다.	☐	☐	☐	☐	☐	☐	☐	☐
B. 계획적이기보다는 즉흥적으로 사는 편이다.	☐	☐	☐	☐	☐	☐	☐	☐
C. 장해물이나 목표가 없다면 만족감도 없다고 생각한다.	☐	☐	☐	☐	☐	☐	☐	☐

11

문항	답안 1						답안 2	
	①	②	③	④	⑤	⑥	멀다	가깝다
A. 불만보다는 감사를 느낄 때가 많다.	☐	☐	☐	☐	☐	☐	☐	☐
B. 견디다 보면 슬픔도 익숙해질 것이다.	☐	☐	☐	☐	☐	☐	☐	☐
C. '내 삶에는 왜 이렇게 시련이 많을까'하고 스트레스를 받곤 한다.	☐	☐	☐	☐	☐	☐	☐	☐

12

문항	답안 1						답안 2	
	①	②	③	④	⑤	⑥	멀다	가깝다
A. 나의 성격은 쾌활함과는 거리가 멀다.	☐	☐	☐	☐	☐	☐	☐	☐
B. 말수가 적으며 수줍어하는 성향이 있다.	☐	☐	☐	☐	☐	☐	☐	☐
C. 일부 어머니들의 치맛바람을 극성스럽다고 생각하지 않는다.	☐	☐	☐	☐	☐	☐	☐	☐

13

문항	답안 1						답안 2	
	①	②	③	④	⑤	⑥	멀다	가깝다
A. 정치적인 이슈에 관심이 많은 편이다.	☐	☐	☐	☐	☐	☐	☐	☐
B. 분석적·지성적인 일에 관심이 없는 편이다.	☐	☐	☐	☐	☐	☐	☐	☐
C. 인생의 스승은 부모처럼 고귀한 존재라고 생각한다.	☐	☐	☐	☐	☐	☐	☐	☐

14

문항	답안 1						답안 2	
	①	②	③	④	⑤	⑥	멀다	가깝다
A. 기본적으로 타인을 믿지 못하는 편이다.	☐	☐	☐	☐	☐	☐	☐	☐
B. 인간미가 부족하다는 비판을 받곤 한다.	☐	☐	☐	☐	☐	☐	☐	☐
C. 남의 고통을 목격하면 그 고통이 내게 고스란히 전해지는 것 같다.	☐	☐	☐	☐	☐	☐	☐	☐

15

문항	답안 1						답안 2	
	①	②	③	④	⑤	⑥	멀다	가깝다
A. 규범은 내 행동에 큰 영향을 주지 못한다.	☐	☐	☐	☐	☐	☐	☐	☐
B. 학창 시절에는 시험 기간이 닥쳐서야 공부를 했다.	☐	☐	☐	☐	☐	☐	☐	☐
C. 기회도 그것을 찾으려 노력하는 사람에게 주어진다고 생각한다.	☐	☐	☐	☐	☐	☐	☐	☐

16

문항	답안 1						답안 2	
	①	②	③	④	⑤	⑥	멀다	가깝다
A. 안정감보다는 불안감을 느낄 때가 많다.	☐	☐	☐	☐	☐	☐	☐	☐
B. 여름철 무더위는 나를 몹시 짜증나게 한다.	☐	☐	☐	☐	☐	☐	☐	☐
C. 인생에는 괴로운 일보다 즐거운 일이 많다고 여긴다.	☐	☐	☐	☐	☐	☐	☐	☐

17

문항	답안 1						답안 2	
	①	②	③	④	⑤	⑥	멀다	가깝다
A. 맵고 짠 자극적 음식을 즐기는 편이다.	☐	☐	☐	☐	☐	☐	☐	☐
B. 한겨울의 맹추위에도 실외 활동을 즐긴다.	☐	☐	☐	☐	☐	☐	☐	☐
C. 본질을 깨우치는 것에 집중하는 미니멀 라이프를 선호한다.	☐	☐	☐	☐	☐	☐	☐	☐

18

문항	답안 1						답안 2	
	①	②	③	④	⑤	⑥	멀다	가깝다
A. 변화는 항상 나를 힘들게 한다.	☐	☐	☐	☐	☐	☐	☐	☐
B. 사람은 죽을 때까지 학생이라고 생각한다.	☐	☐	☐	☐	☐	☐	☐	☐
C. 오래된 생각을 버려야 혁신적인 아이디어를 얻을 수 있다고 생각한다.	☐	☐	☐	☐	☐	☐	☐	☐

19

문항	답안 1						답안 2	
	①	②	③	④	⑤	⑥	멀다	가깝다
A. 타산적이라는 비판을 받곤 한다.	☐	☐	☐	☐	☐	☐	☐	☐
B. 남들에게 복종하고 의존하고 싶어지곤 한다.	☐	☐	☐	☐	☐	☐	☐	☐
C. 성악설보다는 성선설이 더 타당하다고 생각한다.	☐	☐	☐	☐	☐	☐	☐	☐

20

문항	답안 1						답안 2	
	①	②	③	④	⑤	⑥	멀다	가깝다
A. 하던 일을 중간에 그만두는 것을 싫어한다.	☐	☐	☐	☐	☐	☐	☐	☐
B. 씀씀이를 단속하려고 영수증을 잘 관리한다.	☐	☐	☐	☐	☐	☐	☐	☐
C. 노력은 배신하지 않는다는 격언을 믿지 않는다.	☐	☐	☐	☐	☐	☐	☐	☐

21

문항	답안 1						답안 2	
	①	②	③	④	⑤	⑥	멀다	가깝다
A. 쉽게 흥분하지 않는 편이다.	☐	☐	☐	☐	☐	☐	☐	☐
B. 짜증날 때도 감정을 잘 조절할 수 있다.	☐	☐	☐	☐	☐	☐	☐	☐
C. 슬픔이 닥칠 때마다 새롭게 느껴져 견디기가 몹시 힘들다.	☐	☐	☐	☐	☐	☐	☐	☐

22

문항	답안 1						답안 2	
	①	②	③	④	⑤	⑥	멀다	가깝다
A. 다소 대인기피증이 있는 것 같다.	☐	☐	☐	☐	☐	☐	☐	☐
B. 느긋이 적게보다는, 급히 많이 먹으려 한다.	☐	☐	☐	☐	☐	☐	☐	☐
C. 팀원들이 장차 리더가 되도록 은밀히 돕는 팀장이 최고의 리더일 것이다.	☐	☐	☐	☐	☐	☐	☐	☐

23

문항	답안 1						답안 2	
	①	②	③	④	⑤	⑥	멀다	가깝다
A. 통찰력은 나의 주요한 특징 중 하나이다.	☐	☐	☐	☐	☐	☐	☐	☐
B. 권위나 전통적 가치에 도전하기를 꺼린다.	☐	☐	☐	☐	☐	☐	☐	☐
C. 혁신적인 생각은 전통을 익히는 데서 비롯된다고 생각한다.	☐	☐	☐	☐	☐	☐	☐	☐

24

문항	답안 1						답안 2	
	①	②	③	④	⑤	⑥	멀다	가깝다
A. 실제의 이익을 따지는 데 빠른 편이다.	☐	☐	☐	☐	☐	☐	☐	☐
B. 독선적 행동으로 남들의 비난을 받곤 한다.	☐	☐	☐	☐	☐	☐	☐	☐
C. 나의 인간관에 가장 큰 영향을 끼친 것은 정직이다.	☐	☐	☐	☐	☐	☐	☐	☐

25

문항	답안 1						답안 2	
	①	②	③	④	⑤	⑥	멀다	가깝다
A. 굳이 양심에 따라 살려고 애쓰지 않는다.	☐	☐	☐	☐	☐	☐	☐	☐
B. 계획성이나 정확성과는 거리가 먼 편이다.	☐	☐	☐	☐	☐	☐	☐	☐
C. 전적으로 믿을 수 있는 것은 계획뿐이라고 여겨 목표와 비전을 잃지 않는다.	☐	☐	☐	☐	☐	☐	☐	☐

26

문항	답안 1						답안 2	
	①	②	③	④	⑤	⑥	멀다	가깝다
A. 자신의 현재 처지에 대해 비교적 만족한다.	☐	☐	☐	☐	☐	☐	☐	☐
B. '왜 하필 나에게'라는 생각이 들 때가 많다.	☐	☐	☐	☐	☐	☐	☐	☐
C. 뜨거운 여름날의 불쾌지수에 매우 민감한 편이다.	☐	☐	☐	☐	☐	☐	☐	☐

27

문항	답안 1						답안 2	
	①	②	③	④	⑤	⑥	멀다	가깝다
A. 앞장서는 리더가 최고의 리더일 것이다.	☐	☐	☐	☐	☐	☐	☐	☐
B. 바쁜 삶 속에서 큰 열정을 느끼곤 한다.	☐	☐	☐	☐	☐	☐	☐	☐
C. 대인관계에서 긴장해 매우 조심스러울 때가 많다.	☐	☐	☐	☐	☐	☐	☐	☐

28

문항	답안 1						답안 2	
	①	②	③	④	⑤	⑥	멀다	가깝다
A. 새로운 지식을 습득하는 데 인색하지 않다.	☐	☐	☐	☐	☐	☐	☐	☐
B. 익숙지 않은 환경에서는 매우 의기소침하다.	☐	☐	☐	☐	☐	☐	☐	☐
C. 책이 아닌 것과 책 중에 하나만 살 수 있다면 책을 살 것이다.	☐	☐	☐	☐	☐	☐	☐	☐

29

문항	답안 1						답안 2	
	①	②	③	④	⑤	⑥	멀다	가깝다
A. 타인의 지지는 나에게 큰 힘이 된다.	☐	☐	☐	☐	☐	☐	☐	☐
B. 약삭빠르고 실리적이며 기민한 편이다.	☐	☐	☐	☐	☐	☐	☐	☐
C. 나는 집단이 지나치게 소수 정예화되는 것에 반대한다.	☐	☐	☐	☐	☐	☐	☐	☐

30

문항	답안 1						답안 2	
	①	②	③	④	⑤	⑥	멀다	가깝다
A. 원칙주의자는 반드시 성공할 것이다.	☐	☐	☐	☐	☐	☐	☐	☐
B. 완벽주의자를 보면 고리타분하다고 느낀다.	☐	☐	☐	☐	☐	☐	☐	☐
C. 재능은 타고나는 것이 아니라 노력의 결과라고 생각한다.	☐	☐	☐	☐	☐	☐	☐	☐

31

문항	답안 1						답안 2	
	①	②	③	④	⑤	⑥	멀다	가깝다
A. 화가 나도 타인에게 화풀이를 하지 않는다.	☐	☐	☐	☐	☐	☐	☐	☐
B. 감정을 통제하지 못해 충동적일 때가 많다.	☐	☐	☐	☐	☐	☐	☐	☐
C. 긍정적인 것보다는 부정적인 면이 눈에 먼저 들어오는 편이다.	☐	☐	☐	☐	☐	☐	☐	☐

32

문항	답안 1						답안 2	
	①	②	③	④	⑤	⑥	멀다	가깝다
A. 대인관계가 사무적·형식적일 때가 많다.	☐	☐	☐	☐	☐	☐	☐	☐
B. 용장(勇壯) 밑에 약졸 없다는 말에 동감한다.	☐	☐	☐	☐	☐	☐	☐	☐
C. 여행할 때 사람들이 많이 왕래하는 곳을 선호한다.	☐	☐	☐	☐	☐	☐	☐	☐

33

문항	답안 1						답안 2	
	①	②	③	④	⑤	⑥	멀다	가깝다
A. 새로운 변화에서 큰 흥미를 느끼곤 한다.	☐	☐	☐	☐	☐	☐	☐	☐
B. 새로운 관점을 제시하는 비평문을 선호한다.	☐	☐	☐	☐	☐	☐	☐	☐
C. 연장자의 견해는 어떠한 경우에도 존중해야 한다고 생각한다.	☐	☐	☐	☐	☐	☐	☐	☐

34

문항	답안 1						답안 2	
	①	②	③	④	⑤	⑥	멀다	가깝다
A. 이타심과 동정심은 나의 큰 장점이다.	☐	☐	☐	☐	☐	☐	☐	☐
B. 사람을 사귈 때도 손익을 따지는 편이다.	☐	☐	☐	☐	☐	☐	☐	☐
C. 타인을 비판하기 전에 그의 입장에서 생각해 보곤 한다.	☐	☐	☐	☐	☐	☐	☐	☐

35

문항	답안 1						답안 2	
	①	②	③	④	⑤	⑥	멀다	가깝다
A. 친구들이 나의 의견을 신뢰하는 편이다.	☐	☐	☐	☐	☐	☐	☐	☐
B. 계획에 따라 움직이는 것은 따분한 일이다.	☐	☐	☐	☐	☐	☐	☐	☐
C. 성공의 원동력은 거듭된 실패의 극복이라고 생각한다.	☐	☐	☐	☐	☐	☐	☐	☐

36

문항	답안 1						답안 2	
	①	②	③	④	⑤	⑥	멀다	가깝다
A. 나는 정서적으로 매우 안정적인 편이다.	☐	☐	☐	☐	☐	☐	☐	☐
B. 미래의 일을 생각하면 두려워지곤 한다.	☐	☐	☐	☐	☐	☐	☐	☐
C. 감정보다는 이성의 영향을 더 크게 받는 편이다.	☐	☐	☐	☐	☐	☐	☐	☐

37

문항	답안 1						답안 2	
	①	②	③	④	⑤	⑥	멀다	가깝다
A. 비난을 받을까봐 주장을 잘 하지 못한다.	☐	☐	☐	☐	☐	☐	☐	☐
B. 남들과 잘 어울리는 편이다.	☐	☐	☐	☐	☐	☐	☐	☐
C. 뒤에서 묵묵히 팀원을 지원하는 리더가 최고의 리더라고 생각한다.	☐	☐	☐	☐	☐	☐	☐	☐

38

문항	답안 1						답안 2	
	①	②	③	④	⑤	⑥	멀다	가깝다
A. 기지나 위트와는 거리가 먼 편이다.	☐	☐	☐	☐	☐	☐	☐	☐
B. 관례에 따라 행동하는 때가 더 많다.	☐	☐	☐	☐	☐	☐	☐	☐
C. 때로는 연소자의 생각에서도 배울 게 있다고 생각한다.	☐	☐	☐	☐	☐	☐	☐	☐

39

문항	답안 1						답안 2	
	①	②	③	④	⑤	⑥	멀다	가깝다
A. 자기중심적이고 독립적인 편이다.	☐	☐	☐	☐	☐	☐	☐	☐
B. 남들을 배려하고 관대하게 대하는 편이다.	☐	☐	☐	☐	☐	☐	☐	☐
C. 권모술수에 능한 현실주의자가 성공할 가능성이 높다고 생각한다.	☐	☐	☐	☐	☐	☐	☐	☐

40

문항	답안 1						답안 2	
	①	②	③	④	⑤	⑥	멀다	가깝다
A. 성공을 위해 자신을 통제하는 일이 없다.	☐	☐	☐	☐	☐	☐	☐	☐
B. 규칙, 계획, 책임감과는 거리가 먼 편이다.	☐	☐	☐	☐	☐	☐	☐	☐
C. 부족한 점을 부끄러워해야 고칠 수 있다고 생각한다.	☐	☐	☐	☐	☐	☐	☐	☐

41

문항	답안 1						답안 2	
	①	②	③	④	⑤	⑥	멀다	가깝다
A. 짜증날 때는 감정을 잘 조절하지 못한다.	☐	☐	☐	☐	☐	☐	☐	☐
B. 현재 자신의 형편에 대해 불만이 많다.	☐	☐	☐	☐	☐	☐	☐	☐
C. 자신의 감정과 행동을 지극히 잘 통제하는 편이다.	☐	☐	☐	☐	☐	☐	☐	☐

42

문항	답안 1						답안 2	
	①	②	③	④	⑤	⑥	멀다	가깝다
A. 상당히 말이 적고 내성적인 편이다.	☐	☐	☐	☐	☐	☐	☐	☐
B. 대인관계에서 자신감이 있고 적극적이다.	☐	☐	☐	☐	☐	☐	☐	☐
C. 더위나 추위는 나의 실외활동에 영향을 주지 않는다.	☐	☐	☐	☐	☐	☐	☐	☐

43

문항	답안 1						답안 2	
	①	②	③	④	⑤	⑥	멀다	가깝다
A. 불치하문(不恥下問)이라는 말에 동감한다.	☐	☐	☐	☐	☐	☐	☐	☐
B. 실용성과 현실성은 나의 가장 큰 장점이다.	☐	☐	☐	☐	☐	☐	☐	☐
C. 급변하는 사회에 적응하기 위해 신기술을 적극 수용한다.	☐	☐	☐	☐	☐	☐	☐	☐

44

문항	답안 1						답안 2	
	①	②	③	④	⑤	⑥	멀다	가깝다
A. 상당히 자기중심적이고 독립적인 편이다.	☐	☐	☐	☐	☐	☐	☐	☐
B. 타인과 교제할 때 손익을 따지지 않는다.	☐	☐	☐	☐	☐	☐	☐	☐
C. 성별, 인종, 재산 등에 따라 사람을 차별하지 않는다.	☐	☐	☐	☐	☐	☐	☐	☐

45

문항	답안 1						답안 2	
	①	②	③	④	⑤	⑥	멀다	가깝다
A. 타성에 젖지 않게 자신을 조율하곤 한다.	☐	☐	☐	☐	☐	☐	☐	☐
B. 나에게 도덕과 규범은 낡은 잣대일 뿐이다.	☐	☐	☐	☐	☐	☐	☐	☐
C. 문서를 작성할 때 맞춤법에 신경 쓰지 않는 편이다.	☐	☐	☐	☐	☐	☐	☐	☐

46

문항	답안 1						답안 2	
	①	②	③	④	⑤	⑥	멀다	가깝다
A. 자신의 삶에 대해 불만이 별로 없다.	☐	☐	☐	☐	☐	☐	☐	☐
B. 자기 통제와 담대함은 나의 큰 장점이다.	☐	☐	☐	☐	☐	☐	☐	☐
C. 쉽게 낙담해 무기력해지고 위축되는 것은 나의 단점이다.	☐	☐	☐	☐	☐	☐	☐	☐

47

문항	답안 1						답안 2	
	①	②	③	④	⑤	⑥	멀다	가깝다
A. 과묵하고 언행을 삼가는 편이다.	☐	☐	☐	☐	☐	☐	☐	☐
B. 감정 표현을 억제하고 세심한 편이다.	☐	☐	☐	☐	☐	☐	☐	☐
C. '지배, 정열, 대담'은 나를 표현하는 키워드이다.	☐	☐	☐	☐	☐	☐	☐	☐

48

문항	답안 1						답안 2	
	①	②	③	④	⑤	⑥	멀다	가깝다
A. 보편적인 것과 관습에 구애받는 편이다.	☐	☐	☐	☐	☐	☐	☐	☐
B. 예술이나 여행을 거의 즐기지 않는 편이다.	☐	☐	☐	☐	☐	☐	☐	☐
C. 구호는 감수성에 호소해야 효과적이라고 생각한다.	☐	☐	☐	☐	☐	☐	☐	☐

49

문항	답안 1						답안 2	
	①	②	③	④	⑤	⑥	멀다	가깝다
A. 타인에 대한 공감이 부족한 편이다.	☐	☐	☐	☐	☐	☐	☐	☐
B. 남들과 함께 결정하고 일하기를 꺼린다.	☐	☐	☐	☐	☐	☐	☐	☐
C. 조직에서 문제가 발생했을 때 내 잘못을 솔직히 인정한다.	☐	☐	☐	☐	☐	☐	☐	☐

50

문항	답안 1						답안 2	
	①	②	③	④	⑤	⑥	멀다	가깝다
A. 자율적인 행동 기준이 엄격하지 않다.	☐	☐	☐	☐	☐	☐	☐	☐
B. 성공을 위한 자기 통제력이 별로 없다.	☐	☐	☐	☐	☐	☐	☐	☐
C. 협상할 때는 많이 듣고 적게 말하는 신중함이 필요하다.	☐	☐	☐	☐	☐	☐	☐	☐

51

문항	답안 1						답안 2	
	①	②	③	④	⑤	⑥	멀다	가깝다
A. 정서적으로 다소 불안정한 편이다.	☐	☐	☐	☐	☐	☐	☐	☐
B. 나약하고 조급하다는 평가를 받곤 한다.	☐	☐	☐	☐	☐	☐	☐	☐
C. 소신이 있기 때문에 주변의 평가에 쉽게 휘둘리지 않는다.	☐	☐	☐	☐	☐	☐	☐	☐

52

문항	답안 1						답안 2	
	①	②	③	④	⑤	⑥	멀다	가깝다
A. 자기주장을 공격적으로 하곤 한다.	☐	☐	☐	☐	☐	☐	☐	☐
B. 타인을 대할 때 지배성이 강한 편이다.	☐	☐	☐	☐	☐	☐	☐	☐
C. 활동성과 모험 정신이 부족한 것은 나의 큰 단점이다.	☐	☐	☐	☐	☐	☐	☐	☐

53

문항	답안 1						답안 2	
	①	②	③	④	⑤	⑥	멀다	가깝다
A. 상상의 세계에 거의 관심이 없다.	□	□	□	□	□	□	□	□
B. 일반적·대중적이지 않을수록 더욱 선호한다.	□	□	□	□	□	□	□	□
C. 작품이 중요한 것처럼 비평가의 견해도 중요하다고 생각한다.	□	□	□	□	□	□	□	□

54

문항	답안 1						답안 2	
	①	②	③	④	⑤	⑥	멀다	가깝다
A. 인간관계에서 이익을 논하는 것이 싫다.	□	□	□	□	□	□	□	□
B. 남의 친절과 환대는 나를 크게 고무시킨다.	□	□	□	□	□	□	□	□
C. 남에게 솔직하게 말하면 불필요한 비판을 받을 수 있다고 생각한다.	□	□	□	□	□	□	□	□

55

문항	답안 1						답안 2	
	①	②	③	④	⑤	⑥	멀다	가깝다
A. 남들은 나를 신뢰하는 편이다.	□	□	□	□	□	□	□	□
B. 성공을 위해 자신을 옥죄는 일이 거의 없다.	□	□	□	□	□	□	□	□
C. 시험이 아무리 어려워도 스스로 노력하면 반드시 합격할 것이다.	□	□	□	□	□	□	□	□

56

문항	답안 1						답안 2	
	①	②	③	④	⑤	⑥	멀다	가깝다
A. 소심하고 불안한 면이 있다.	□	□	□	□	□	□	□	□
B. 당황할 때는 몹시 화가 나기도 한다.	□	□	□	□	□	□	□	□
C. 반드시 필요한 걱정조차도 하지 않는 경우가 많다.	□	□	□	□	□	□	□	□

57

문항	답안 1						답안 2	
	①	②	③	④	⑤	⑥	멀다	가깝다
A. 대인관계에 서투른 편이다.	□	□	□	□	□	□	□	□
B. 열정적이고 매우 쾌활한 편이다.	□	□	□	□	□	□	□	□
C. 논리를 따져 나의 주장을 내세우는 것이 매우 번거롭다.	□	□	□	□	□	□	□	□

58

문항	답안 1						답안 2	
	①	②	③	④	⑤	⑥	멀다	가깝다
A. 새로운 아이디어를 구상하는 데 서툴다.	☐	☐	☐	☐	☐	☐	☐	☐
B. 매우 현실적·실제적·보수적인 편이다.	☐	☐	☐	☐	☐	☐	☐	☐
C. 동양화의 '여백의 미'에서 자유를 크게 느끼곤 한다.	☐	☐	☐	☐	☐	☐	☐	☐

59

문항	답안 1						답안 2	
	①	②	③	④	⑤	⑥	멀다	가깝다
A. 동료의 지지를 얻는 일에 무관심하다.	☐	☐	☐	☐	☐	☐	☐	☐
B. 도움을 구하느니 차라리 혼자 처리하겠다.	☐	☐	☐	☐	☐	☐	☐	☐
C. 어린이날 등 각종 기념일에 타인을 위한 선물을 꼭 준비한다.	☐	☐	☐	☐	☐	☐	☐	☐

60

문항	답안 1						답안 2	
	①	②	③	④	⑤	⑥	멀다	가깝다
A. 단기간에 큰돈을 벌고 싶은 욕심이 많다.	☐	☐	☐	☐	☐	☐	☐	☐
B. 책임이 과중한 일은 맡기가 매우 꺼려진다.	☐	☐	☐	☐	☐	☐	☐	☐
C. 어려운 일도 충분히 해낼 수 있다고 자부한다.	☐	☐	☐	☐	☐	☐	☐	☐

61

문항	답안 1						답안 2	
	①	②	③	④	⑤	⑥	멀다	가깝다
A. 감정에 휘둘리지 않는다.	☐	☐	☐	☐	☐	☐	☐	☐
B. 남들보다 근심이나 걱정이 많은 편이다.	☐	☐	☐	☐	☐	☐	☐	☐
C. 불만을 참지 못해 푸념을 할 때가 많은 편이다.	☐	☐	☐	☐	☐	☐	☐	☐

62

문항	답안 1						답안 2	
	①	②	③	④	⑤	⑥	멀다	가깝다
A. 낙천적·사교적인 편이다.	☐	☐	☐	☐	☐	☐	☐	☐
B. 타인에게 자신의 권위를 내세우곤 한다.	☐	☐	☐	☐	☐	☐	☐	☐
C. 인간관계에서 거리감을 느끼는 경우가 잦은 편이다.	☐	☐	☐	☐	☐	☐	☐	☐

63

문항	답안 1						답안 2	
	①	②	③	④	⑤	⑥	멀다	가깝다
A. 상식적·보편적이지 않을수록 더욱 끌린다.	☐	☐	☐	☐	☐	☐	☐	☐
B. 지성과 감수성이 낮은 것은 나의 단점이다.	☐	☐	☐	☐	☐	☐	☐	☐
C. 작품은 감상자마다 다른 의미로 받아들일 수 있다고 생각한다.	☐	☐	☐	☐	☐	☐	☐	☐

64

문항	답안 1						답안 2	
	①	②	③	④	⑤	⑥	멀다	가깝다
A. 겸손과 정직은 나의 가장 큰 장점이다.	☐	☐	☐	☐	☐	☐	☐	☐
B. 남의 문제를 해결하는 일에 기꺼이 나선다.	☐	☐	☐	☐	☐	☐	☐	☐
C. 타인을 위한 나의 수고와 희생이 불필요하게 느껴질 때가 많다.	☐	☐	☐	☐	☐	☐	☐	☐

65

문항	답안 1						답안 2	
	①	②	③	④	⑤	⑥	멀다	가깝다
A. 스스로가 상당히 유능하다고 생각한다.	☐	☐	☐	☐	☐	☐	☐	☐
B. 일의 완수에 대한 강박증을 느끼지 않는다.	☐	☐	☐	☐	☐	☐	☐	☐
C. 목적 달성을 위해 매우 금욕적인 삶도 감내할 수 있다.	☐	☐	☐	☐	☐	☐	☐	☐

66

문항	답안 1						답안 2	
	①	②	③	④	⑤	⑥	멀다	가깝다
A. 걱정, 분노, 불안 등을 잘 느끼지 않는다.	☐	☐	☐	☐	☐	☐	☐	☐
B. 근심이 있어도 겉으로 잘 드러내지 않는다.	☐	☐	☐	☐	☐	☐	☐	☐
C. 차례를 기다릴 때는 초조함 때문에 속이 타는 것 같다.	☐	☐	☐	☐	☐	☐	☐	☐

67

문항	답안 1						답안 2	
	①	②	③	④	⑤	⑥	멀다	가깝다
A. 대담하고 모험적일 때가 많다.	☐	☐	☐	☐	☐	☐	☐	☐
B. 위험할 때는 결코 함부로 행동하지 않는다.	☐	☐	☐	☐	☐	☐	☐	☐
C. 사람을 만나는 것이 꺼려져 남들과 어울리지 못한다.	☐	☐	☐	☐	☐	☐	☐	☐

68

문항	답안 1						답안 2	
	①	②	③	④	⑤	⑥	멀다	가깝다
A. 창의성과 지성이 부족한 편이다.	☐	☐	☐	☐	☐	☐	☐	☐
B. 새롭고 다양한 예술 활동에 관심이 없다.	☐	☐	☐	☐	☐	☐	☐	☐
C. 개방적일수록 변화에 더 잘 적응한다고 생각한다.	☐	☐	☐	☐	☐	☐	☐	☐

69

문항	답안 1						답안 2	
	①	②	③	④	⑤	⑥	멀다	가깝다
A. 우월감으로 지나치게 자랑할 때가 많다.	☐	☐	☐	☐	☐	☐	☐	☐
B. 타인의 입장과 사정에 관심이 매우 많다.	☐	☐	☐	☐	☐	☐	☐	☐
C. '머리 검은 짐승은 구제하지 말라'는 속담을 믿는다.	☐	☐	☐	☐	☐	☐	☐	☐

70

문항	답안 1						답안 2	
	①	②	③	④	⑤	⑥	멀다	가깝다
A. 이익을 위해서라면 편법도 꺼리지 않는다.	☐	☐	☐	☐	☐	☐	☐	☐
B. 규칙과 의무를 지키는 일은 매우 번거롭다.	☐	☐	☐	☐	☐	☐	☐	☐
C. 일하는 시간, 노는 시간을 구분해 일에 방해가 되지 않게 한다.	☐	☐	☐	☐	☐	☐	☐	☐

71

문항	답안 1						답안 2	
	①	②	③	④	⑤	⑥	멀다	가깝다
A. 며칠 동안 집에만 있어도 우울하지 않다.	☐	☐	☐	☐	☐	☐	☐	☐
B. 죄책감으로 마음이 몹시 불편해지곤 한다.	☐	☐	☐	☐	☐	☐	☐	☐
C. 자신이 무용지물이라고 생각해 좌절할 때가 많다.	☐	☐	☐	☐	☐	☐	☐	☐

72

문항	답안 1						답안 2	
	①	②	③	④	⑤	⑥	멀다	가깝다
A. 우월감으로 독단적인 행동을 하곤 한다.	☐	☐	☐	☐	☐	☐	☐	☐
B. 매사에 적극적이며 반응이 빠른 편이다.	☐	☐	☐	☐	☐	☐	☐	☐
C. 남과 어울릴 때보다 혼자 있을 때 편안함을 크게 느낀다.	☐	☐	☐	☐	☐	☐	☐	☐

73

문항	답안 1						답안 2	
	①	②	③	④	⑤	⑥	멀다	가깝다
A. 참신한 예술 작품에 공감하지 못한다.	☐	☐	☐	☐	☐	☐	☐	☐
B. 통속적 작품도 예술로서 유의미할 것이다.	☐	☐	☐	☐	☐	☐	☐	☐
C. 미묘할수록 상상할 여지가 많아 좋다고 생각한다.	☐	☐	☐	☐	☐	☐	☐	☐

74

문항	답안 1						답안 2	
	①	②	③	④	⑤	⑥	멀다	가깝다
A. 봉사활동을 상당히 선호하는 편이다.	☐	☐	☐	☐	☐	☐	☐	☐
B. 갈등 상황에서 조화를 지향해 수용적이다.	☐	☐	☐	☐	☐	☐	☐	☐
C. 원하는 것이 있을 때만 타인이 나에게 친절하다고 생각한다.	☐	☐	☐	☐	☐	☐	☐	☐

75

문항	답안 1						답안 2	
	①	②	③	④	⑤	⑥	멀다	가깝다
A. 계획을 세운 것은 반드시 지킨다.	☐	☐	☐	☐	☐	☐	☐	☐
B. '될 대로 돼라'라고 생각할 때가 많다.	☐	☐	☐	☐	☐	☐	☐	☐
C. 물건을 살 때 여러 사이트를 검색해 최저가를 꼼꼼히 확인한다.	☐	☐	☐	☐	☐	☐	☐	☐

76

문항	답안 1						답안 2	
	①	②	③	④	⑤	⑥	멀다	가깝다
A. 불안과 스트레스에 매우 민감하다.	☐	☐	☐	☐	☐	☐	☐	☐
B. 수동적이며 타인의 동정을 바라는 편이다.	☐	☐	☐	☐	☐	☐	☐	☐
C. 스트레스를 받는 경우에도 결코 역정을 내지 않는다.	☐	☐	☐	☐	☐	☐	☐	☐

77

문항	답안 1						답안 2	
	①	②	③	④	⑤	⑥	멀다	가깝다
A. 사람들과 사귀는 것을 피하는 편이다.	☐	☐	☐	☐	☐	☐	☐	☐
B. 비난을 받을까봐 자기주장을 삼가는 편이다.	☐	☐	☐	☐	☐	☐	☐	☐
C. 논리 따지기를 좋아하고 주장이 매우 강한 편이다.	☐	☐	☐	☐	☐	☐	☐	☐

78

문항	답안 1						답안 2	
	①	②	③	④	⑤	⑥	멀다	가깝다
A. 참신한 시를 읽으면 기분이 상쾌해진다.	☐	☐	☐	☐	☐	☐	☐	☐
B. 지적인 자극을 찾는 일에 매우 소극적이다.	☐	☐	☐	☐	☐	☐	☐	☐
C. 유행을 타지 않을수록 명작이 되기 쉬울 것이다.	☐	☐	☐	☐	☐	☐	☐	☐

79

문항	답안 1						답안 2	
	①	②	③	④	⑤	⑥	멀다	가깝다
A. 타인보다는 자신의 만족이 더 중요하다.	☐	☐	☐	☐	☐	☐	☐	☐
B. 아랫사람에게는 존댓말을 거의 쓰지 않는다.	☐	☐	☐	☐	☐	☐	☐	☐
C. 대인관계에서 가장 중요한 것 두 가지는 신뢰와 정직일 것이다.	☐	☐	☐	☐	☐	☐	☐	☐

80

문항	답안 1						답안 2	
	①	②	③	④	⑤	⑥	멀다	가깝다
A. 자신의 유능함을 자부한다.	☐	☐	☐	☐	☐	☐	☐	☐
B. 자기를 성찰하는 일에 별로 관심이 없다.	☐	☐	☐	☐	☐	☐	☐	☐
C. 내가 한 일에 대한 책임을 회피하고 싶어지곤 한다.	☐	☐	☐	☐	☐	☐	☐	☐

81

문항	답안 1						답안 2	
	①	②	③	④	⑤	⑥	멀다	가깝다
A. 의지력이 약하고 걱정이 많은 편이다.	☐	☐	☐	☐	☐	☐	☐	☐
B. 자신에 대해 매우 비판적일 때가 많다.	☐	☐	☐	☐	☐	☐	☐	☐
C. 어떠한 경우에도 자신의 욕구를 합리적으로 통제할 수 있다.	☐	☐	☐	☐	☐	☐	☐	☐

82

문항	답안 1						답안 2	
	①	②	③	④	⑤	⑥	멀다	가깝다
A. 매우 활기차고 배짱이 있는 편이다.	☐	☐	☐	☐	☐	☐	☐	☐
B. 항상 상대방이 먼저 인사하기를 기다린다.	☐	☐	☐	☐	☐	☐	☐	☐
C. 위험한 상황에서도 매우 적극적으로 행동하곤 한다.	☐	☐	☐	☐	☐	☐	☐	☐

83

문항	답안 1						답안 2	
	①	②	③	④	⑤	⑥	멀다	가깝다
A. 호기심은 나를 이끄는 원동력이다.	☐	☐	☐	☐	☐	☐	☐	☐
B. 변화를 꿰뚫어 보는 통찰력이 있는 편이다.	☐	☐	☐	☐	☐	☐	☐	☐
C. 변화가 많은 것보다는 단순한 패턴을 선호한다.	☐	☐	☐	☐	☐	☐	☐	☐

84

문항	답안 1						답안 2	
	①	②	③	④	⑤	⑥	멀다	가깝다
A. 사랑과 평등은 내가 추구하는 가치이다.	☐	☐	☐	☐	☐	☐	☐	☐
B. 성희롱, 성차별 등의 이슈에 관심이 많다.	☐	☐	☐	☐	☐	☐	☐	☐
C. 남의 도움을 구하기보다는 혼자서 일을 처리하는 편이다.	☐	☐	☐	☐	☐	☐	☐	☐

85

문항	답안 1						답안 2	
	①	②	③	④	⑤	⑥	멀다	가깝다
A. 자기 개발과 관련한 글이나 책에 관심이 없다.	☐	☐	☐	☐	☐	☐	☐	☐
B. 오늘 할 일을 결코 다음으로 미루지 않는다.	☐	☐	☐	☐	☐	☐	☐	☐
C. 자신의 분야에서 최고 수준을 유지하기 위해 노력한다.	☐	☐	☐	☐	☐	☐	☐	☐

86

문항	답안 1						답안 2	
	①	②	③	④	⑤	⑥	멀다	가깝다
A. 위협에 민감하고 열등감을 자주 느낀다.	☐	☐	☐	☐	☐	☐	☐	☐
B. 환경이 바뀌어도 능률의 차이가 거의 없다.	☐	☐	☐	☐	☐	☐	☐	☐
C. 낙담, 슬픔 등의 감정에 별로 치우치지 않는 편이다.	☐	☐	☐	☐	☐	☐	☐	☐

87

문항	답안 1						답안 2	
	①	②	③	④	⑤	⑥	멀다	가깝다
A. 인간관계에 별로 관심이 없다.	☐	☐	☐	☐	☐	☐	☐	☐
B. 모험 정신과 활동성은 나의 큰 장점이다.	☐	☐	☐	☐	☐	☐	☐	☐
C. 윗사람에게 야단을 맞을 때 더 혼날까봐 변명을 하지 못한다.	☐	☐	☐	☐	☐	☐	☐	☐

88

문항	답안 1						답안 2	
	①	②	③	④	⑤	⑥	멀다	가깝다
A. 어떤 문제에 대해 가능한 한 다양하게 접근한다.	☐	☐	☐	☐	☐	☐	☐	☐
B. 지적인 탐구에 몰두하기를 즐기지 못한다.	☐	☐	☐	☐	☐	☐	☐	☐
C. 어떤 분야의 클래식이 된 데는 다 이유가 있다고 생각한다.	☐	☐	☐	☐	☐	☐	☐	☐

89

문항	답안 1						답안 2	
	①	②	③	④	⑤	⑥	멀다	가깝다
A. 정직하면 손해를 보기 쉽다고 생각한다.	☐	☐	☐	☐	☐	☐	☐	☐
B. SNS, 이메일 등 온라인 예절에 관심이 많다.	☐	☐	☐	☐	☐	☐	☐	☐
C. 타인에게 상처받기 전에 먼저 그에게 상처를 주곤 한다.	☐	☐	☐	☐	☐	☐	☐	☐

90

문항	답안 1						답안 2	
	①	②	③	④	⑤	⑥	멀다	가깝다
A. 과정보다는 결과가 중요하다고 생각한다.	☐	☐	☐	☐	☐	☐	☐	☐
B. 나의 능력에 대한 자부심은 나의 장점이다.	☐	☐	☐	☐	☐	☐	☐	☐
C. 성공의 비결은 유연한 융통성에 있다고 생각한다.	☐	☐	☐	☐	☐	☐	☐	☐

91

문항	답안 1						답안 2	
	①	②	③	④	⑤	⑥	멀다	가깝다
A. 불안, 초조, 긴장 등을 느낄 때가 많다.	☐	☐	☐	☐	☐	☐	☐	☐
B. 자기 확신이 강하고 대체로 평온한 편이다.	☐	☐	☐	☐	☐	☐	☐	☐
C. 열등의식 때문에 스트레스를 받는 경우가 많다.	☐	☐	☐	☐	☐	☐	☐	☐

92

문항	답안 1						답안 2	
	①	②	③	④	⑤	⑥	멀다	가깝다
A. 인맥을 넓히는 일에 관심이 거의 없다.	☐	☐	☐	☐	☐	☐	☐	☐
B. 대인관계에서 두려움을 느끼지 않는 편이다.	☐	☐	☐	☐	☐	☐	☐	☐
C. 논리를 따지길 선호하고 자기주장이 매우 강한 편이다.	☐	☐	☐	☐	☐	☐	☐	☐

93

문항	답안 1						답안 2	
	①	②	③	④	⑤	⑥	멀다	가깝다
A. 호기심은 인간의 지극한 본능이다.	☐	☐	☐	☐	☐	☐	☐	☐
B. 능률, 안전 등에 큰 가치를 두는 편이다.	☐	☐	☐	☐	☐	☐	☐	☐
C. 오케스트라를 구성하는 악기의 수는 많을수록 좋을 것이다.	☐	☐	☐	☐	☐	☐	☐	☐

94

문항	답안 1						답안 2	
	①	②	③	④	⑤	⑥	멀다	가깝다
A. 나의 이익이 타인의 행복보다 중요하다.	☐	☐	☐	☐	☐	☐	☐	☐
B. 남들로부터 상냥하다는 평가를 받곤 한다.	☐	☐	☐	☐	☐	☐	☐	☐
C. 인간의 존엄성은 어떠한 경우에도 최우선의 가치이다.	☐	☐	☐	☐	☐	☐	☐	☐

95

문항	답안 1						답안 2	
	①	②	③	④	⑤	⑥	멀다	가깝다
A. 목적을 위해 현재의 유혹을 잘 참는다.	☐	☐	☐	☐	☐	☐	☐	☐
B. '어떻게든 되겠지'라고 생각할 때가 많다.	☐	☐	☐	☐	☐	☐	☐	☐
C. 책임을 다하려면 자신의 능력에 자부심을 가져야 한다.	☐	☐	☐	☐	☐	☐	☐	☐

96

문항	답안 1						답안 2	
	①	②	③	④	⑤	⑥	멀다	가깝다
A. 감정의 균형을 꾸준히 유지할 수 있다.	☐	☐	☐	☐	☐	☐	☐	☐
B. 일상에서 스트레스를 받는 일이 거의 없다.	☐	☐	☐	☐	☐	☐	☐	☐
C. 별것 아닌 일 때문에 자신감을 잃는 경우가 많은 편이다.	☐	☐	☐	☐	☐	☐	☐	☐

97

문항	답안 1						답안 2	
	①	②	③	④	⑤	⑥	멀다	가깝다
A. 폭넓은 인간관계는 거추장스러울 뿐이다.	☐	☐	☐	☐	☐	☐	☐	☐
B. 타인이 리더 역할을 잘하도록 돕는 편이다.	☐	☐	☐	☐	☐	☐	☐	☐
C. 대인관계에서 자신의 느낌과 생각을 적극적으로 표현한다.	☐	☐	☐	☐	☐	☐	☐	☐

98

문항	답안 1						답안 2	
	①	②	③	④	⑤	⑥	멀다	가깝다
A. 창의적 사고에 능숙하지 못하다.	☐	☐	☐	☐	☐	☐	☐	☐
B. 자신이 남들과 차별화되는 것이 싫다.	☐	☐	☐	☐	☐	☐	☐	☐
C. 구성원의 수가 많을수록 창의적 아이디어 개발에 효율적일 것이다.	☐	☐	☐	☐	☐	☐	☐	☐

99

문항	답안 1						답안 2	
	①	②	③	④	⑤	⑥	멀다	가깝다
A. 정직보다는 이익이 더 중요하다고 여긴다.	☐	☐	☐	☐	☐	☐	☐	☐
B. 상대가 누구이건 항상 높임말을 사용한다.	☐	☐	☐	☐	☐	☐	☐	☐
C. 남의 의도를 부정적으로 해석해 공격적일 때가 많다.	☐	☐	☐	☐	☐	☐	☐	☐

100

문항	답안 1						답안 2	
	①	②	③	④	⑤	⑥	멀다	가깝다
A. 성취감은 나에게 별로 중요하지 않다.	☐	☐	☐	☐	☐	☐	☐	☐
B. 장기적인 청사진을 만드는 일은 버겁다.	☐	☐	☐	☐	☐	☐	☐	☐
C. 사회적 규범을 나름대로 지키면서 살아왔다고 자부한다.	☐	☐	☐	☐	☐	☐	☐	☐

※ 각 문항에 대해 자신이 동의하는 정도에 따라 ① 전혀 그렇지 않다, ② 그렇지 않다, ③ 그렇다, ④ 매우 그렇다 중 하나를 선택하시오. [1~63]

01

1. 잘하지 못하는 것이라도 자진해서 한다.
2. 외출할 때 날씨가 좋지 않아도 그다지 신경을 쓰지 않는다.

1.   ①   ②   ③   ④
2.   ①   ②   ③   ④

02

1. 모르는 사람과 이야기하는 것은 용기가 필요하다.
2. 하나의 취미를 오래 지속하는 편이다.

1.   ①   ②   ③   ④
2.   ①   ②   ③   ④

03

1. 남의 생일이나 명절 때 선물을 사러 다니는 일이 귀찮게 느껴진다.
2. 실패하든 성공하든 그 원인을 꼭 분석한다.

1.   ①   ②   ③   ④
2.   ①   ②   ③   ④

04

1. 나 혼자라고 생각한 적은 한 번도 없다.
2. 내가 노력하는 만큼 상대방도 내게 정성을 보일 것이라 생각한다.

1.　　　①　　　　　②　　　　　③　　　　　④
2.　　　①　　　　　②　　　　　③　　　　　④

05

1. 동작이 기민한 편이다.
2. 훌쩍 여행을 떠나고 싶을 때가 자주 있다.

1.　　　①　　　　　②　　　　　③　　　　　④
2.　　　①　　　　　②　　　　　③　　　　　④

06

1. 상대에게 자신의 의견을 잘 주장하지 못한다.
2. 다른 사람들이 하지 못하는 일을 하고 싶다.

1.　　　①　　　　　②　　　　　③　　　　　④
2.　　　①　　　　　②　　　　　③　　　　　④

07

1. 타인에게 간섭받는 것은 싫다.
2. 막무가내라는 말을 들을 때가 많다.

1.　　　①　　　　　②　　　　　③　　　　　④
2.　　　①　　　　　②　　　　　③　　　　　④

08

1. 쉽게 싫증을 내는 편이다.
2. 친구들과 남의 이야기를 하는 것을 좋아한다.

1. ① ② ③ ④
2. ① ② ③ ④

09

1. 집에서 가만히 있으면 기분이 우울해진다.
2. 몸으로 부딪쳐 도전하는 편이다.

1. ① ② ③ ④
2. ① ② ③ ④

10

1. 부모님께 불평을 한 적이 한 번도 없다.
2. 일에는 결과가 중요하다고 생각한다.

1. ① ② ③ ④
2. ① ② ③ ④

11

1. 기다리는 것에 짜증을 내는 편이다.
2. 인간관계가 폐쇄적이라는 말을 듣는다.

1. ① ② ③ ④
2. ① ② ③ ④

12

1. 난관에 봉착해도 포기하지 않고 열심히 해본다.
2. 반대에 부딪혀도 자신의 의견을 바꾸는 일은 없다.

1. ① ② ③ ④
2. ① ② ③ ④

13

1. 그룹 내에서는 누군가의 주도 하에 따라가는 경우가 많다.
2. 휴일은 세부적인 계획을 세우고 보낸다.

1. ① ② ③ ④
2. ① ② ③ ④

14

1. 이유도 없이 다른 사람과 부딪힐 때가 있다.
2. 지금까지 후회를 한 적이 없다.

1. ① ② ③ ④
2. ① ② ③ ④

15

1. 여행을 가기 전에는 미리 세세한 계획을 세운다.
2. 번화한 곳에 외출하는 것을 좋아한다.

1. ① ② ③ ④
2. ① ② ③ ④

16

1. 계획을 생각하기보다 빨리 실행하고 싶어한다.
2. 융통성이 없는 편이다.

1.　　①　　　　　②　　　　　③　　　　　④
2.　　①　　　　　②　　　　　③　　　　　④

17

1. 어색해지면 입을 다무는 경우가 많다.
2. 앞으로의 일을 생각하지 않으면 진정이 되지 않는다.

1.　　①　　　　　②　　　　　③　　　　　④
2.　　①　　　　　②　　　　　③　　　　　④

18

1. 반대에 부딪혀도 자신의 의견을 바꾸는 일은 없다.
2. 실행하기 전에 재확인할 때가 많다.

1.　　①　　　　　②　　　　　③　　　　　④
2.　　①　　　　　②　　　　　③　　　　　④

19

1. 좀처럼 결단을 내리지 못하는 경우가 있다.
2. 하나의 취미를 오래 지속하는 편이다.

1.　　①　　　　　②　　　　　③　　　　　④
2.　　①　　　　　②　　　　　③　　　　　④

20

1. 타인에게 간섭받는 것은 싫다.	
2. 행동으로 옮기기까지 시간이 걸린다.	

1.　　　①　　　　　　②　　　　　　③　　　　　　④
2.　　　①　　　　　　②　　　　　　③　　　　　　④

21

1. 다른 사람들이 하지 못하는 일을 하고 싶다.	
2. 해야 할 일은 신속하게 처리한다.	

1.　　　①　　　　　　②　　　　　　③　　　　　　④
2.　　　①　　　　　　②　　　　　　③　　　　　　④

22

1. 모르는 사람과 이야기하는 것이 두렵지 않다.	
2. 끙끙거리며 생각할 때가 많다.	

1.　　　①　　　　　　②　　　　　　③　　　　　　④
2.　　　①　　　　　　②　　　　　　③　　　　　　④

23

1. 다른 사람에게 항상 움직이고 있다는 말을 듣는다.	
2. 매사에 여러 일에 얽매인다.	

1.　　　①　　　　　　②　　　　　　③　　　　　　④
2.　　　①　　　　　　②　　　　　　③　　　　　　④

24

1. 잘하지 못하는 게임은 하지 않으려고 한다.
2. 어떠한 일이 있어도 출세하고 싶다.

1.　　　　①　　　　　　②　　　　　　③　　　　　　④
2.　　　　①　　　　　　②　　　　　　③　　　　　　④

25

1. 막무가내라는 말을 들을 때가 많다.
2. 남과 친해지려면 용기가 필요하다.

1.　　　　①　　　　　　②　　　　　　③　　　　　　④
2.　　　　①　　　　　　②　　　　　　③　　　　　　④

26

1. 통찰력이 있다고 생각한다.
2. 가끔 기분이 우울하다.

1.　　　　①　　　　　　②　　　　　　③　　　　　　④
2.　　　　①　　　　　　②　　　　　　③　　　　　　④

27

1. 매사에 느긋하고 차분하게 행동한다.
2. 좋은 생각이 떠올라도 실행하기 전에 여러 번 검토한다.

1.　　　　①　　　　　　②　　　　　　③　　　　　　④
2.　　　　①　　　　　　②　　　　　　③　　　　　　④

28

1. 누구나 권력자를 동경하고 있다고 생각한다.
2. 몸으로 부딪쳐 도전하는 편이다.

1.   ①   ②   ③   ④
2.   ①   ②   ③   ④

29

1. 내성적이라고 생각한다.
2. 대충하는 것을 좋아한다.

1.   ①   ②   ③   ④
2.   ①   ②   ③   ④

30

1. 계획을 세우고 행동할 때가 많다.
2. 일에는 결과가 중요하다.

1.   ①   ②   ③   ④
2.   ①   ②   ③   ④

31

1. 활력이 있다.
2. 더 이상 인간관계를 넓히고 싶지 않다.

1.   ①   ②   ③   ④
2.   ①   ②   ③   ④

32

1. 매사에 신중한 편이라고 생각한다.
2. 눈을 뜨면 바로 일어난다.

1.   ①   ②   ③   ④
2.   ①   ②   ③   ④

33

1. 난관에 봉착해도 포기하지 않고 열심히 한다.
2. 실행하기 전에 재확인할 때가 많다.

1.   ①   ②   ③   ④
2.   ①   ②   ③   ④

34

1. 리더로서 인정을 받고 싶다.
2. 어떤 일이 있어도 의욕을 가지고 열심히 하는 편이다.

1.   ①   ②   ③   ④
2.   ①   ②   ③   ④

35

1. 누군가의 의견에 따라가는 경우가 많다.
2. 차분하다는 말을 자주 듣는다.

1.   ①   ②   ③   ④
2.   ①   ②   ③   ④

36

1. 스포츠 선수가 되고 싶다고 생각한 적이 있다.
2. 모두가 싫증을 내는 일에도 혼자서 열심히 한다.

1.   ①   ②   ③   ④
2.   ①   ②   ③   ④

37

1. 휴일은 세부적인 계획을 세우고 보낸다.
2. 완성된 것보다도 미완성인 것에 흥미가 있다.

1.   ①   ②   ③   ④
2.   ①   ②   ③   ④

38

1. 못할 것 같아도 일단 해본다.
2. 의견이 다른 사람과는 어울리지 않는다.

1.   ①   ②   ③   ④
2.   ①   ②   ③   ④

39

1. 무슨 일이든 생각해 보지 않으면 만족하지 못한다.
2. 다소 무리를 하더라도 피로해지지 않는다.

1.   ①   ②   ③   ④
2.   ①   ②   ③   ④

40

1. 굳이 말하자면 장거리 주자에 어울린다고 생각한다.
2. 여행을 가기 전에는 아무런 계획을 세우지 않는다.

1. ① ② ③ ④
2. ① ② ③ ④

41

1. 능력을 살릴 수 있는 일을 하고 싶다.
2. 내 성격이 시원시원하다고 생각한다.

1. ① ② ③ ④
2. ① ② ③ ④

42

1. 다른 사람에게 자신이 소개되는 것을 좋아한다.
2. 실행하기 전에 재고하는 경우가 많다.

1. ① ② ③ ④
2. ① ② ③ ④

43

1. 몸을 움직이는 것을 좋아한다.
2. 나는 완고한 편이라고 생각한다.

1. ① ② ③ ④
2. ① ② ③ ④

44

1. 신중하게 생각하는 편이다.
2. 커다란 일을 해보고 싶다.

1.　　　①　　　　　　②　　　　　　③　　　　　　④
2.　　　①　　　　　　②　　　　　　③　　　　　　④

45

1. 계획을 생각한 것보다 빨리 실행하고 싶어한다.
2. 처음 만난 사람과의 대화를 길게 이끌지 못한다.

1.　　　①　　　　　　②　　　　　　③　　　　　　④
2.　　　①　　　　　　②　　　　　　③　　　　　　④

5일차

46

1. 하루의 행동을 반성하는 경우가 많다.
2. 격렬한 운동도 그다지 힘들어하지 않는다.

1.　　　①　　　　　　②　　　　　　③　　　　　　④
2.　　　①　　　　　　②　　　　　　③　　　　　　④

47

1. 인생에서 중요한 것은 높은 목표를 갖는 것이다.
2. 무슨 일이든 선수를 쳐야 이긴다고 생각한다.

1.　　　①　　　　　　②　　　　　　③　　　　　　④
2.　　　①　　　　　　②　　　　　　③　　　　　　④

48

| 1. 남들과의 교제에 소극적인 편이라고 생각한다. |
| 2. 복잡한 것을 생각하는 것을 좋아한다. |

1.   ①   ②   ③   ④
2.   ①   ②   ③   ④

49

| 1. 운동하는 것을 좋아한다. |
| 2. 참을성이 강하다. |

1.   ①   ②   ③   ④
2.   ①   ②   ③   ④

50

| 1. 예측이 되지 않으면 행동으로 옮기지 않을 때가 많다. |
| 2. 남들 위에 서서 일을 하고 싶다. |

1.   ①   ②   ③   ④
2.   ①   ②   ③   ④

51

| 1. 실제로 행동하기보다 생각하는 것을 좋아한다. |
| 2. 목소리가 큰 편이라고 생각한다. |

1.   ①   ②   ③   ④
2.   ①   ②   ③   ④

52

1. 계획을 중도에 변경하는 것은 싫다.
2. 호텔이나 여관에 묵으면 반드시 비상구를 확인한다.

1.   ①   ②   ③   ④
2.   ①   ②   ③   ④

53

1. 목표는 높을수록 좋다.
2. 기왕 하는 것이라면 온 힘을 다한다.

1.   ①   ②   ③   ④
2.   ①   ②   ③   ④

5일 차

54

1. 얌전한 사람이라는 말을 들을 때가 많다.
2. 침착하게 행동하는 편이다.

1.   ①   ②   ③   ④
2.   ①   ②   ③   ④

55

1. 활동적이라는 이야기를 자주 듣는다.
2. 한 가지 일에 열중하는 것을 좋아한다.

1.   ①   ②   ③   ④
2.   ①   ②   ③   ④

56

1. 쓸데없는 걱정을 할 때가 많다.
2. 굳이 말하자면 야심가이다.

1.　　　① 　　　　② 　　　　③ 　　　　④
2.　　　① 　　　　② 　　　　③ 　　　　④

57

1. 수비보다 공격하는 것에 자신이 있다.
2. 친한 사람하고만 어울리고 싶다.

1.　　　① 　　　　② 　　　　③ 　　　　④
2.　　　① 　　　　② 　　　　③ 　　　　④

58

1. 불가능해 보이는 일이라도 포기하지 않고 계속한다.
2. 일을 할 때에는 꼼꼼하게 계획을 세우고 실행한다.

1.　　　① 　　　　② 　　　　③ 　　　　④
2.　　　① 　　　　② 　　　　③ 　　　　④

59

1. 현실에 만족하지 않고 더욱 개선하고 싶다.
2. 결심하면 바로 착수한다.

1.　　　① 　　　　② 　　　　③ 　　　　④
2.　　　① 　　　　② 　　　　③ 　　　　④

60

1. 처음 만나는 사람과는 잘 이야기하지 못한다.
2. 일처리에 냉정하다.

1.　　　① 　　　　　② 　　　　　③ 　　　　　④
2.　　　① 　　　　　② 　　　　　③ 　　　　　④

61

1. 다른 사람들의 눈길을 끌고 주목을 받는 것이 아무렇지도 않다.
2. 색채감각이나 미적 감각이 풍부한 편이다.

1.　　　① 　　　　　② 　　　　　③ 　　　　　④
2.　　　① 　　　　　② 　　　　　③ 　　　　　④

5일 차

62

1. 사건의 뒤에 숨은 본질을 생각해 보기를 좋아한다.
2. 회의에서 사회나 서기의 역할이 있다면 서기 쪽이 맞을 것 같다.

1.　　　① 　　　　　② 　　　　　③ 　　　　　④
2.　　　① 　　　　　② 　　　　　③ 　　　　　④

63

1. 새로운 아이디어를 생각해내는 일이 좋다.
2. 물건을 만들거나 도구를 사용하는 일이 싫지는 않다.

1.　　　① 　　　　　② 　　　　　③ 　　　　　④
2.　　　① 　　　　　② 　　　　　③ 　　　　　④

02 면접

01 면접 주요사항

면접의 사전적 정의는 면접관이 지원자를 직접 만나보고 인품(人品)이나 언행(言行) 따위를 시험하는 일로, 흔히 필기시험 후에 최종적으로 심사하는 방법이다.

최근 주요 기업의 인사담당자들을 대상으로 채용 시 면접이 차지하는 비중을 설문조사했을 때, 50～80% 이상이라고 답한 사람이 전체 응답자의 80%를 넘었다. 이와 대조적으로 지원자들을 대상으로 취업 시험에서 면접을 준비하는 기간을 물었을 때, 대부분의 응답자가 2～3일 정도라고 대답했다.

지원자가 일정 수준의 스펙을 갖추기 위해 자격증 시험과 토익을 치르고 이력서와 자기소개서까지 쓰다 보면 면접까지 챙길 여유가 없는 것이 사실이다. 그리고 서류전형과 인적성검사를 통과해야만 면접을 볼 수 있기 때문에 자연스럽게 면접은 취업시험 과정에서 그 비중이 작아질 수밖에 없다. 하지만 아이러니하게도 실제 채용 과정에서 면접이 차지하는 비중은 절대적이라고 해도 과언이 아니다.

기업들은 채용 과정에서 토론 면접, 인성 면접, 프레젠테이션 면접, 역량 면접 등의 다양한 면접을 실시한다. 1차 커트라인이라고 할 수 있는 서류전형을 통과한 지원자들의 스펙이나 능력은 서로 엇비슷하다고 판단되기 때문에 서류상 보이는 자격증이나 토익 성적보다는 지원자의 인성을 파악하기 위해 면접을 더욱 강화하는 것이다. 일부 기업은 의도적으로 압박 면접을 실시하기도 한다. 지원자가 당황할 수 있는 질문을 던져서 그것에 대한 지원자의 반응을 살펴보는 것이다.

면접은 다르게 생각한다면 '나는 누구인가'에 대한 물음에 해답을 줄 수 있는 가장 현실적이고 미래적인 경험이 될 수 있다. 취업난 속에서 자격증을 취득하고 토익 성적을 올리기 위해 앞만 보고 달려온 지원자들은 자신에 대해서 고민하고 탐구할 수 있는 시간을 평소 쉽게 가질 수 없었을 것이다. 자신을 잘 알고 있어야 자신에 대해서 자신감 있게 말할 수 있다. 대체로 사람들은 자신에게 관대한 편이기 때문에 스스로에 대해서 어떤 기대와 환상을 가지고 있는 경우가 많다. 하지만 면접은 제삼자에 의해 개인의 능력을 객관적으로 평가받는 시험이다. 어떤 지원자들은 다른 사람에게 자신을 표현하는 것을 어려워한다. 평소에 잘 사용하지 않는 용어를 내뱉으면서 거창하게 자신을 포장하는 지원자도 많다. 면접에서 가장 기본은 자기 자신을 면접관에게 알기 쉽게 표현하는 것이다.

이러한 표현을 바탕으로 자신이 앞으로 하고자 하는 것과 그에 대한 이유를 설명해야 한다. 최근에는 자신감을 향상시키거나 말하는 능력을 높이는 학원도 많기 때문에 얼마든지 자신의 단점을 극복할 수 있다.

1. 자기소개의 기술

자기소개를 시키는 이유는 면접자가 지원자의 자기소개서를 압축해서 듣고, 지원자의 첫인상을 평가할 시간을 가질 수 있기 때문이다. 면접을 위한 워밍업이라고 할 수 있으며, 첫인상을 결정하는 과정이므로 매우 중요한 순간이다.

(1) 정해진 시간에 자기소개를 마쳐야 한다.

쉬워 보이지만 의외로 지원자들이 정해진 시간을 넘기거나 혹은 빨리 끝내서 면접관에게 지적을 받는 경우가 많다. 본인이 면접을 받는 마지막 지원자가 아닌 이상, 정해진 시간을 지키지 않는 것은 수많은 지원자를 상대하기에 바쁜 면접관과 대기 시간에 지친 다른 지원자들에게 불쾌감을 줄 수 있다.

또한 회사에서 시간관념은 절대적인 것이므로 반드시 자기소개 시간을 지켜야 한다. 말하기는 1분에 200자 원고지 2장 분량의 글을 읽는 만큼의 속도가 가장 적당하다. 이를 A4 용지에 10point 글자 크기로 작성하면 반 장 분량이 된다.

(2) 간단하지만 신선한 문구로 자기소개를 시작하자.

요즈음 많은 지원자가 이 방법을 사용하고 있기 때문에 웬만한 소재의 문구가 아니면 면접관의 관심을 받을 수 없다. 이러한 문구는 시대적으로 유행하는 광고 카피를 패러디하는 경우와 격언 등을 인용하는 경우, 그리고 지원한 회사의 IC나 경영이념, 인재상 등을 사용하는 경우 등이 있다. 지원자는 이러한 여러 문구 중에 자신의 첫인상을 북돋아 줄 수 있는 것을 선택해서 말해야 한다. 자신의 이름을 문구 속에 적절하게 넣어서 말한다면 좀 더 효과적인 자기소개가 될 것이다.

(3) 무엇을 먼저 말할 것인지 고민하자.

면접관이 많이 던지는 질문 중 하나가 지원동기이다. 그래서 성장기를 바로 건너뛰고, 지원한 회사에 들어오기 위해 대학에서 어떻게 준비했는지를 설명하는 자기소개가 대세이다.

(4) 면접관의 호기심을 자극해 관심을 불러일으킬 수 있게 말하라.

면접관에게 질문을 많이 받는 지원자의 합격률이 반드시 높은 것은 아니지만, 질문을 전혀 안 받는 것보다는 좋은 평가를 기대할 수 있다. 지원한 분야와 관련된 수상 경력이나 프로젝트 등을 말하는 것도 좋다. 이는 지원자의 업무 능력과 직접 연결되는 것이므로 효과적인 자기 홍보가 될 수 있다. 일부 지원자들은 자신만의 특별한 경험을 이야기하는데, 이때는 그 경험이 보편적으로 사람들의 공감대를 얻을 수 있는 것인지 다시 생각해봐야 한다.

(5) 마지막 고개를 넘기가 가장 힘들다.

첫 단추도 중요하지만, 마지막 단추도 중요하다. 하지만 왠지 격식을 따지는 인사말은 지나가는 인사말 같고, 다르게 하자니 예의에 어긋나는 것 같은 기분이 든다. 이때는 처음에 했던 자신만의 문구를 다시 한 번 말하는 것도 좋은 방법이다. 자연스러운 끝맺음이 될 수 있도록 적절한 연습이 필요하다.

2. 1분 자기소개 시 주의사항

(1) 자기소개서와 자기소개가 똑같다면 감점일까?

아무리 자기소개서를 외워서 말한다 해도 자기소개가 자기소개서와 완전히 똑같을 수는 없다. 자기소개서의 분량이 더 많고 회사마다 요구하는 필수 항목들이 있기 때문에 굳이 고민할 필요는 없다. 오히려 자기소개서의 내용을 잘 정리한 자기소개가 더 좋은 결과를 만들 수 있다. 하지만 자기소개서와 상반된 내용을 말하는 것은 적절하지 않다. 지원자의 신뢰성이 떨어진다는 것은 곧 불합격을 의미하기 때문이다.

(2) 말하는 자세를 바르게 익혀라.

지원자가 자기소개를 하는 동안 면접관은 지원자의 동작 하나하나를 관찰한다. 그렇기 때문에 바른 자세가 중요하다는 것은 우리가 익히 알고 있다. 하지만 문제는 무의식적으로 나오는 습관 때문에 자세가 흐트러져 나쁜 인상을 줄 수 있다는 것이다. 이러한 습관을 고칠 수 있는 가장 좋은 방법은 캠코더 등으로 자신의 모습을 담는 것이다. 거울을 사용할 경우에는 시선이 자꾸 자기 눈과 마주치기 때문에 집중하기 힘들다. 하지만 촬영된 동영상은 제삼자의 입장에서 자신을 볼 수 있기 때문에 많은 도움이 된다.

(3) 정확한 발음과 억양으로 자신 있게 말하라.

지원자의 모양새가 아무리 뛰어나도, 목소리가 작고 발음이 부정확하면 큰 감점을 받는다. 이러한 모습은 지원자의 좋은 점에까지 악영향을 끼칠 수 있다. 직장을 흔히 사회생활의 시작이라고 말하는 시대적 정서에서 사람들과 의사소통을 하는 데 문제가 있다고 판단되는 지원자는 부적절한 인재로 평가될 수밖에 없다.

3. 대화법

전문가들이 말하는 대화법의 핵심은 '상대방을 배려하면서 이야기하라.'는 것이다. 대화는 나와 다른 사람의 소통이다. 내용에 대한 공감이나 이해가 없다면 대화는 더 진전되지 않는다.

베스트셀러 『카네기 인간관계론』의 작가인 철학자 카네기가 말하는 최상의 대화법은 자신의 경험을 토대로 이야기하는 것이다. 즉, 살아오면서 직접 겪은 경험이 상대방의 관심을 끌 수 있는 가장 좋은 이야깃거리인 것이다. 특히, 어떤 일을 이루기 위해 노력하는 과정에서 겪은 실패나 희망에 대해 진솔하게 얘기한다면 상대방은 어느새 당신의 편에 서서 그 이야기에 동조할 것이다.

독일의 사업가이자 동기부여 트레이너인 위르겐 힐러의 연설법 중 가장 유명한 것은 '시즐(Sizzle)'을 잡는 것이다. 시즐이란, 새우튀김이나 돈가스가 기름에서 지글지글 튀겨질 때 나는 소리이다. 즉, 자신의 말을 듣고 시즐처럼 반응하는 상대방의 감정에 적절하게 대응하라는 것이다.

말을 시작한 지 10 ~ 15초 안에 상대방의 '시즐'을 알아차려야 한다. 자신의 이야기에 대한 상대방의 첫 반응에 따라 말하기 전략도 달라져야 한다. 첫 이야기의 반응이 미지근하다면 가능한 한 그 이야기를 빨리 마무리하고 새로운 이야깃거리를 생각해내야 한다. 길지 않은 면접 시간 내에 몇 번 오지 않는 대답의 기회를 살리기 위해서 보다 전략적이고 냉철해야 하는 것이다.

4. 차림새

(1) 구두

면접에 어떤 옷을 입어야 할지를 며칠 동안 고민하면서 정작 구두는 면접 보는 날 현관을 나서면서 즉흥적으로 신고 가는 지원자들이 많다. 구두를 보면 그 사람의 됨됨이를 알 수 있다고 한다. 면접관 역시 이러한 것을 놓치지 않기 때문에 지원자는 자신의 구두에 더욱 신경을 써야 한다. 스타일의 마무리는 발끝에서 이루어지는 것이다. 아무리 멋진 옷을 입고 있어도 구두가 어울리지 않는다면 전체 스타일이 흐트러지기 때문이다.

정장용 구두는 디자인이 깔끔하고, 에나멜 가공처리를 하여 광택이 도는 페이턴트 가죽 소재 제품이 무난하다. 검정 계열 구두는 회색과 감색 정장에, 브라운 계열의 구두는 베이지나 갈색 정장에 어울린다. 참고로 구두는 오전에 사는 것보다 발이 충분히 부은 상태인 저녁에 사는 것이 좋다. 마지막으로 당연한 일이지만 반드시 면접을 보는 전날 구두 뒤축이 닳지는 않았는지 확인하고 구두에 광을 내 둔다.

(2) 양말

양말은 정장과 구두의 색상을 비교해서 골라야 한다. 특히 검정이나 감색의 진한 색상의 바지에 흰 양말을 신는 것은 시대에 뒤처지는 일이다. 일반적으로 양말의 색깔은 바지의 색깔과 같아야 한다. 또한 양말의 길이도 신경 써야 한다. 바지를 입을 경우, 의자에 바르게 앉거나 다리를 꼬아서 앉을 때 다리털이 보여서는 안 된다. 반드시 긴 정장 양말을 신어야 한다.

(3) 정장

지원자는 평소에 정장을 입을 기회가 많지 않기 때문에 면접을 볼 때 본인 스스로도 옷을 어색하게 느끼는 경우가 많다. 옷을 불편하게 느끼기 때문에 자세마저 불안정한 지원자도 볼 수 있다. 그러므로 면접 전에 정장을 입고 생활해보는 것도 나쁘지는 않다.

일반적으로 면접을 볼 때는 상대방에게 신뢰감을 줄 수 있는 남색 계열의 옷이나 어떤 계절이든 무난하고 깔끔해보이는 회색 계열의 정장을 많이 입는다. 정장은 유행에 따라서 재킷의 디자인이나 버튼의 개수가 바뀌기 때문에 너무 오래된 옷을 입어서 다른 사람의 옷을 빌려 입고 나온 듯한 인상을 주어서는 안 된다.

(4) 헤어스타일과 메이크업

헤어스타일에 자신이 없다면 미용실에 다녀오는 것도 좋은 방법이다. 또한 자신에게 어울리는 메이크업을 하는 것도 괜찮다. 메이크업은 상대에 대한 예의를 갖추는 것이므로 지나치게 화려한 메이크업이 아니라면 보다 준비된 지원자처럼 보일 수 있다.

5. 첫인상

취업을 위해 성형수술을 받는 사람들에 대한 이야기는 더 이상 뉴스거리가 되지 않는다. 그만큼 많은 사람이 좁은 취업문을 뚫기 위해 이미지 향상에 신경을 쓰고 있다. 이는 면접관에게 좋은 첫인상을 주기 위한 것으로, 지원서에 올리는 증명사진을 이미지 프로그램을 통해 수정하는 이른바 '사이버 성형'이 유행하는 것과 같은 맥락이다. 실제로 외모가 채용 과정에서 영향을 끼치는가에 대한 설문조사에서도 60% 이상의 인사담당자들이 그렇다고 답변했다.

하지만 외모와 첫인상을 절대적인 관계로 이해하는 것은 잘못된 판단이다. 외모가 첫인상에서 많은 부분을 차지하지만, 외모 외에 다른 결점이 발견된다면 그로 인해 장점들이 가려질 수도 있다. 이러한 현상은 아래에서 다시 논하겠다.

첫인상은 말 그대로 한 번밖에 기회가 주어지지 않으며 몇 초 안에 결정된다. 첫인상을 결정짓는 요소 중 시각적인 요소가 80% 이상을 차지한다. 첫눈에 들어오는 생김새나 복장, 표정 등에 의해서 결정되는 것이다. 면접을 시작할 때 자기소개를 시키는 것도 지원자별로 첫인상을 평가하기 위해서이다. 첫인상이 중요한 이유는 만약 첫인상이 부정적으로 인지될 경우, 지원자의 다른 좋은 면까지 거부당하기 때문이다. 이러한 현상을 심리학에서는 초두효과(Primacy Effect)라고 한다.

그래서 한 번 형성된 첫인상은 여간해서 바꾸기 힘들다. 이는 첫인상이 나중에 들어오는 정보까지 영향을 주기 때문이다. 첫인상의 정보가 나중에 들어오는 정보 처리의 지침이 되는 것을 심리학에서는 맥락효과(Context Effect)라고 한다. 따라서 평소에 첫인상을 좋게 만들기 위한 노력을 꾸준히 해야만 하는 것이다. 좋은 첫인상이 반드시 외모에만 집중되는 것은 아니다. 오히려 깔끔한 옷차림과 부드러운 표정 그리고 말과 행동 등에 의해 전반적인 이미지가 만들어진다. 누구나 이러한 것 중에 한두 가지 단점을 가지고 있다. 요즈음은 이미지 컨설팅을 통해서 자신의 단점들을 보완하는 지원자도 있다. 특히, 표정이 밝지 않은 지원자는 평소 웃는 연습을 의식적으로 하여 면접을 받는 동안 계속해서 여유 있는 표정을 짓는 것이 중요하다. 성공한 사람들은 인상이 좋다는 것을 명심하자.

02 면접의 유형 및 실전 대책

1. 면접의 유형

과거 천편일률적인 일대일 면접과 달리 면접에는 다양한 유형이 도입되어 현재는 "면접은 이렇게 보는 것이다."라고 말할 수 있는 정해진 유형이 없어졌다. 그러나 대기업 면접에서는 현재까지는 집단 면접과 다대일 면접이 진행되고 있으므로 어느 정도 유형을 파악하여 사전에 대비가 가능하다. 면접의 기본인 단독 면접부터, 다대일 면접, 집단 면접의 유형과 그 대책에 대해 알아보자.

(1) 단독 면접

단독 면접이란 응시자와 면접관이 1대1로 마주하는 형식을 말한다. 면접위원 한 사람과 응시자 한 사람이 마주 앉아 자유로운 화제를 가지고 질의응답을 되풀이하는 방식이다. 이 방식은 면접의 가장 기본적인 방법으로 소요시간은 10 ~ 20분 정도가 일반적이다.

① 장점

필기시험 등으로 판단할 수 없는 성품이나 능력을 알아내는 데 가장 적합하다고 평가받아 온 면접방식으로 응시자 한 사람 한 사람에 대해 여러 면에서 비교적 폭넓게 파악할 수 있다. 응시자의 입장에서는 한 사람의 면접관만을 대하는 것이므로 상대방에게 집중할 수 있으며, 긴장감도 다른 면접방식에 비해서는 적은 편이다.

② 단점

면접관의 주관이 강하게 작용해 객관성을 저해할 소지가 있으며, 면접 평가표를 활용한다 하더라도 일면적인 평가에 그칠 가능성을 배제할 수 없다. 또한 시간이 많이 소요되는 것도 단점이다.

> **단독 면접 준비 Point**
>
> 단독 면접에 대비하기 위해서는 평소 1대1로 논리 정연하게 대화를 나눌 수 있는 능력을 기르는 것이 중요하다. 그리고 면접장에서는 면접관을 선배나 선생님 혹은 아버지를 대하는 기분으로 면접에 임하는 것이 부담도 훨씬 적고 실력을 발휘할 수 있는 방법이 될 것이다.

(2) 다대일 면접

다대일 면접은 일반적으로 가장 많이 사용되는 면접방법으로 보통 2 ~ 5명의 면접관이 1명의 응시자에게 질문하는 형태의 면접방법이다. 면접관이 여러 명이므로 다각도에서 질문을 하여 응시자에 대한 정보를 많이 알아낼 수 있다는 점 때문에 선호하는 면접방법이다.

하지만 응시자의 입장에서는 질문도 면접관에 따라 각양각색이고 동료 응시자가 없으므로 숨 돌릴 틈도 없게 느껴진다. 또한 관찰하는 눈도 많아서 조그만 실수라도 지나치는 법이 없기 때문에 정신적 압박과 긴장감이 높은 면접방법이다. 따라서 응시자는 긴장을 풀고 한 시험관이 묻더라도 면접관 전원을 향해 대답한다는 기분으로 또박또박 대답하는 자세가 필요하다.

① 장점

면접관이 집중적인 질문과 다양한 관찰을 통해 응시자가 과연 조직에 필요한 인물인가를 완벽히 검증할 수 있다.

② 단점

면접시간이 보통 10 ~ 30분 정도로 좀 긴 편이고 응시자에게 지나친 긴장감을 조성하는 면접방법이다.

> **다대일 면접 준비 Point**
>
> 질문을 들을 때 시선은 면접위원을 향하고 다른 데로 돌리지 말아야 하며, 대답할 때에도 고개를 숙이거나 입속에서 우물거리는 소극적인 태도는 피하도록 한다. 면접위원과 대등하다는 마음가짐으로 편안한 태도를 유지하면 대답도 자연스러운 상태에서 좀 더 충실히 할 수 있고, 이에 따라 면접위원이 받는 인상도 달라진다.

(3) 집단 면접

집단 면접은 다수의 면접관이 여러 명의 응시자를 한꺼번에 평가하는 방식으로 짧은 시간에 능률적으로 면접을 진행할 수 있다. 각 응시자에 대한 질문내용, 질문횟수, 시간배분이 똑같지는 않으며, 모두에게 같은 질문이 주어지기도 하고, 각각 다른 질문을 받기도 한다.

또한 어떤 응시자가 한 대답에 대한 의견을 묻는 등 그때그때의 분위기나 면접관의 의향에 따라 변수가 많다. 집단 면접은 응시자의 입장에서는 개별 면접에 비해 긴장감은 다소 덜한 반면에 다른 응시자들과의 비교가 확실하게 나타나므로 응시자는 몸가짐이나 표현력·논리성 등이 결여되지 않도록 자신의 생각이나 의견을 솔직하게 발표하여 집단 속에 묻히거나 밀려나지 않도록 주의해야 한다.

① 장점

집단 면접의 장점은 면접관이 응시자 한 사람에 대한 관찰시간이 상대적으로 길고, 비교 평가가 가능하기 때문에 결과적으로 평가의 객관성과 신뢰성을 높일 수 있다는 점이며, 응시자는 동료들과 함께 면접을 받기 때문에 긴장감이 다소 덜하다는 것을 들 수 있다. 또한 동료가 답변하는 것을 들으며, 자신의 답변 방식이나 자세를 조정할 수 있다는 것도 큰 이점이다.

② 단점

응답하는 순서에 따라 응시자마다 유리하고 불리한 점이 있고, 면접위원의 입장에서는 각각의 개인적인 문제를 깊게 다루기가 곤란하다는 것이 단점이다.

집단 면접 준비 Point

너무 자기 과시를 하지 않는 것이 좋다. 대답은 자신이 말하고 싶은 내용을 간단명료하게 말해야 한다. 내용이 없는 발언을 한다거나 대답을 질질 끄는 태도는 좋지 않다. 또 말하는 중에 내용이 주제에서 벗어나거나 자기중심적으로만 말하는 것도 피해야 한다. 집단 면접에 대비하기 위해서는 평소에 설득력을 지닌 자신의 논리력을 계발하는 데 힘써야 하며, 다른 사람 앞에서 자신의 의견을 조리 있게 개진할 수 있는 발표력을 갖추는 데에도 많은 노력을 기울여야 한다.

• 실력에는 큰 차이가 없다는 것을 기억하라.
• 동료 응시자들과 서로 협조하라.
• 답변하지 않을 때의 자세가 중요하다.
• 개성 표현은 좋지만 튀는 것은 위험하다.

---

(4) 집단 토론식 면접

집단 토론식 면접은 집단 면접과 형태는 유사하지만 질의응답이 아니라 응시자들끼리의 토론이 중심이 되는 면접방법으로 최근 들어 급증세를 보이고 있다. 이는 공통의 주제에 대해 다양한 견해들이 개진되고 결론을 도출하는 과정, 즉 토론을 통해 응시자의 다양한 면에 대한 평가가 가능하다는 집단 토론식 면접의 장점이 널리 확산된 데 따른 것으로 보인다. 사실 집단 토론식 면접을 활용하면 주제와 관련된 지식 정도와 이해력, 판단력, 설득력, 협동성은 물론 리더십, 조직 적응력, 적극성과 대인관계 능력 등을 쉽게 파악할 수 있다.

토론식 면접에서는 자신의 의견을 명확히 제시하면서도 상대방의 의견을 경청하는 토론의 기본자세가 필수적이며, 지나친 경쟁심이나 자기 과시욕은 접어두는 것이 좋다. 또한 집단 토론의 목적이 결론을 도출해 나가는 과정에 있다는 것을 감안하여 무리하게 자신의 주장을 관철시키기보다 오히려 토론의 질을 높이는 데 기여하는 것이 좋은 인상을 줄 수 있다는 점을 알아야 한다. 취업 희망자들은 토론식 면접이 급속도로 확산되는 추세임을 감안해 특히 철저한 준비를 해야 한다. 평소에 신문의 사설이나 매스컴 등의 토론 프로그램을 주의 깊게 보면서 논리 전개방식을 비롯한 토론 과정을 익히도록 하고, 친구들과 함께 간단한 주제를 놓고 토론을 진행해 볼 필요가 있다. 또한 사회·시사문제에 대해 자기 나름대로의 관점을 정립해두는 것도 꼭 필요하다.

(5) PT 면접

PT 면접, 즉 프레젠테이션 면접은 최근 들어 집단 토론 면접과 더불어 그 활용도가 점차 커지고 있다. PT 면접은 기업마다 특성이 다르고 인재상이 다른 만큼 인성 면접만으로는 알 수 없는 지원자의 문제해결 능력, 전문성, 창의성, 기본 실무능력, 논리성 등을 관찰하는 데 중점을 두는 면접으로, 지원자 간의 변별력이 높아 대부분의 기업에서 적용하고 있으며, 확산되는 추세이다.

면접 시간은 기업별로 차이가 있지만, 전문지식, 시사성 관련 주제를 제시한 다음, 보통 20 ~ 50분 정도 준비하여 5분가량 발표할 시간을 준다. 면접관과 지원자의 단순한 질의응답식이 아닌, 주제에 대해 일정 시간 동안 지원자의 발언과 발표하는 모습 등을 관찰하게 된다. 정확한 답이나 지식보다는 논리적 사고와 의사표현력이 더 중시되기 때문에 자신의 생각을 어떻게 설명하느냐가 매우 중요하다.

PT 면접에서 같은 주제라도 직무별로 평가요소가 달리 나타난다. 예를 들어, 영업직은 설득력과 의사소통 능력에 중점을 둘 수 있겠고, 관리직은 신뢰성과 창의성 등을 더 중요하게 평가한다.

> **PT 면접 준비 Point**
>
> • 면접관의 관심과 주의를 집중시키고, 발표 태도에 유의한다.
> • 모의 면접이나 거울 면접을 통해 미리 점검한다.
> • PT 내용은 세 가지 정도로 정리해서 말한다.
> • PT 내용에는 자신의 생각이 담겨 있어야 한다.
> • 중간에 자문자답 방식을 활용한다.
> • 평소 지원하는 업계의 동향이나 직무에 대한 전문지식을 쌓아둔다.
> • 부적절한 용어 사용이나 무리한 주장 등은 하지 않는다.

2. 면접의 실전 대책

(1) 면접 대비사항

① 지원 회사에 대한 사전지식을 충분히 준비한다.

필기시험에서 합격 또는 서류전형에서의 합격통지가 온 후 면접시험 날짜가 정해지는 것이 보통이다. 이때 수험자는 면접시험을 대비해 사전에 자기가 지원한 계열사 또는 부서에 대해 폭넓은 지식을 준비할 필요가 있다.

> **지원 회사에 대해 알아두어야 할 사항**
>
> • 회사의 연혁
> • 회장 또는 사장의 이름, 출신학교, 관심사
> • 회장 또는 사장이 요구하는 신입사원의 인재상
> • 회사의 사훈, 사시, 경영이념, 창업정신
> • 회사의 대표적 상품, 특색
> • 업종별 계열회사의 수
> • 해외지사의 수와 그 위치
> • 신 개발품에 대한 기획 여부
> • 자기가 생각하는 회사의 장단점
> • 회사의 잠재적 능력개발에 대한 제언

② 충분한 수면을 취한다.

충분한 수면으로 안정감을 유지하고 첫 출발의 상쾌한 마음가짐을 갖는다.

③ 얼굴을 생기 있게 한다.

첫인상은 면접에 있어서 가장 결정적인 당락요인이다. 면접관에게 좋은 인상을 줄 수 있도록 화장하는 것도 필요하다. 면접관들이 가장 좋아하는 인상은 얼굴에 생기가 있고 눈동자가 살아 있는 사람, 즉 기가 살아 있는 사람이다.

④ 아침에 인터넷 뉴스를 읽고 간다.

그날의 뉴스가 질문 대상에 오를 수가 있다. 특히 경제면, 정치면, 문화면 등을 유의해서 볼 필요가 있다.

출발 전 확인할 사항

이력서, 자기소개서, 성적증명서, 졸업(예정)증명서, 지갑, 신분증(주민등록증), 손수건, 휴지, 볼펜, 메모지 등을 준비하자.

(2) 면접 시 옷차림

면접에서 옷차림은 간결하고 단정한 느낌을 주는 것이 가장 중요하다. 색상과 디자인 면에서 지나치게 화려한 색상이나, 노출이 심한 디자인은 자칫 면접관의 눈살을 찌푸리게 할 수 있다. 단정한 차림을 유지하면서 자신만의 독특한 멋을 연출하는 것, 지원하는 회사의 분위기를 파악했다는 센스를 보여주는 것 또한 코디네이션의 포인트이다.

복장 점검

• 구두는 잘 닦여 있는가?
• 옷은 깨끗이 다려져 있으며 스커트 길이는 적당한가?
• 손톱은 길지 않고 깨끗한가?
• 머리는 흐트러짐 없이 단정한가?

(3) 면접요령

① 첫인상을 중요시한다.

상대에게 인상을 좋게 주지 않으면 어떠한 얘기를 해도 이쪽의 기분이 충분히 전달되지 않을 수 있다. 예를 들어, '저 친구는 표정이 없고 무엇을 생각하고 있는지 전혀 알 길이 없다.'처럼 생각되면 최악의 상태이다. 우선 청결한 복장, 바른 자세로 침착하게 들어가야 한다. 건강하고 신선한 이미지를 주어야 하기 때문이다.

② 좋은 표정을 짓는다.

얘기를 할 때의 표정은 중요한 사항의 하나다. 거울 앞에서 웃는 연습을 해본다. 웃는 얼굴은 상대를 편안하게 하고, 특히 면접 등 긴박한 분위기에서는 천금의 값이 있다 할 것이다. 그렇다고 하여 항상 웃고만 있어서는 안 된다. 자기의 할 얘기를 진정으로 전하고 싶을 때는 진지한 얼굴로 상대의 눈을 바라보며 얘기한다. 면접을 볼 때 눈을 감고 있으면 마이너스 이미지를 주게 된다.

③ 결론부터 이야기한다.

자기의 의사나 생각을 상대에게 정확하게 전달하기 위해서 먼저 무엇을 말하고자 하는가를 명확히 결정해 두어야 한다. 대답을 할 경우에는 결론을 먼저 이야기하고 나서 그에 따른 설명과 이유를 덧붙이면 논지(論旨)가 명확해지고 이야기가 깔끔하게 정리된다.

한 가지 사실을 이야기하거나 설명하는 데는 3분이면 충분하다. 복잡한 이야기라도 어느 정도의 길이로 요약해서 이야기하면 상대도 이해하기 쉽고 자기도 정리할 수 있다. 긴 이야기는 오히려 상대를 불쾌하게 할 수가 있다.

④ 질문의 요지를 파악한다.

면접 때의 이야기는 간결성만으로는 부족하다. 상대의 질문이나 이야기에 대해 적절하고 필요한 대답을 하지 않으면 대화는 끊어지고 자기의 생각도 제대로 표현하지 못하여 면접자로 하여금 수험생의 인품이나 사고방식 등을 명확히 파악할 수 없게 한다. 무엇을 묻고 있는지, 무슨 이야기를 하고 있는지 그 요점을 정확히 알아내야 한다.

면접에서 고득점을 받을 수 있는 성공요령

1. 자기 자신을 겸허하게 판단하라.
2. 지원한 회사에 대해 100% 이해하라.
3. 실전과 같은 연습으로 감각을 익히라.
4. 단답형 답변보다는 구체적으로 이야기를 풀어나가라.
5. 거짓말을 하지 말라.
6. 면접하는 동안 대화의 흐름을 유지하라.
7. 친밀감과 신뢰를 구축하라.
8. 상대방의 말을 성실하게 들으라.
9. 근로조건에 대한 이야기를 풀어나갈 준비를 하라.
10. 끝까지 긴장을 풀지 말라.

SK그룹은 기업경영의 주체는 사람이며, 사람의 능력을 어떻게 개발하고 활용하느냐에 따라 기업의 성패가 좌우된다는 경영철학에 따라 인재를 채용하고 있다. 이러한 경영철학을 바탕으로 SK의 구성원이 자발적·의욕적으로 자신의 능력을 최대한으로 발휘할 수 있도록 인사관리의 모든 제도와 정책을 수립하고 있다. SK그룹의 면접전형은 지원자의 가치관, 성격특성, 보유역량의 수준 등을 종합적으로 검증하기 위하여 다양한 면접방식을 활용하고 있다. 대상자별·계열사별 차이는 있으나 PT 면접, 그룹 토의 면접, 심층 면접 등 최대 3회 정도의 심도 있는 면접과정을 거쳐 지원자의 역량을 철저히 검증하고 있다. 또한 직무에 따라 지원자의 외국어 능력을 검증하기 위한 외국어 구술 면접을 실시하기도 한다.

SK그룹 계열사별 기출질문

(1) SK가스

① 실무진 면접

질의응답을 중심으로 한 실무면접으로 진행된다.

- 본인을 두 가지 단어로 설명해 보시오.
- 트레이딩엔 어떤 능력이 필요하다고 생각하는가?
- 최근 원유 가격 변동 추이에 대해 말해 보시오.
- 회사 일과 가족행사의 시간분배에 있어서 충돌할 경우가 생긴다면 어떻게 할 것인가?
- 10년 뒤에 자신의 모습을 예상해서 말해 보시오.
- 한 마디로 말하면 자신은 어떤 사람인가?
- 63빌딩에 사람이 총 몇 명이 있을 것 같은가?(돌발질문 / 순발력 Test)
- 살면서 가장 잘했다고 생각되는 일은 무엇인가?
- 인턴으로 있었던 회사의 자랑을 해 보시오.
- 마케팅 학회 경험이 있는데 어떻게 진행한 것인가?
- 만약 기업에 입사하게 된다면 본사랑 지사가 있을 때 어디에 먼저 가야한다고 생각하며, 왜 그렇게 생각하는가?
- 옆 지원자에게 궁금한 것을 한 번 질문해 보시오.
- LPG 산업의 성장성에 대해 말해 보시오.

② 임원 면접

면접관 5명과 지원자 1명으로 구성되어 진행되는 인성면접이다.

- 상사가 불합리한 지시를 내린다면 어떻게 하겠는가?
- 언제 스트레스를 받고, 어떻게 해소하는가?
- SK가스를 어떻게 지원하게 되었는가?
- 학창시절 성적이 좋지 않은데 그 이유가 무엇이라고 생각하는가?
- 본인이 떨어진다면 왜 떨어졌다고 생각하겠는가?
- 업무적인 분야에서 본인의 역량은 무엇인가?
- 전공이 업종과 맞지 않는데 지원한 이유는 무엇인가?
- 동아리 활동을 했다면 어떤 동아리였으며 왜 그 동아리를 하게 되었는가?
- 입사한다면 어떤 부서에서 일하고싶은가?
- 회사에 대해 아는 대로 말해 보시오.

(2) SK실트론

SK실트론의 경우 1차 면접에 직무와 인성 면접을 모두 실시한다.
- 인성 면접(1 VS 多) : 캐주얼한 복장으로 진행되며 1∼2명의 면접관이 3명 이상의 지원자를 평가
- 액티비티 : 4명이 한 조를 이루어서 협동하여 하나의 과제를 해결하는 면접
- PT 면접(2 VS 1) : 주어진 과제에 대한 자료를 보고 15분간 정리하여 발표하는 방식

[인성 면접]
- 자기소개를 2분 동안 해 보시오.
- 리더로서 활동한 경험을 말해 보시오.
- 높은 성과를 낸 경험을 말해 보시오.
- 입사했을 때 나와 성향이 맞지 않는 팀원과 일을 한다면 어떻게 할 것인가?
- 상사가 부당한 지시를 한다면 어떻게 할 것인가?
- 너무 어려운 업무가 주어져서 해결할 능력이 부족하다면 어떻게 할 것인가?

[액티비티]
- (4인 1조로 팀을 이루어)주어진 재료로 굴러가는 자동차를 만드시오.

[PT 면접]
- 열역학 법칙들에 대해 설명해 보시오.
- 초전도체에 대해 열역학 2법칙으로 설명해 보시오.
- 물체가 차가운 것에서 뜨거운 것으로 변화하지 않는 이유를 말해 보시오.
- 휴대용 손난로는 왜 갑자기 뜨거워지는가?

(3) SK케미칼

SK케미칼의 경우 PT 면접 – 실무진 면접 – 임원 면접으로 구성되어 진행된다.

① 실무진 면접

- 백신과 바이오 시밀러의 차이점에 대해 말해 보시오.
- 우리 회사가 본인을 뽑아야 하는 이유는 무엇인가?
- 전공이 다른데 왜 이 분야에 지원했는가?
- 자신의 장단점에 대해 말해 보시오.
- 자신이 생각한 영업 기술이 있다면 말해 보시오.
- 체력은 좋은가?
- 운동을 하고 있는가?
- 컬쳐해본 셀 경험이 있다면 말해 보시오.
- MR이 하는 일은 무엇인가?
- 가장 기억에 남는 마케팅이론은 무엇인가?
- 오랜 시간 꾸준한 판매량을 유지해온 의약품이 있는데 이 의약품을 어떻게 마케팅할 것인가?
- 회사 내에 맞지 않는 사람이 있을 텐데 일할 수 있겠는가?
- 연구직이 아니라 QA를 선택하게 된 이유는 무엇인가?

② 임원 면접

- SK케미칼에 지원하게 된 동기를 말해 보시오.
- 왜 영업을 하려고 하는가?
- SK케미칼의 사업분야에 대해 말해 보시오.
- 해외지사 파견에 대해 어떻게 생각하는가?
- 영업에 대한 자신의 생각을 말해 보시오.
- 우리 회사가 본인을 뽑아야 하는 이유를 말해 보시오.
- 직무에 대해 아는 점은 무엇인가?
- 토익 점수가 높은데, 토익스피킹 점수는 왜 낮은가?
- 우리 회사 외에 다른 회사에도 지원하였는가? 그 결과는 어떻게 되었는가?
- SK케미칼의 매출에 대해 말해 보시오.
- 제2외국어 자격증을 가지고 있는가? 대화도 가능한가?
- 여행 간 지역은 어디이고, 그곳에 왜 갔는지, 무엇이 감명 깊었는지 말해 보시오.
- 인적성 검사 결과 좋지 않았던 부분(융통성, 사회성, 인내력 등)이 있는데 그에 대해 설명해 보시오.
- 대학교를 서울권으로 가지 않고 지방으로 간 이유는 무엇인가?
- 기독교인이라고 했는데, 일요일에 출근이 가능한가? 교리상 불가능하지 않는가?

③ PT 면접

- 중국 시장에서 자사의 주력제품 PPS의 판촉 계획을 세워 보시오.

(4) SK텔레콤

① 실무진 면접(2 VS 3)

- 요즘 뉴스에서 제일 이슈가 되고 있는 미투 운동에 대해 어떻게 생각하는가?
- 새로운 지식을 습득하고 적용했던 사례에 대해 말해 보시오.
- 가장 최근에 마무리한 공부는 무엇인가?
- 포화된 이동통신 시장에서 신사업을 제안해 보시오.
- 자사의 배당 성향에 대해 어떻게 생각하는가?
- 모바일헬스 사업 방향에 대해 말해 보시오.
- 통신 관련 프로젝트를 수행해본 적 있는가? 있다면 어떤 주제에 관련해 진행했는가?
- CCNA가 있는가?
- 네트워크에서 가장 중요하다고 생각하는 것은?
- 경쟁사 대비 SK텔레콤의 장단점은 무엇인가?
- 쇼루밍족이 많은 상황에서 제시할 수 있는 솔루션은 무엇인가?
- NFV와 SDN에 대해 설명해 보시오.
- 빅데이터의 정의와 데이터 거버넌스에 대해 설명해 보시오.
- SAP를 사용할 수 있는가?
- B2B 사례에 대해 소개해 보시오.
- 사물인터넷(IoT)에 대해 설명해 보시오.
- 플랫폼에 대해 설명해 보시오.

② 임원 면접(2 VS 1)

- 가장 힘들었던 경험에 대해 말해 보시오.
- 왜 B2B 마케팅에 지원했는가?
- 우리 회사가 본인을 뽑아야 하는 이유를 말해 보시오.
- 고객사에서 제품 구매를 꺼릴 때, 어떻게 할 것인가?
- SK텔레콤의 매출액은 얼마인지 말해 보시오.
- 지각이나 무단결근을 했을 경우 어떻게 대처할 것인가?
- 왜 광고회사에 들어가지 않고 마케팅을 하려고 하는가?
- 지원자가 했던 도전과 SK 업무와의 연결점은 무엇이라고 생각하는가?
- 인생에서 혁신을 이루기 위해 했던 경험이 있는가?

(5) SK커뮤니케이션즈

① 실무진 면접

- 서비스 기획자로서 필요한 자질은 무엇이라고 생각하는가?
- SK컴즈의 경쟁력은 무엇이고 어떻게 발전시키고 싶은가?
- 자주 사용하는 어플리케이션은 무엇인가?
- String과 StringBuilder의 차이점은 무엇인가?
- SQL의 종류에 대해 설명하고 SQL과의 차이점에 대해 말해 보시오.
- 서비스 중 개선이 필요하다고 생각하는 부분은 어디인가?
- 프로젝트를 해본 경험이 있는가? 어떤 역할을 하였는가? 문제가 있었다면 어떻게 해결하였는가?

② 임원 면접

- 재무부서에서 일하다 보면 상사가 비자금을 만들라고 지시할 수 있는데, 어떻게 하겠는가?
- 가장 의미 있었던 경험과 어려웠던 일은 무엇이었는가?

③ PT 면접

- 해외 투자자본이 우리나라에 미치는 장단점에 대해 말해 보시오.
- 서울에 미용실이 몇 개나 있겠는가?(돌발질문)
- 보잉 747기에 테니스공이 얼마나 들어가겠는가?

(6) SK하이닉스

① 1차 면접

실무진이 진행하는 면접으로 직무에 대한 질문과 인성 면접을 합하여 약 30분 동안 면접을 진행한다.
- PT 면접(3 VS 1) : 30분간 3개의 꼬리 문제가 있는 3개의 문제 중 한 문제를 선택해서 풀고, 30분 동안 답지를 작성. 지원자가 면접관에게 답지를 제공한 후 이에 대해 10분 미만의 발표를 하고 면접관의 추가질문을 받는 형식으로 진행

- 본인이 제출한 답안을 각각 3줄로 요약해서 말해 보시오.
- 자신의 강점이 무엇이라고 생각하는가?
- 제일 기억에 남는 책을 소개해 보시오.
- 가장 관심있는 공정은 무엇이고, 이에 대한 최신이슈는 무엇인가?
- 반도체 8대 공정 중 가장 자신있게 아는 공정은 무엇인지 말하고, 그 공정에 대해 설명해 보시오.
- 반도체 공정을 말해 보시오.
- 본인의 별명은 무엇인가?
- 엔트로피에 대해 설명해 보시오.

- 웨이퍼를 만들 때 실리콘을 사용하는 이유는 무엇인가?
- 소프트웨어 코딩에서 volatile이란 무엇인가?
- 전공과 다른데 반도체 회사에 지원한 이유는?
- 좋아하는 과목과 이유는?
- 주말에는 주로 무엇을 하면서 여가시간을 보내는가?
- 과정과 결과 중 무엇이 중요하다고 생각하는가?
- HF에 따른 CV Curve에 대해 설명해 보시오.
- 홀 전자 이동에 대해 설명해 보시오.
- C언어가 컴파일되어 실행되는 과정을 설명해 보시오.
- 플라즈마에 대해 설명해 보시오.
- Data Mart와 Data Mining의 차이는 무엇인가?
- 반도체 장비를 다뤄본 경험이 있는가?
- Energy barrier를 극복하는 방법은 무엇인가?
- P형 반도체가 N형 반도체보다 느린 이유는 무엇인가?

② 2차 면접(임원 면접)

그룹장이 면접위원으로 참석하는 인성 면접으로 지원자의 SK Values 및 공통역량을 평가하여 SK 하이닉스의 핵심가치 및 인재상과 부합하는 인재를 선발한다.

- 반도체는 매우 어려운 분야인데 왜 반도체를 공부하게 되었는가?
- 석사과정으로 입사하면 2년의 경력을 인정해주는데, 현재 2년의 경력이 있는 사원들과 비교해 보았을 때 본인의 경쟁력은 무엇이라 생각하는가?
- 최근 옥시 사태에 대한 본인의 생각을 말해 보시오.
- 전공과 무관한 직무에 지원했는데 그 이유는 무엇인가?
- 구체적으로 본인이 잘하는 것은 무엇인가?
- 상사와 트러블이 생긴다면 어떻게 해결할 것인가?
- 현재 준비하고 있는 자격증 시험이 있는가?
- 부모님 중 어느 쪽의 영향을 더 받았는가? 왜 그렇게 생각하는가?
- 상사가 부적절한 요구를 해 온다면 어떻게 대응하겠는가?

(7) SK브로드밴드

SK브로드밴드는 인성 면접과 PT 면접, AI 면접, 임원 면접으로 이루어져 있다.

① 시뮬레이션 면접

- SK브로드밴드 가입자를 증대시킬 방법에 대해 말해 보시오.
- 新사업에 어떤 것이 있을지 말해 보시오.
- SK브로드밴드를 활성화할 수 있는 마케팅 방안에 대해 말해 보시오.

② 인성 면접(2 VS 1)

- 시뮬레이션 면접을 함께 진행하고 있는 팀의 분위기는 어떠한가?
- 살면서 실패한 경험이 있는가? 있다면 말해 보시오.
- 또 다른 실패한 경험이 있는가?
- 만약 실패한 그 순간으로 되돌아간다면 어떻게 하겠는가?
- 리더로서의 경험이 있는가? 있다면 말해 보시오.
- 또 다른 리더 경험에 대해 말해 보시오.
- 타인과 갈등을 겪었던 경험이 있는가?
- 타인과 갈등이 생겼을 때 어떤 방법으로 극복하는가?
- 지원자의 단점은 무엇인가?
- 하고 싶은 말이 있는가?
- 궁금한 사항이 있으면 물어보시오.
- 물건을 팔아보시오.

③ PT 면접

- 빅데이터가 관건이 되고 있는데, 여기에 대한 SK브로드밴드의 대응방안에 대해 말해 보시오.
- AI기술 미래 방향과 이를 어떻게 회사 상품에 이용할 것인지 설명해 보시오.

앞선 정보 제공! 도서 업데이트

언제, 왜 업데이트될까?

도서의 학습 효율을 높이기 위해 자료를 추가로 제공할 때!
공기업 · 대기업 필기시험에 변동사항 발생 시 정보 공유를 위해!
공기업 · 대기업 채용 및 시험 관련 중요 이슈가 생겼을 때!

01 SD에듀 도서
www.sdedu.co.kr/book
홈페이지 접속

02 상단 카테고리
「도서업데이트」
클릭

03 해당
기업명으로
검색

참고자료, 시험 개정사항 등 정보 제공으로 학습효율을 높여 드립니다.

SD에듀
대기업 인적성검사 시리즈

신뢰와 책임의 마음으로 수험생 여러분에게 다가갑니다.

대기업 인적성 "기본서" 시리즈

대기업 취업 기초부터 합격까지! 취업의 문을 여는
Master Key!

※도서의 이미지 및 구성은 변동될 수 있습니다.

2024 최신판

유튜브로 쉽게 배우는

5일 특강

SKCT

SK그룹 온라인 종합역량검사

편저 | SDC(Sidae Data Center)

대기업 인적성검사 시리즈
누적 판매량 1위

정답 및 해설

SD에듀
(주)시대고시기획

1일 차

최신 출제 경향 파악하기

끝까지 책임진다! SD에듀!

QR코드를 통해 도서 출간 이후 발견된 오류나 개정법령, 변경된 시험 정보, 최신기출문제, 도서 업데이트 자료 등이 있는지 확인해 보세요! **시대에듀 합격 스마트 앱**을 통해서도 알려 드리고 있으니 구글 플레이나 앱 스토어에서 다운받아 사용하세요. 또한, 파본 도서인 경우에는 구입하신 곳에서 교환해 드립니다.

01　언어이해

01	02	03	04	05					
④	⑤	②	③	③					

01

정답 ④

[오답분석]

①은 두 번째 문장, ②는 제시문의 흐름, ③·⑤는 마지막 문장에서 각각 확인할 수 있다.

02

정답 ⑤

아인슈타인의 광량자설은 빛이 파동이면서 동시에 입자인 이중적인 본질을 가지고 있다는 것을 의미하는 것으로, 뉴턴의 입자설과 토머스 영의 파동성설을 모두 포함한다.

[오답분석]

① 뉴턴의 가설은 그의 권위에 의해 오랫동안 정설로 여겨졌지만, 토머스 영의 겹실틈 실험에 의해 다른 가설이 생겨났다.
② 겹실틈 실험은 한 개의 실틈을 거쳐 생긴 빛이 다음 설치된 두 개의 겹실틈을 지나가게 해서 스크린에 나타나는 무늬를 관찰하는 것이다.
③ 일자 형태의 띠가 두 개 나타나면 빛이 입자임은 맞으나, 겹실틈 실험 결과 보강 간섭이 일어난 곳은 밝아지고 상쇄 간섭이 일어난 곳은 어두워지는 간섭무늬가 연속적으로 나타났다.
④ 토머스 영의 겹실틈 실험은 빛의 파동성을 증명하였고, 이는 명백한 사실이었으므로 아인슈타인은 빛이 파동이면서 동시에 입자인 이중적인 본질을 가지고 있다는 것을 증명하였다.

03

정답 ②

첫 번째 문단의 마지막 문장에서 '제로섬(Zero-sum)적인 요소를 지니는 경제 문제'와 두 번째 문단의 마지막 문장에서 '우리 자신의 수입을 보호하기 위해 경제적 변화가 일어나는 것을 막거나 혹은 사회가 우리에게 손해를 입히는 공공정책이 강제로 시행되는 것을 막기 위해 싸울 것'에서 제시문의 핵심 주장을 알 수 있다. 따라서 제시문은 사회경제적인 총합이 많아지는 정책, 즉 '사회의 총생산량이 많아지게 하는 정책이 좋은 정책'이라는 주장을 비판하는 내용이다.

04

정답 ③

'최고의 진리는 언어 이전, 혹은 언어 이후의 무언(無言)의 진리이다.', '동양 사상의 정수(精髓)는 말로써 말이 필요 없는 경지'라고 한 부분을 보았을 때 '동양 사상은 언어적 지식을 초월하는 진리를 추구한다.'가 제시문의 주제이다.

05

정답 ③

보기의 내용은 독립신문이 일반 민중들을 위해 순 한글로 만들어져 배포됐고, 상하귀천 없이 누구에게나 새로운 소식을 전달해준다는 내용이다. 따라서 추론할 수 있는 내용으로 ③이 가장 적절하다.

01	02	03	04	05					
①	⑤	⑤	①	②					

01

정답 ①

ㄱ. 해외연수 경험이 있는 지원자 합격률은 $\frac{53}{53+414+16}\times100≒11\%$이다. 이는 해외연수 경험이 없는 지원자 합격률인

$\frac{11+4}{11+37+4+139}\times100≒7.9\%$보다 높다.

ㄴ. 인턴 경험이 있는 지원자의 합격률 $\frac{53+11}{53+414+11+37}\times100≒12.4\%$은 인턴 경험이 없는 지원자의 합격률 $\frac{4}{16+4+139}\times$

$100≒2.5\%$보다 높다.

오답분석

ㄷ. 인턴 경험과 해외연수 경험이 모두 있는 지원자 합격률(11.3%)은 인턴 경험만 있는 지원자 합격률(22.9%)보다 낮다.

ㄹ. 인턴 경험과 해외연수 경험이 모두 없는 지원자와 인턴 경험만 있는 지원자 간 합격률 차이는 22.9−2.8=20.1%p이다.

02

정답 ⑤

ㄷ. 부모와 자녀의 직업이 모두 A일 확률은 $\frac{1}{10}\times\frac{45}{100}$, 즉 $0.1\times\frac{45}{100}$이다.

ㄹ. (자녀의 직업이 A일 확률)$=\frac{1}{10}\times\frac{45}{100}+\frac{4}{10}\times\frac{5}{100}+\frac{5}{10}\times\frac{1}{100}=\frac{7}{100}$

따라서 부모의 직업이 A일 확률은 $\frac{10}{100}$이므로 자녀의 직업이 A일 확률이 더 낮다.

오답분석

ㄱ. (자녀의 직업이 C일 확률)$=\frac{1}{10}\times\frac{7}{100}+\frac{4}{10}\times\frac{25}{100}+\frac{5}{10}\times\frac{49}{100}=\frac{352}{1,000}=\frac{44}{125}$

ㄴ. '부모의 직업이 C일 때, 자녀의 직업이 B일 확률'을 '자녀의 직업이 B일 확률'로 나누면 구할 수 있다.

03

정답 ⑤

1인당 GDP 순위는 E>C>B>A>D이다. 그런데 1인당 GDP가 가장 큰 E국은 1인당 GDP가 2위인 C국보다 1% 정도밖에 높지 않은 반면, 인구는 C국의 $\frac{1}{10}$ 이하이므로 총 GDP 역시 C국보다 작다. 따라서 1인당 GDP 순위와 총 GDP 순위는 일치하지 않는다.

오답분석

① 경제성장률이 가장 큰 나라는 D국이며, 1인당 GDP와 총인구를 고려하면 D국의 총 GDP가 가장 작은 것을 알 수 있다.

② 1인당 GDP 대비 총인구를 고려하였을 때 총 GDP가 가장 큰 나라는 C국, 가장 작은 나라는 D국이다.
   - D국의 총 GDP : 25,832×46.1=1,190,855.2백만 달러
   - C국의 총 GDP : 55,837×321.8=17,968,346.6백만 달러
   따라서 총 GDP가 가장 큰 나라와 가장 작은 나라는 10배 이상의 차이를 보인다.

③ 수출 및 수입 규모에 따른 순위는 C>B>A>D>E이므로 서로 일치한다.

④ A국의 총 GDP는 27,214×50.6=1,377,028.4백만 달러, E국의 총 GDP는 56,328×24.0=1,351,872백만 달러이므로 A국의 총 GDP가 더 크다.

04

- S전자 : 8대 구매 시 2대를 무료로 증정하기 때문에 32대를 사면 8개를 무료로 증정받아 32대 가격으로 총 40대를 살 수 있다. 32대의 가격은 80,000×32=2,560,000원이다. 그리고 구매 금액 100만 원당 2만 원이 할인되므로 구매 가격은 2,560,000−40,000=2,520,000원이다.
- B마트 : 40대 구매 금액인 90,000×40=3,600,000원에서 40대 이상 구매 시 7% 할인 혜택을 적용하면 3,600,000×0.93=3,348,000원이다. 1,000원 단위 이하는 절사하므로 구매 가격은 3,340,000원이다.

따라서 B마트에 비해 S전자가 3,340,000−2,520,000=82만 원 저렴하다.

05

제시된 그래프에서 선의 기울기가 가파른 구간은 2013 ~ 2014년, 2014 ~ 2015년, 2017 ~ 2018년이다. 2014년, 2015년, 2018년 물이용부담금 총액의 전년 대비 증가폭을 구하면 다음과 같다.

- 2014년 : 6,631−6,166=465억 원
- 2015년 : 7,171−6,631=540억 원
- 2018년 : 8,108−7,563=545억 원

따라서 물이용부담금 총액이 전년 대비 가장 많이 증가한 해는 2018년이다.

[오답분석]

ㄱ. 제시된 자료를 통해 확인할 수 있다.

ㄷ. 2022년 금강유역 물이용부담금 총액 : 8,661×0.2=1,732.2억 원

∴ 2022년 금강유역에서 사용한 물의 양 : 1,732.2억 원÷160원/m^3≒10.83억m^3

ㄹ. 2022년 물이용부담금 총액의 전년 대비 증가율 : $\dfrac{8,661-8,377}{8,377}\times100≒3.39\%$

03　창의수리

01	02	03	04						
⑤	⑤	②	④						

01

50g을 덜어낸 뒤 남아있는 소금물의 양은 50g이고, 농도는 20%이다. 이때 남아있는 소금의 양은 다음과 같다.

(소금의 양)=(농도)×(남아있는 소금물의 양)=$\dfrac{20}{100}\times50=10$g

농도를 10%로 만들기 위해 더 넣은 물의 양을 xg이라고 하면 식은 다음과 같다.

$\dfrac{10}{50+x}\times100=10\%$

∴ $x=50$

따라서 필요한 물의 양은 50g이다.

02

A ~ E 다섯 명이 월요일에서 금요일까지 한 명씩 당직 근무를 하는 경우의 수는 5!=5×4×3×2×1=120가지이다.
이 중 D는 금요일, E는 수요일에 당직 근무를 할 경우의 수는 D와 E를 제외한 나머지 3명을 월요일, 화요일, 목요일에 배정하는 것과 같으므로 3!=3×2×1=6가지이다.

따라서 구하고자 하는 확률은 $\dfrac{3!}{5!}=\dfrac{6}{120}=\dfrac{1}{20}$ 이다.

03

정답 ②

• 강을 올라갈 때 걸리는 시간 : $\dfrac{35}{12-2}=\dfrac{35}{10}=3$시간 30분

• 강을 내려갈 때 걸리는 시간 : $\dfrac{35}{12+2}=\dfrac{35}{14}=2$시간 30분

따라서 보트를 타고 강을 왕복할 때 걸리는 시간은 총 6시간이다.

04

정답 ④

올라갈 때 달린 거리를 $x$km라고 하면 다음과 같다.

$\dfrac{x}{10}+\dfrac{x+10}{20}=5 \rightarrow 20x+10(x+10)=1,000 \rightarrow 30x=900$

$\therefore x=30$

따라서 올라갈 때 달린 거리는 30km이다.

04 　언어추리

01	02	03	04						
②	⑤	④	⑤						

01

정답 ②

먼저 A사원의 말이 거짓이라면 A사원과 D사원 두 명이 3층에서 근무하게 되고, 반대로 D사원의 말이 거짓이라면 3층에는 아무도 근무하지 않게 되므로 조건에 어긋난다. 결국 A사원과 D사원은 진실을 말하고 있음을 알 수 있다. 또한 C사원의 말이 거짓이라면 아무도 홍보팀에 속하지 않으므로 C사원도 진실을 말하고 있음을 알 수 있다.

따라서 거짓말을 하고 있는 사람은 B사원이며, 이때 B사원은 총무팀 소속으로 6층에서 근무하고 있다.

02

정답 ⑤

A ~ E의 진술에 따르면 B와 D의 진술은 반드시 동시에 참이나 거짓이 되어야 하며, A와 B의 진술 역시 동시에 참이나 거짓이 되어야 한다. 이때 B의 진술이 거짓일 경우, A와 D의 진술 모두 거짓이 되므로 2명이 거짓을 말한다는 조건에 어긋난다.

따라서 진실을 말하고 있는 심리상담사는 A, B, D이며, 거짓을 말하고 있는 심리상담사는 C와 E가 된다. 이때, 진실을 말하고 있는 B와 D의 진술에 따라 근무시간에 자리를 비운 사람은 C가 된다.

03

정답 ④

'치킨을 판매하는 푸드트럭이 선정된다.'를 a, '핫도그를 판매하는 푸드트럭이 선정된다.'를 b, '커피를 판매하는 푸드트럭이 선정된다.'를 c, '피자를 판매하는 푸드트럭이 선정된다.'를 d, '솜사탕을 판매하는 푸드트럭이 선정된다.'를 e, '떡볶이를 판매하는 푸드트럭이 선정된다.'를 f라고 할 때, 주어진 명제를 정리하면 다음과 같다.

- a → ~b
- e → a
- ~e → f

- ~c → d
- d → ~f or f → ~d

핫도그를 판매하는 푸드트럭이 선정되면 b → ~a → ~e → f → ~d → c가 성립한다.
따라서 사업에 선정되는 푸드트럭은 핫도그, 커피, 떡볶이를 판매한다.

04

정답 ⑤

주어진 조건에 따라 앞서 달리고 있는 순서대로 나열하면 'A−D−C−E−B'가 된다.
따라서 이 순위대로 결승점까지 달린다면 C는 3등을 할 것이다.

05 수열추리

01	02	03	04	05					
①	②	③	④	④					

01

정답 ①

홀수 항은 ×2+1.1, ×2+1.2, ×2+1.3, …이고, 짝수 항은 ×2−1.1인 수열이다.
따라서 ( )=0.3×2−1.1=−0.50이다.

02

정답 ②

앞의 두 항의 합이 다음 항이 되는 피보나치 수열이다.
따라서 ( )=5+8=13이다.

03

정답 ③

나열된 수를 각각 A, B, C라고 하면 다음과 같은 식이 성립한다.
$\underline{A\ B\ C} \to C=(A-B)\times2$
따라서 ( )=$19-\dfrac{10}{2}=14$이다.

04

정답 ④

앞의 항에 $+4$, $+4\times3$, $+4\times3^2$, $+4\times3^3$, $+4\times3^4$, …인 수열이다.
따라서 ( )=$489+4\times3^5=1,461$이다.

05

정답 ④

앞의 항에 $+1$, $\times2$를 반복하는 수열이다.
4, 5, 10, 11, 22, 23, 46, 47, 94, 95, 190, …
따라서 11번째 항의 값은 190이다.

01 언어이해

01	02	03	04	05	06				
①	③	①	④	④	③				

01
정답 ①

ㄱ. 화장품 시장에서 동물 및 환경 보호를 위해 친환경 성분의 원료를 구매해 이용하는 것은 녹색소비에 해당한다.

ㄴ. 로컬푸드란 반경 50km 이내에서 생산하는 농산물을 말하는 것으로, B레스토랑의 소비행위는 자신이 거주하는 지역에서 생산한 농산물을 소비하는 로컬소비에 해당한다.

ㄷ. 환경오염을 유발하는 폐어망 및 폐페트병을 재활용하여 또 다른 자원으로 사용한 제품을 구매하는 것은 녹색소비에 해당한다.

ㄹ. 제3세계란 개발도상국들을 총칭하는 것으로 D카페의 제3세계 원두 직수입은 이들의 경제성장을 위한 공정무역 소비에 해당한다.

ㅁ. E사는 아시아 국가의 빈곤한 여성 생산자들의 경제적 자립을 위해 상품을 수입하여 판매하므로 이는 공정무역 소비에 해당한다.

02
정답 ③

포도 재배 환경의 날씨가 더울수록 향은 진해진다고 하였으므로, 진한 향의 레드와인을 원한다면 기온이 높은 지역의 포도를 사용한 와인을 구매해야 한다.

[오답분석]

① 레드와인은 포도에서 과육뿐만 아니라 껍질과 씨를 모두 사용하여 제조한다.

② 기온이 높은 환경에서 재배한 포도로 만든 와인이 산도가 약해진다고 하였으므로, 레드와인 특유의 신맛이 강해지려면 기온이 낮은 환경에서 재배한 포도로 만들어야 한다.

④ 레드와인의 색상은 포도의 품종뿐만 아니라 포도의 재배 환경에 따라서도 영향을 받으므로, 같은 품종의 포도로 제조한 와인이라도 그 색상은 다를 수 있다.

⑤ 제시문에서 심혈관질환 중 고혈압 이외의 내용은 없으므로 모든 심혈관질환자들에게 유익한 영향을 준다고 보기는 어렵다.

03
정답 ①

제시문에서는 천재가 선천적인 재능뿐만 아니라 후천적인 노력에 의해서 만들어지는 존재라고 주장하고 있기 때문에 ①은 적절하지 않다.

[오답분석]

②·③·④ 제시문에서 언급된 절충적 천재(선천적 재능과 후천적 노력이 결합한 천재)에 대한 내용이다.

⑤ 영감을 가져다주는 것은 신적인 힘보다도 연습이라는 논지이므로 제시문과 같은 입장이다.

04

정답 ④

제시문은 첫 문단에서 위계화의 개념을 설명하고, 이러한 불평등의 원인과 구조에 대해 살펴보고 있다.
따라서 제목으로 ④가 가장 적절하다.

05

정답 ④

두 번째 문단에 따르면 박쥐가 많은 바이러스를 보유하고 있는 것은 밀도 높은 군집 생활을 하기 때문이며, 그에 대항하는 면역도 갖추었기 때문에 긴 수명을 가질 수 있었다.

오답분석

① 박쥐의 수명이 대다수의 포유동물보다 긴 것은 맞지만, 평균적인 포유류 수명보다 짧은지는 알 수 없다.
② 박쥐는 뛰어난 비행 능력으로 긴 거리를 비행해 다닐 수 있다.
③ 박쥐는 현재 강력한 바이러스 대항 능력을 갖추었다.
⑤ 박쥐의 면역력을 연구하여 치료제를 개발할 수 있다.

06

정답 ③

개정 무한계설은 법 규범이 가지는 실질적인 규범력의 차이는 외면한 채 헌법 개정에 있어서 형식적 합법성만을 절대시한다는 비판을 받는다.

오답분석

① 개정 무한계설은 헌법에 규정된 개정 절차를 밟으면 어떠한 조항이나 사항이더라도 개정할 수 있다는 입장이다.
② 개정 무한계설에서는 헌법 규범과 헌법 현실 사이의 틈을 해소할 수 있는 유일한 방법은 헌법 개정을 무제한 허용하는 것이라고 주장한다.
④ 개정 한계설에서는 헌법 제정 권력과 헌법 개정 권력을 다른 것으로 본다.
⑤ 개정 한계설은 헌법 위에 존재하는 자연법의 원리에 어긋나는 헌법 개정은 허용되지 않는다고 본다.

02 　 자료해석

01	02	03							
⑤	③	②							

01

정답 ⑤

계급의 크기는 모두 같고, 상대도수의 합은 1이므로 그래프와 가로축으로 둘러싸인 부분의 넓이 또한 같다.

오답분석

① 여사원의 그래프가 남사원의 그래프보다 오른쪽으로 더 치우쳐 있으므로 여사원이 남사원보다 식비를 더 많이 썼다고 볼 수 있다.
② 식비가 6천 원 이상인 남사원은 대략 $(0.18+0.12+0.06) \times 100 = 36$명이므로 30명 이상이다.
③ 그래프에서 식비가 4천 원 미만인 사원은 모두 남사원이 더 높으므로 남사원이 여사원보다 높다.
④ 식비가 5천 원 이상 7천 원 미만인 여사원 수는 대략적으로 전체의 $(0.26+0.22) \times 100 = 48\%$이다.

02

매년 조사대상의 수는 동일하게 2,500명이므로 비율의 누적 값으로만 판단한다. 3년간의 월간 인터넷 쇼핑 이용 누적 비율을 구하면 다음과 같다.

- 1회 미만 : 30.4+8.9+18.6=57.9%
- 1회 이상 2회 미만 : 24.2+21.8+22.5=68.5%
- 2회 이상 3회 미만 : 15.9+20.5+19.8=56.2%
- 3회 이상 : 29.4+48.7+39.0=117.1%

따라서 두 번째로 많이 응답한 인터넷 쇼핑 이용 빈도수는 1회 이상 2회 미만이다.

오답분석

① 제시된 자료를 통해 알 수 있다.
② 2021년 월간 인터넷 쇼핑을 3회 이상 이용했다고 응답한 사람은 2,500×0.487=1,217.5명이다.
④ 매년 조사 대상이 2,500명씩 동일하므로 비율만 비교한다. 2022년 월간 인터넷 쇼핑을 2회 이상 3회 미만 이용했다고 응답한 비율은 19.8%이고, 2021년 1회 미만으로 이용했다고 응답한 비율은 8.9%이다.
  따라서 8.9×2=17.8<18.6이므로 2배 이상 많다.
⑤ 1회 이상 2회 미만 쇼핑했다고 응답한 사람의 2021년 비율은 21.8%이고, 2022년은 22.5%이다.
  따라서 $\frac{22.5-21.8}{21.8}\times100 ≒ 3.2\%$이므로 3% 이상 증가했다.

03

유통업의 경우 9점을 받은 현지의 엄격한 규제 요인이 가장 강력한 진입 장벽으로 작용하므로 유통업체인 S사가 몽골 시장으로 진출할 경우, 해당 요인이 시장의 진입을 방해하는 요소로 작용할 가능성이 가장 큰 것을 알 수 있다.

오답분석

① 초기 진입 비용 요인의 경우 유통업(5점)보다 식·음료업(7점)의 점수가 더 높고, 유통업은 현지의 엄격한 규제 요인(9점)이 가장 강력한 진입 장벽으로 작용한다.
③ 몽골 기업의 시장 점유율 요인의 경우 제조업(5점)보다 유통업(7점)의 점수가 더 높으며, 제조업은 현지의 엄격한 규제 요인(8점)이 가장 강력한 진입 장벽으로 작용한다.
④ 문화적 이질감이 가장 강력한 진입 장벽으로 작용하는 업종은 해당 요인에 가장 높은 점수를 부여한 서비스업(8점)이다.
⑤ 서비스업은 타 업종에 비해 초기 진입 비용(2점)이 가장 낮다.

01	02	03	04	05					
④	④	②	②	③					

01

정답 ④

A사원이 P지점에서 R지점까지 이동하는 데 걸린 시간은 $\dfrac{4}{4}=1$시간이다.

P지점에서 Q지점까지의 거리를 $x$km라 하면 Q지점에서 R지점까지의 거리는 $(4-x)$km이다.
B사원이 A사원보다 12분 늦게 도착했으므로

$$\frac{x}{5}+\frac{4-x}{3}=\frac{6}{5}$$

$$\rightarrow 3x-18=-20+5x$$

$$\therefore x=1$$

P지점에서 Q지점까지의 거리는 1km이고 Q지점에서 R지점까지의 거리는 3km이다.

따라서 C사원이 P지점에서 R지점까지 가는 데 걸린 시간은 $\dfrac{1}{2}+\dfrac{3}{5}=\dfrac{11}{10}$ 시간이므로 A사원보다 6분 늦게 도착한다.

02

정답 ④

갑과 을이 동시에 출발하여 같은 속력으로 이동할 때 만날 수 있는 점은 다음 네 지점이다.

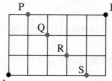

• P지점에서 만날 때 : $\left(\dfrac{4!}{3!}\times 1\right)\times\left(1\times\dfrac{4!}{3!}\right)=16$가지

• Q지점에서 만날 때 : $\left(\dfrac{4!}{2!\times 2!}\times\dfrac{4!}{3!}\right)\times\left(\dfrac{4!}{3!}\times\dfrac{4!}{2!\times 2!}\right)=576$가지

• R지점에서 만날 때 : $\left(\dfrac{4!}{3!}\times\dfrac{4!}{2!\times 2!}\right)\times\left(\dfrac{4!}{2!\times 2!}\times\dfrac{4!}{3!}\right)=576$가지

• S지점에서 만날 때 : $\left(1\times\dfrac{4!}{3!}\right)\times\left(\dfrac{4!}{3!}\times 1\right)=16$가지

따라서 경우의 수는 $16+576+576+16=1,184$가지이다.

03

정답 ②

기본요금이 x원이고 추가요금이 y원이므로 식을 세우면 다음과 같다.

$$\begin{cases} x+19y=20,950 \\ x+30y=21,390 \end{cases}$$

$$\therefore x=20,190, \ y=40$$

따라서 엄마의 통화 요금은 $20,190+40\times 40+(2\times 40)\times 1=21,870$원이다.

04

정답 ②

A종목에서 상을 받은 사람의 수가 $P(A)$, B종목에서 상을 받은 사람의 수가 $P(B)$, A종목과 B종목 모두 상을 받은 사람의 수가 $P(A \cap B)$일 때 다음과 같은 식이 성립한다.

$$\begin{cases} P(A) + P(B) - P(A \cap B) = 30 \\ P(A) = P(B) + 8 \end{cases}$$

$P(A \cap B) = 10$이므로

$$\begin{cases} P(A) + P(B) = 40 \\ P(A) - P(B) = 8 \end{cases} \rightarrow P(A) = 24, \ P(B) = 16$$이다.

따라서 A종목에서 상을 받은 사람의 상금의 합은 $24 \times 50,000 = 1,200,000$원이다.

05

정답 ③

바퀴 자의 1회 회전으로 측정할 수 있는 거리는 $\pi \times d = 3.1 \times 30 = 93$cm이다.

따라서 930cm를 측정할 때의 바퀴 자 회전수는 $\frac{930}{93} = 10$회이다.

---

04   언어추리

01	02								
②	①								

01

정답 ②

주어진 명제를 정리하면 다음과 같다.

여름은 겨울보다 비가 많이 내림 → 비가 많이 내리면 습도가 높음 → 습도가 높으면 먼지와 정전기가 잘 일어나지 않음

비가 많이 내리면 습도가 높고 습도가 높으면 먼지가 잘 나지 않으므로 비가 많이 오지 않는 겨울이 여름보다 먼지가 잘 난다고 추론할 수 있다.

[오답분석]

④ 첫 번째 명제와 네 번째 명제를 통해 추론할 수 있다.

⑤ 네 번째 명제의 대우와 첫 번째 명제를 통해 추론할 수 있다.

02

정답 ①

D와 E의 주장이 서로 모순되므로 둘 중 한 명은 거짓을 말하고 있는 범인인 것을 알 수 있다.

ⅰ) D가 범인인 경우

    D가 거짓을 말하고 있으므로 A는 범인이 아니다. A가 범인이 아니며, E는 진실을 말하고 있으므로 B 또한 범인이 아니다. 그러므로 B가 범인이라고 주장한 C가 범인이고, 나머지는 진실만을 말하므로 범인이 아니다.

ⅱ) E가 범인인 경우

    E가 거짓을 말하고 있으므로 A와 B는 범인이다. 즉, 범인은 모두 3명이 되어 모순이 발생한다.

따라서 C와 D가 범인이므로 정답은 ①이다.

01 언어이해

01	02	03	04	05	06				
③	④	①	⑤	①	④				

01

정답 ③

계약면적은 공급면적과 기타공용면적을 더한 것이고, 공급면적은 전용면적과 주거공용면적을 더한 것이다. 따라서 계약면적은 전용면적, 주거공용면적, 기타공용면적을 더한 것이다.

오답분석

① 발코니면적은 서비스면적에 포함되며, 서비스면적은 전용면적과 공용면적에서 제외된다.
② 관리사무소면적은 공용면적 중에서도 기타공용면적에 포함된다. 공급면적은 전용면적과 주거공용면적을 더한 것이므로 관리사무소면적은 공급면적에 포함되지 않는다.
④ 공용계단과 공용복도의 면적은 주거공용면적에 포함되므로 공급면적에 포함된다.
⑤ 현관문 안쪽의 전용 생활공간인 거실과 주방의 면적은 전용면적에 포함된다.

02

정답 ④

슈퍼문일 때는 지구와 달의 거리가 35만 7,000km 정도로 가까워지며, 이때 지구에서 보름달을 바라보는 시각도는 0.56도로 커지므로 0.49의 시각도보다 크다는 내용은 적절하다.

오답분석

① 케플러의 행성운동 제1법칙에 따라 태양계의 모든 행성은 태양을 중심으로 타원 궤도로 돈다. 따라서 지구도 태양을 타원 궤도로 돌기 때문에 지구에서 태양까지의 거리는 항상 일정하지 않을 것이다.
② 달이 지구에 가까워지면 달의 중력이 더 강하게 작용하여, 달을 향한 쪽의 해수면이 평상시보다 더 높아진다. 따라서 지구와 달의 거리에 따라 해수면의 높이가 달라지므로 서로 관계가 있다.
③ 달이 지구에 가까워지면 평소 달이 지구를 당기는 힘보다 더 강하게 지구를 당긴다. 따라서 이와 반대로 달이 지구에서 멀어지면 지구를 당기는 달의 힘은 약해질 것이다.
⑤ 달의 중력 때문에 높아진 해수면이 지구의 자전을 방해하게 되고, 이 때문에 지구의 자전 속도가 느려져 100만 년에 17초 정도씩 길어진다고 하였으므로 지구의 자전 속도는 점점 느려지고 있다.

03

정답 ①

식사에 대한 상세한 설명이 주어지거나, 요리가 담긴 접시 색이 밝을 때 비만인 사람들의 식사량이 증가했다는 내용을 통해 비만인 사람들은 외부 자극에 의해 식습관에 영향을 받기 쉽다는 것을 추론할 수 있다.

04

정답 ⑤

자신의 상황에 불만족하여 불안정한 정신 상태를 갖게 되는 사람에게서 리플리 증후군이 잘 나타나는 것은 사실이나, 자신의 상황에 불만족하는 모든 이가 불안정한 정신 상태를 갖는 것은 아니다.

05

정답 ①

네 번째 문단에 따르면 2000년대 초 연준의 금리 인하는 국공채에 투자했던 퇴직자들의 소득을 감소시켰고, 노년층에서 정부로, 정부에서 금융업으로 부의 대규모 이동이 이루어져 불평등을 심화시켰다. 따라서 금융업으로부터 정부로 부가 이동하였다는 ①은 제시문의 내용으로 적절하지 않다.

오답분석

② 마지막 문단에 따르면 2000년대 초 연준이 고용 증대를 기대하고 시행한 저금리 정책은 노동을 자본으로 대체하는 투자를 증대시킴으로써 오히려 실업률이 떨어지지 않는 구조를 만들었다.

③ 세 번째 문단에 따르면 2000년대 초는 대부분의 부문에서 설비 가동률이 낮은 상황이었기 때문에 당시의 저금리 정책이 오히려 주택 시장의 거품을 초래하였다.

④ 2000년대 초 연준의 저금리 정책으로 주택 가격이 상승하여 주택 시장의 거품을 초래하였고, 주식 가격 역시 상승하였지만 이에 대한 이득은 대체로 부유층에 집중되었다.

⑤ 두 번째 문단에 따르면 부동산 거품 대응 정책에서는 주택 담보 대출에 대한 규제가 금리 인상보다 더 효과적인 정책이다.

06

정답 ④

담수 동물은 육상 동물과 같이 몸 밖으로 수분을 내보내고 있지만, 육상 동물의 경우에는 수분 유지를 위한 것이 아니므로 수분 유지는 공통점이 아니다.

---

02 자료해석

01	02	03	04						
⑤	②	①	②						

01

정답 ⑤

- 2019년 전년 대비 감소율 : $\frac{23-24}{24} \times 100 ≒ -4.17\%$
- 2020년 전년 대비 감소율 : $\frac{22-23}{23} \times 100 ≒ -4.35\%$

따라서 2020년이 2019년보다 더 큰 비율로 감소하였다.

오답분석

① 2021년 총지출을 a억 원이라고 가정하면, $a \times 0.06 = 21$억 원 → $a = \frac{21}{0.06} = 350$이다.

따라서 총지출은 350억 원이므로 320억 원 이상이다.

② 2018년 경제 분야 투자규모의 전년 대비 증가율은 $\frac{24-20}{20} \times 100 = 20\%$이다.

③ 2017 ~ 2021년 동안 경제 분야에 투자한 금액은 20+24+23+22+21=110억 원이다.

④ 2018 ~ 2021년 동안 경제 분야 투자규모의 전년 대비 증감추이는 '증가 – 감소 – 감소 – 감소'이고, 총지출 대비 경제 분야 투자규모 비중의 증감추이는 '증가 – 증가 – 감소 – 감소'로 동일하지 않다.

02

이산화탄소의 농도가 계속해서 증가하고 있는 것과 달리 오존전량은 2015년부터 2018년까지 차례로 감소하고 있다.

오답분석

① 이산화탄소의 농도는 2015년 387.2ppm에서 시작하여 2021년 395.7ppm으로 해마다 증가했다.

③ 2021년 오존전량은 335DU로, 2015년의 331DU보다 4DU 증가했다.

④ 2021년 이산화탄소 농도는 2016년의 388.7ppm에서 395.7ppm으로 7ppm 증가했다.

⑤ 오존전량이 감소한 해만 확인하면 2016년에는 1DU, 2017년에는 2DU, 2018년에는 3DU, 2021년에는 8DU 감소하였다.

03

전년 대비 소각 증가율은 다음과 같다.

• 2019년 : $\dfrac{11,604-10,609}{10,609}\times100 ≒ 9.4\%$

• 2020년 : $\dfrac{12,331-11,604}{11,604}\times100 ≒ 6.3\%$

전년 대비 2019년도 소각 증가율은 2020년 소각 증가율의 2배인 약 12.6%보다 작으므로 적절하지 않다.

오답분석

② 매년 재활용량은 전체 생활 폐기물 처리량 중 50% 이상을 차지한다.

③ 5년간 소각량 대비 매립량 비율은 다음과 같다.

• 2017년 : $\dfrac{9,471}{10,309}\times100 ≒ 91.9\%$

• 2018년 : $\dfrac{8,797}{10,609}\times100 ≒ 82.9\%$

• 2019년 : $\dfrac{8,391}{11,604}\times100 ≒ 72.3\%$

• 2020년 : $\dfrac{7,613}{12,331}\times100 ≒ 61.7\%$

• 2021년 : $\dfrac{7,813}{12,648}\times100 ≒ 61.8\%$

따라서 매년 소각량 대비 매립량 비율은 60% 이상임을 알 수 있다.

④ 2017년부터 2020년까지 매립량은 감소하고 있다.

⑤ 2021년 재활용된 폐기물량 비율은 $\dfrac{30,454}{50,915}\times100 ≒ 59.8\%$로 2017년 소각량 비율 $\dfrac{10,309}{50,906}\times100 ≒ 20.3\%$의 3배인 60.9%보다 작으므로 적절하다.

04

정답 ②

한국의 소방직 공무원과 경찰직 공무원의 인원수 격차는 2019년이 $66,523-39,582=26,941$명, 2020년이 $72,392-42,229=30,163$명, 2021년이 $79,882-45,520=34,362$명으로 매년 증가하고 있다.

[오답분석]

① 한국의 전년 대비 전체 공무원의 증가 인원수는 2020년이 $920,291-875,559=44,732$명, 2021년이 $955,293-920,291=35,002$명으로 2020년이 2021년도보다 많다.

③ 2019년 대비 2021년 한국과 미국의 소방직과 경찰직 공무원의 증가 인원수는 다음과 같다.

(단위 : 명)

국가	구분	2019년	2021년	증가 인원수
한국	소방직 공무원	39,582	45,520	$45,520-39,582=5,938$
	경찰직 공무원	66,523	79,882	$79,882-66,523=13,359$
미국	소방직 공무원	220,392	340,594	$340,594-220,392=120,202$
	경찰직 공무원	452,482	531,322	$531,322-452,482=78,840$

따라서 2019년 대비 2021년 증가 인원수는 한국은 소방직 공무원이 경찰직보다 적지만, 미국은 그 반대임을 알 수 있다.

④ 미국의 소방직 공무원의 전년 대비 증가율은 2020년이 약 $\dfrac{282,329-220,392}{220,392}\times100≒28.1\%$, 2021년이 약 $\dfrac{340,594-282,329}{282,329}\times100≒20.6\%$로, 2020년이 2021년보다 약 $28.1-20.6=7.5\%$ 더 높다.

⑤ 미국의 경찰직 공무원이 미국 전체 공무원 중 차지하는 비율은 2019년이 $\dfrac{452,482}{1,882,428}\times100≒24.0\%$, 2020년이 $\dfrac{490,220}{2,200,123}\times100≒22.3\%$, 2021년이 $\dfrac{531,322}{2,586,550}\times100≒20.5\%$로 매년 감소하고 있다.

03 창의수리

01	02	03	04						
④	④	④	②						

01

정답 ④

오염물질의 양은 $\dfrac{14}{100}\times50=7$g이므로 깨끗한 물을 xg 더 넣어 오염농도를 10%로 만든다면 식은 다음과 같다.

$$\dfrac{7}{50+x}\times100=10$$

$$\rightarrow 700=10(50+x)$$

$$\therefore x=20$$

따라서 깨끗한 물을 20g 더 넣어야 한다.

02

정답 ④

어떤 자연수를 x라 하면 $245-5=240$과 $100-4=96$으로는 x가 나누어떨어진다고 할 수 있다.

따라서 가장 큰 x는 240과 96의 최대공약수인 48이다.

03

정답 ④

A기차가 터널을 빠져나가는 데에 56초가 걸렸고, 기차 길이가 더 짧은 B기차는 160초가 걸렸으므로 A기차가 B기차보다 속력이 빠르다는 것을 알 수 있다. 두 기차가 터널 양 끝에서 출발하면 $\frac{1}{4}$ 지점에서 만나므로 A기차 속력이 B기차 속력의 3배가 된다. B기차 속력을 am/s, 길이를 bm라고 가정하면 A기차의 속력과 길이는 각각 $3a$m/s, $(b+40)$m가 된다.

두 기차가 터널을 완전히 빠져나갈 때까지 걸리는 시간 $\left[=\frac{(거리)}{(속력)}\right]$ 에 대한 방정식을 세우면 다음과 같다.

• A기차 : $\frac{720+(b+40)}{3a}=56 \rightarrow b+760=168a \cdots \bigcirc$

• B기차 : $\frac{720+b}{a}=160 \rightarrow b+720=160a \cdots \bigcirc\!\!\bigcirc$

$\bigcirc$과 $\bigcirc\!\!\bigcirc$을 연립하면 $a=5$, $b=80$이다.

따라서 B기차의 길이는 80m, 속력은 5m/s이고, A기차의 길이는 120m, 속력은 15m/s이다.

04

정답 ②

두 소행성이 충돌할 때까지 걸리는 시간을 x초라 하면 다음과 같다.
(거리)=(속력)×(시간) $\rightarrow 10x+5x=150$
$\therefore x=10$
따라서 두 소행성은 10초 후에 충돌한다.

04 언어추리

01	02								
④	①								

01

정답 ④

바나나>방울토마토, 바나나>사과>딸기로 바나나의 열량이 가장 높은 것을 알 수 있으나, 제시된 사실만으로는 방울토마토와 딸기의 열량을 비교할 수 없으므로 가장 낮은 열량의 과일은 알 수 없다.

02

정답 ①

A와 E의 진술이 모순이므로 두 경우를 확인한다.
ⅰ) A의 진술이 참인 경우
　　A와 D의 진술에 따라, 거짓말을 하는 사람이 C, D, E이다. 따라서 거짓말을 하는 사람이 1명이라는 조건에 위배된다.
ⅱ) E의 진술이 참인 경우
　　C의 말이 참이므로 A는 거짓말을 하고, B, D는 진실을 말하는 사람이다. 이때 D의 진술에서 전제(A의 말이 참이면)가 성립하지 않는다. 그러므로 D의 진술은 참이다.
따라서 거짓말을 하는 사람은 A이다.

01 언어이해

01	02	03	04	05	06	07			
③	⑤	②	①	②	⑤	④			

01

정답 ③

제시문의 마지막 문장에서 '언어 변화의 여러 면을 이해할 수 있다.'고 언급했으므로 맨 앞에 나오는 문장으로는 일반적인 상위 진술인 '접촉의 형식도 언어 변화에 영향을 미치는 요소로 지적되고 있다.'가 가장 적절함을 알 수 있다.

02

정답 ⑤

전통적인 경제학은 외부성의 비효율성을 줄이기 위해 정부의 개입을 해결책으로 제시하고 있다. 따라서 정부의 개입이 오히려 비용을 높일 수 있다는 주장을 반박으로 제시할 수 있다.

오답분석

① · ② 외부성에 대한 설명이다.
③ · ④ 전통적인 경제학의 주장이다.

03

정답 ②

제시문에서 당분 과다로 뇌의 화학적 균형이 무너져 정신에 장애가 왔다고 주장한 것과 정제한 당의 섭취를 원천적으로 차단한 실험 결과를 토대로 추론하면 빈칸에 들어갈 내용은 '과다한 정제당 섭취가 반사회적 행동을 유발할 수 있다.'로 귀결된다.

04

정답 ①

사카린은 설탕보다 당도가 약 500배 정도 높고, 아스파탐의 당도는 설탕보다 약 200배 이상 높다. 따라서 사카린과 아스파탐 모두 설탕보다 당도가 높고, 사카린은 아스파탐보다 당도가 높다.

오답분석

② 사카린은 화학 물질의 산화 반응을 연구하던 중에, 아스파탐은 위궤양 치료제를 개발하던 중에 우연히 발견되었다.
③ 사카린은 무해성이 입증되어 미국 FDA의 인증을 받았고, 현재도 설탕의 대체재로 사용되고 있다.
④ 2009년 미국의 설탕, 옥수수 시럽, 기타 천연당의 1인당 연평균 소비량인 140파운드는 중국보다 9배 많은 수치이므로, 2009년 중국의 소비량은 약 15파운드였을 것이다.
⑤ 미국 암협회가 아스파탐이 안전하다고 발표했지만, 이탈리아의 과학자가 쥐를 대상으로 한 실험에서 암을 유발한다고 내린 결론 때문에 논란이 끊이지 않고 있다.

05

정답 ②

제시문은 문화재 중 국보에 대해 설명하고 있다. 따라서 문화재를 설명한 뒤 그중 유형문화재만을 대상으로 하는 국보를 이야기하는 (가) 문단이 첫 번째 문단으로 적절하며, 이러한 국보의 선정 기준을 설명하는 (다) 문단이 그 다음으로 오고, 국보 선정 기준으로 선발된 문화재에는 어떠한 것이 있는지 제시하는 (나) 문단이 이어지는 것이 적절하다. 마지막 문단으로는 국보 선정 기준으로 선발된 문화재의 의미를 설명하는 (라) 문단이 적절하다.

06

정답 ⑤

제시문은 근대건축물이 방치되고 있는 상황과 함께 지속적인 관리의 필요성을 설명하고 있다. 또한, 기존 관리 체계의 한계점을 지적하며, 이를 위한 해결책으로 공공의 역할을 강조하고 있다. 따라서 중심 내용으로 ⑤가 가장 적절하다.

07

정답 ④

우리나라의 낮은 장기 기증률이 전통적 유교 사상 때문이라고 주장하고 있는 A와 달리, B는 이에 대하여 다양한 원인을 제시하고 있다. 따라서 A의 주장에 대해 반박할 수 있는 내용으로 ④가 적절하다.

02	자료해석									
01	02	03								
③	④	③								

01

정답 ③

2반의 월별 모의고사 평균점수 추이를 보면 +15, −3이 교대로 적용된다.
따라서 빈칸에 들어갈 수치는 335−3=332이다.

02

정답 ④

A기계와 B기계 생산대수의 증감 규칙은 다음과 같다.
• A기계

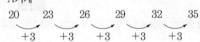

앞의 항에 +3을 하는 등차수열이다.
• B기계

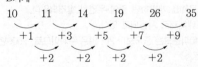

주어진 수열의 계차는 공차가 +2인 등차수열이다.

2025년의 A기계 생산량은 $35+5\times3=50$대이고, B기계 생산량은 $35+\sum_{k=1}^{5}(9+2k)=35+9\times5+2\times\dfrac{5\times6}{2}=110$대이다.

따라서 2025년 A기계와 B기계의 총생산량은 $50+110=160$대이다.

03

ㄴ. 그래프를 통해 2월 21일의 원/달러 환율이 지난주 2월 14일보다 상승하였음을 알 수 있다.

ㄷ. 달러화의 강세란 원/달러 환율이 상승하여 원화가 평가절하되면서 달러의 가치가 높아지는 것을 의미한다.
따라서 3월 12일부터 3월 19일까지는 원/달러 환율이 계속해서 상승하는 추세이므로 옳은 설명이다.

오답분석

ㄱ. 3월 원/엔 환율의 경우 최고 환율은 3월 9일의 1,172.82원으로, 3월 한 달 동안 1,100원을 상회하는 수준에서 등락을 반복하고 있다.

ㄹ. 달러/엔 환율은 $\dfrac{(원/엔\ 환율)}{(원/달러\ 환율)}$로 도출할 수 있다. 그래프에 따르면 3월 27일 원/달러 환율은 3월 12일에 비해 상승하였고, 반대로 원/엔 환율은 하락하였다. 따라서 분모는 증가하고 분자는 감소하였으므로 3월 27일의 달러/엔 환율은 3월 12일보다 하락하였음을 알 수 있다.

---

03   창의수리

01	02	03							
③	④	①							

01

두 사람이 각각 헤어숍에 방문하는 간격인 10과 16의 최소공배수 80을 일주일 단위로 계산하면 11주 3일($80 \div 7 = 11 \cdots 3$)이 된다.
따라서 두 사람은 일요일의 3일 후인 수요일에 다시 만나는 것을 알 수 있다.

02

철수가 농구코트의 모서리에 서 있으며, 농구공은 농구코트 안에서 철수로부터 가장 멀리 떨어진 곳에 있다고 하였다.
즉, 농구공과 철수는 대각선으로 마주 보고 있으므로 농구코트의 가로와 세로 길이를 이용하여 대각선의 길이를 구한다.
따라서 피타고라스의 정리를 이용하면 대각선의 길이는 $\sqrt{5^2 + 12^2} = 13$m이다.

03

소금물 A의 농도를 $x\%$, 소금물 B의 농도를 $y\%$라고 하면, 다음 두 방정식이 성립한다.

- $\dfrac{x}{100} \times 200 + \dfrac{y}{100} \times 300 = \dfrac{9}{100} \times 500 \rightarrow 2x + 3y = 45 \cdots \text{㉠}$

- $\dfrac{x}{100} \times 300 + \dfrac{y}{100} \times 200 = \dfrac{10}{100} \times 500 \rightarrow 3x + 2y = 50 \cdots \text{㉡}$

$\therefore x = 12, \ y = 7$

따라서 소금물 A의 농도는 12%이며, 소금물 B의 농도는 7%임을 알 수 있다.

01	02	03	04	05					
④	⑤	③	①	④					

01

정답 ④

주어진 조건에 따라 매대를 추론해보면 다음과 같다.

4층	사과
3층	배
2층	귤
1층	감

귤은 2층, 배는 3층, 감은 1층이므로, 귤이 배와 감 사이에 위치한다는 추론은 적절하다.

02

정답 ⑤

주어진 조건을 표로 정리하면 다음과 같다.

구분	1층	2층	3층	4층	5층
경우 1	B팀	A팀	D팀	C팀	E팀
경우 2	B팀	C팀	D팀	A팀	E팀

따라서 항상 참인 것은 ⑤이다.

[오답분석]
① · ② · ③ 주어진 조건만으로는 판단하기 힘들다.
④ 2층을 쓰게 될 가능성이 있는 팀은 총 두 팀이다.

03

정답 ③

B의 발언이 참이라면 C가 범인이고 F의 발언도 참이 된다. F는 C 또는 E가 범인이라고 했으므로 C가 범인이라면 E는 범인이 아니고, E의 발언 역시 참이 되어야 한다. 하지만 E의 발언이 참이라면 F가 범인이어야 하므로 모순이 된다.
따라서 B의 발언이 거짓이며, C 또는 E가 범인이라고 말한 F 역시 거짓말을 하는 범인임을 알 수 있다.

04

정답 ①

①이 들어가면, 재경 - 선영 - 경식 순으로 나이가 많다.

[오답분석]
②가 들어가면, 재경이와 선영이 중 누가 더 나이가 많은지 알 수 없다.
③이 들어가면, 선영 - 경식 - 재경 순으로 나이가 많아 세 번째 문장과 모순된다.
④가 들어가면, 세 번째 문장과 모순된다.
⑤가 들어가면, 두 번째 문장과 모순된다.

05

'키가 작은 사람'을 A, '농구를 잘하는 사람'을 B, '순발력이 좋은 사람'을 C라고 하면, 첫 번째 명제와 마지막 명제는 다음과 같은 벤다이어그램으로 나타낼 수 있다.

1) 첫 번째 명제

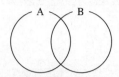

2) 마지막 명제

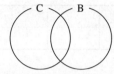

마지막 명제가 참이 되기 위해서는 B와 공통되는 부분의 A와 C가 연결되어야 하므로 A를 C에 모두 포함시켜야 한다. 따라서 다음과 같은 벤다이어그램이 성립할 때 마지막 명제가 참이 될 수 있으므로 빈칸에 들어갈 명제는 '키가 작은 사람은 모두 순발력이 좋다.'의 ④이다.

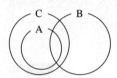

오답분석

① 다음과 같은 경우 성립하지 않는다.

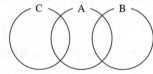

③ 다음과 같은 경우 성립하지 않는다.

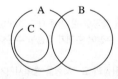

01	02	03	04						
①	②	③	①						

01

정답 ①

제시문에서 언급한 '다양한 접근'이란 표시되는 장치에 맞추어 해상도, 크기 등을 조절하거나 주요 콘텐츠를 제외한 나머지 소스를 잘라내는 방법 등을 의미한다. 하지만 ①은 이와 달리 기존의 콘텐츠를 재구성하는 것일 뿐 표시되는 장치에 타깃을 맞춘 것이라고 보기는 어렵다.

02

정답 ②

마지막 문단에서 기존 라이프로그 관리 시스템들은 총체적인 라이프 이벤트 관리와 관계 데이터 모델 기반의 라이프로그 관리 시스템과 그 응용 기능은 제공하지 않지만, 라이프로그 그룹을 생성하고 브라우징하기 위한 간단한 기능은 제공한다고 이야기하고 있다. 따라서 기존의 라이프로그 관리 시스템이 라이프로그 그룹 생성 기능을 이미 갖추고 있는 것으로 추론할 수 있으므로 ②는 적절하지 않다.

오답분석

① 첫 번째 문단을 보면 센서 기술의 발달로 건강상태를 기록한 라이프로그가 생겨나고 있다고 했다. 이러한 라이프로그는 헬스케어 분야에서 활용될 수 있을 것으로 추론할 수 있다.

③ 첫 번째 문단에서 라이프로그 관리의 중요성에 대한 인식이 확산됨에 따라 효과적인 라이프로그 관리 시스템들이 제안되었다는 것을 보면 많은 사람들이 라이프로그 관리의 중요성을 인식하고 있음을 추론할 수 있다.

④ 마지막 문단을 보면 기존 라이프로그 관리시스템에서는 추가 정보를 간단히 태깅하는 기능만을 제공할 뿐 기존 태그 정보를 수정하는 방법을 제공하지 않는다고 했다. 따라서 기존 라이프로그 관리 시스템은 태깅된 정보 수정에 한계가 있음을 추론할 수 있다.

⑤ 마지막 문단에서 사람들이 더욱 관심을 가지는 것은 기억에 남는 다양한 사건들로 이러한 사람들의 요구사항을 충족시키기 위해 개별 라이프로그 관리에서 한발 더 나아가야 한다는 내용을 통해 점차 라이프로그 간의 관계에 대한 관리가 중요해지고 있음을 추론할 수 있다.

03

'주차 공간에 차가 있는지 여부를 감지하는 센서를 설치한 스마트 주차'라고 했으므로 주차를 대신 해준다기보다는 주차공간이 있는지의 여부를 알 수 있는 기능이다.

오답분석

① '각국의 경제 및 발전 수준, 도시 상황과 여건에 따라 매우 다양하게 정의 및 활용되고, 접근 전략에도 차이가 있다.'고 했으므로 제시문을 읽고 알 수 있는 내용이다.

② 두 번째 문단 중 '이 스마트 가로등은 … 인구 밀집도까지 파악할 수 있다.'는 문장을 통해 알 수 있다.

④ 세 번째 문단에서 항저우를 비롯한 중국의 여러 도시들은 알리바바의 알리페이를 통해 항저우 택시의 98%, 편의점의 95% 정도에서 모바일 결제가 가능하고, 부 업무, 차량, 의료 등 60여 종에 달하는 서비스 이용이 가능하다고 하였으므로 지갑을 가지고 다니지 않아도 일부 서비스를 이용할 수 있다.

⑤ 마지막 문단 중 '세종에서는 … 개인 맞춤형 의료 서비스 등을 받을 수 있다.'는 내용을 통해 알 수 있다.

04

지지도 방식에서는 적극적 지지자만 지지자로 분류하고 나머지는 기타로 분류하므로 적극적 지지자의 수가 많은 A후보가 더 많은 지지를 받을 것이다. 따라서 ㄱ은 옳은 내용이다.

오답분석

ㄴ. 선호도 방식에서는 적극적 지지자와 소극적 지지자를 모두 지지자로 분류하므로 둘의 합계가 많은 후보가 더 많은 지지를 받을 것이다. 그런데 ㄴ의 경우에는 각 후보의 지지자 수의 대소관계를 알 수 없으므로 판단이 불가능하다. 따라서 옳지 않은 내용이다.

ㄷ. 지지도 방식에서는 적극적 지지자의 대소로 판단하지만 선호도 방식에서는 적극적, 소극적 지지자의 합의 대소로 판단하게 된다. 예를 들어 A후보가 B후보보다 적극적 지지자가 10이 많고 소극적 지지자가 20이 많다면, 지지도 방식에서의 차이는 10이지만 선호도 방식에서의 차이는 30이 된다. 따라서 옳지 않은 내용이다.

02	자료해석									

01	02	03								
②	①	①								

01

ㄱ. 비중이 25% 이상이라는 것은 결국 해당 항목의 수치에 4를 곱한 것이 전체 합계보다 크다는 것을 의미한다. 이에 따르면 노인복지관과 자원봉사자의 수치에 4를 곱한 것이 전체 합계보다 크므로 각각의 비중은 25% 이상이다.

ㄷ. A ~ I지역 중 복지종합지원센터 1개소당 자원봉사자 수가 가장 많은 지역은 E(1,188명)이며, 복지종합지원센터 1개소당 등록 노인 수가 가장 많은 지역은 E(59,050명)이므로 옳은 내용이다.

오답분석

ㄴ. $\dfrac{(노인복지관\ 수)}{(복지종합지원센터\ 수)} \leq 100$을 변형하면, (노인복지관 수) $\leq$ (복지종합지원센터)$\times 100$으로 나타낼 수 있다. 이를 이용하면 A, B, I지역이 이에 해당하며, D지역은 노인복지관 수가 더 크기 때문에 해당되지 않는다.

ㄹ. 분수의 대소비교를 이용하면, 분모가 되는 노인복지관의 수는 H지역이 C지역의 3배임에 반해 분자가 되는 자원봉사자의 수는 3배에 미치지 못한다. 따라서 H지역의 자원봉사자 수는 C지역보다 더 적다.

02

 정답 ①

ㄱ. 신소재 산업분야에서 중요도 상위 2개 직무역량은 '문제해결능력(4.58)', '수리능력(4.46)'이므로 옳은 내용이다.

ㄴ. 산업분야별로 직무역량 중요도의 최댓값과 최솟값을 차이를 구하면 '신소재(0.61점)', '게임(0.88점)', '미디어(0.91점)', '식품(0.62점)'이므로 옳은 내용이다.

오답분석

ㄷ. 신소재, 게임, 식품의 경우 중요도가 가장 낮은 직무역량은 '조직이해능력'이지만, 미디어의 경우는 '기술능력'의 중요도가 가장 낮다. 따라서 옳지 않은 내용이다.

ㄹ. 신소재 분야와 식품 분야의 경우는 '문제해결능력'의 중요도가 가장 높지만 게임 분야와 미디어 분야의 경우는 '직업윤리'의 중요도가 가장 높고 '문제해결능력'이 두 번째로 높다. 따라서 '문제해결능력'과 '직업윤리'를 서로 비교하여 정리하면 다음과 같다.

구분	신소재	게임	미디어	식품
문제해결능력	+0.14	−	−	+0.11
직업윤리	−	+0.14	+0.14	−

'문제해결능력'의 평균값이 가장 높다는 것은 다시 말해 각 분야의 중요도를 모두 합한 값이 가장 크다는 것을 의미한다. 따라서 위 표와 같이 '직업윤리'의 합계가 더 크므로 옳지 않은 내용이다.

03

정답 ①

ㄱ. 대소비교만 하면 되므로 백분율 값을 무시하고 각주에서 주어진 산식을 변형하면 '(공급의무량)=[공급의무율(%)]×(발전량)'으로 나타낼 수 있다. 2021년에는 2020년에 비해 발전량과 공급의무율이 모두 증가하였으므로 계산하지 않고도 공급의무량 또한 증가하였음을 알 수 있다. 2020년은 2019년에 비해 공급의무율의 증가율이 50%에 육박하고 있어 발전량의 감소분을 상쇄하고도 남는다. 따라서 2020년 역시 2019년에 비해 공급의무량이 증가하였다.

ㄴ. 2021년의 인증서구입량은 2019년의 10배가 넘는데 반해, 자체공급량은 10배에는 미치지 못한다. 따라서 자체공급량의 증가율이 더 작다.

오답분석

ㄷ. 둘의 차이는 2019년에 680GWh, 2020년에 570GWh, 2021년에 710GWh으로 2020년에 감소했다.

ㄹ. 먼저 연도별 이행량은 2019년에 90GWh, 2020년에 450GWh, 2021년에 850GWh임을 구할 수 있다. 이를 통해 이행량에서 자체공급량이 차지하는 비중을 구하면 2019년은 $\frac{75}{90}\times100 \fallingdotseq 83\%$, 2020년은 $\frac{380}{450}\times100 \fallingdotseq 84\%$, 2021년은 $\frac{690}{850}\times100 \fallingdotseq$ 81%이므로 이행량에서 자체공급량이 차지하는 비중이 매년 감소하는 것은 아님을 알 수 있다.

01	02								
①	⑤								

01

정답 ①

올해 순이익이 작년 순이익의 100%, 즉 2배가 되었다는 것으로 올해 순이익을 a만 원이라 가정하면 작년 순이익은 $\frac{a}{2}$만 원이며,

작년 원가는 작년 순이익과 같다고 했으므로 작년 원가도 $\frac{a}{2}$만 원이 된다.

올해 원가는 작년 원가보다 1천만 원 감소하였으니 $\left(\frac{a}{2}-1{,}000\right)$만 원이다.

순이익은 매출액에서 원가를 뺀 금액이므로 올해 순이익에 대해 방정식을 세우면 다음과 같다.

$a=29{,}000-\left(\frac{a}{2}-1{,}000\right) \rightarrow \frac{3}{2}a=30{,}000$

$\therefore\ a=20{,}000$

따라서 올해 순이익은 2억 원임을 알 수 있다.

02

정답 ⑤

임원진 3명 중 남녀가 각 1명 이상씩은 선출되어야 하므로, 추천받은 인원(20명) 중 3명이 남자 또는 여자로만 구성될 경우를 제외하는 여사건으로 구한다.

남녀 성비가 6 : 4이므로 남자는 $20\times\frac{6}{10}=12$명, 여자는 $20\times\frac{4}{10}=8$명이며, 남자 3명 또는 여자 3명이 선출되는 경우의 수는

$_{12}C_3+{_8}C_3=\frac{12\times11\times10}{3\times2\times1}+\frac{8\times7\times6}{3\times2\times1}=220+56=276$가지이다.

그러므로 남녀가 1명 이상씩 선출되는 경우의 수는 $_{20}C_3-({_{12}}C_3+{_8}C_3)=\frac{20\times19\times18}{3\times2\times1}-276=1{,}140-276=864$가지이고, 3명 중에 1명은 운영위원장, 2명은 운영위원으로 임명하는 방법은 3가지이다.

따라서 올해 임원으로 선출할 수 있는 경우의 수는 $864\times3=2{,}592$가지이다.

01	02	03							
③	⑤	①							

01

정답 ③

S조의 예선전은 A, B, C국이 3번씩 경기를 하였으므로 D국 또한 3번의 경기를 하였음을 예측할 수 있다. 그러므로 경기 수는 총 6번이다.

각국은 서로 한 번씩 경기를 하였으므로 승리한 경기 수의 합과 패배한 경기 수의 합은 같다.

A, B, C국의 승리한 경기 수의 합은 3(=2+1)경기이고 패배한 경기 수의 합은 5(=1+2+2)경기이므로 D국은 패배한 경기가 없으며, 두 번의 경기에서 모두 승리하였다. 그리고 나머지 한 경기는 B국의 무승부 기록을 통해 B국과의 경기에서 무승부로 끝났음을 알 수 있다.

따라서 D국의 승점을 계산하면 2×3+1×1=7이므로 S조에서 가장 승점이 높아 A국이 아닌 D국이 본선에 진출하였다는 결론이 나온다.

[오답분석]

④ D국은 패배한 경기가 없으므로 A국과의 경기에서 승리하였음을 알 수 있다.

02

정답 ⑤

두 번째 조건에 따르면 여자 사무관 중 1명은 반드시 제외되어야 하므로 1명의 남자 사무관과 3명의 여자 사무관은 한 팀으로 구성될 수 없다. 또한 세 번째 조건과 다섯 번째 조건에 따르면 가훈, 나훈 중 적어도 한 사람을 뽑을 경우 라훈, 소연을 뽑아야 하고, 소연을 뽑으면 모연을 반드시 함께 뽑아야 하므로 전담팀은 남자 사무관 4명으로만 구성될 수 없으며, 남자 사무관 3명과 여자 사무관 1명으로도 구성될 수 없다. 따라서 전담팀은 남자 사무관 2명, 여자 사무관 2명으로만 구성될 수 있다.

네 번째 조건과 다섯 번째 조건에 따르면 다훈을 뽑을 경우 모연, 보연, 소연을 모두 뽑을 수 없으므로 다훈을 팀원으로 뽑을 수 없다(∵ 남자 사무관 4명으로만 팀이 구성될 수 없다).

주어진 모든 조건을 고려하여 구성할 수 있는 '하늘' 전담팀은 다음과 같다.

1) 가훈, 라훈, 소연, 모연
2) 나훈, 라훈, 소연, 모연

따라서 전담팀은 남녀 각각 동일한 수 2명으로 구성되며(ㄱ), 다훈과 보연은 둘 다 팀에 포함되지 않는(ㄴ) 반면, 라훈과 모연은 둘 다 반드시 팀에 포함된다(ㄷ).

03

정답 ①

가격이 높은 순서대로 나열하면 '파프리카 – 참외 – 토마토 – 오이'이므로 참외는 두 번째로 비싸다.

01 언어이해

01	02	03							
①	④	③							

01

정답 ①

귀족은 직령포를 평상복으로만 입었고, 서민과 달리 의례와 같은 공식적인 행사에는 입지 않았다고 하였다. 따라서 서민들은 공식적인 행사에서도 직령포를 입었음을 추론할 수 있다.

오답분석

② 고려시대에는 복식 구조가 크게 변했는데 특히 귀족층은 중국옷을 그대로 받아들여 입었지만, 서민층은 우리 고유의 복식을 유지하여 복식의 이중 구조가 나타났다고 하였다. 따라서 모든 계층에서 중국옷을 그대로 받아들여 입었던 것은 아니다.

③ 중기나 후기에 들어서면서 띠 대신 고름을 매기 시작했으며, 후기에는 마고자와 조끼를 입기 시작했는데 조끼는 서양 문물의 영향을 받은 것이라고 하였다. 하지만 마고자에 대해서는 그러한 언급이 없으므로 적절하지 않다.

④ 임금이 입었던 구군복에만 흉배를 붙였다고 하였으므로 다른 무관들이 입던 구군복에는 흉배가 붙여져 있지 않았을 것이다.

⑤ 문무백관의 상복도 곤룡포와 모양은 비슷했으나 무관 상복의 흉배에는 호랑이를, 문관 상복의 흉배에는 학을 수놓았다고 하였으므로 적절하지 않다.

02

정답 ④

조선 전기에는 처거제(여자에게 유리) – 부계제(남자에게 유리)가 유지되었다고 하였으므로 남녀 간 힘의 균형이 무너졌다고 보기는 어렵다.

오답분석

① 처거제에서 부거제로 전환된 시점을 정확하게 지목하기는 힘들지만 조선 후기에 부거제가 시행되었다고 하였고, 거주율이 바뀌었다는 것은 대단한 사회변동이라고 하였으므로 적절하다.

② 조선시대 들어 유교적 혈통률의 영향을 받아 부계제로 변화하였으며, 부거제는 조선 후기에 시행되었다고 하였으므로 적절하다.

③ 우리나라는 역사적으로 거주율에 있어서 처거제를 오랫동안 유지하였고, 조선 전기에도 이러한 체제가 유지되었다고 하였으므로 적절하다.

⑤ 고려시대까지는 처거제 – 모계제를 유지하였으나 조선시대에 들어와 처거제 – 부계제로 변화하였으며 조선 후기에는 부거제 – 부계제로 변화하였으므로 적절하다.

03

정답 ③

제시문은 그림만으로는 정확한 의사소통이 이루어지기 힘들다는 것을 일화와 예시를 통해 보여주고 있다.

오답분석

① 제시문은 그림이나 기호로는 완벽한 의사소통이 어려울 수 있음을 보여주는 글이다. 따라서 언어적 표현의 의미는 제시문에서 찾아볼 수 없다.
② 두 번째 문단의 네 번째 문장 '왜냐하면 ~ 결정되기 때문이다.'를 보면, 약속에 의해 기호의 의미가 결정됨을 알 수 있다.
④ 첫 번째 문단을 종합해 보면, 어떤 언어적 표현도 없이 단지 그림만 가지고는 의사소통이 힘들다고 이야기하고 있다.
⑤ '상이한 사물에 대한 그림들은 동일한 의미로 이해될 수 없다.'는 내용은 제시문에서 찾아볼 수 없다.

---

02 자료해석

01									
②									

01

정답 ②

20대 신규 확진자 수가 10대 신규 확진자 수보다 적은 지역은 3월에 E, F, H지역, 4월은 A, G, H지역으로 각각 3곳으로 동일하다.

오답분석

① C, G지역의 3월과 4월의 10대 미만 신규 확진자 수는 각각 동일하다.
③ 3월 신규 확진자 수가 세 번째로 많은 지역은 C지역(228명)으로 C지역의 4월 신규 확진자 수가 가장 많은 연령대는 60대(26명)이다.
④ H지역의 4월 신규 확진자 수는 93명으로 4월 전체 신규 확진자 수인 $121+78+122+95+142+196+61+93+54=962$명에서 차지하는 비율은 $\frac{93}{962} \times 100 ≒ 9.7\%$로 10% 미만이다. 또한 4월 전체 신규 확진자 수의 10%는 $962 \times 0.1 = 96.2$명으로 H지역의 4월 신규 확진자 수인 93명보다 많다.
⑤ 3월 대비 4월 신규 확진자 수의 비율은 F지역이 $\frac{196}{320} \times 100 ≒ 61.3\%$, G지역이 $\frac{61}{185} \times 100 ≒ 33\%$이다.
따라서 G지역 비율의 2배는 $33 \times 2 = 66\%$로 F지역이 G지역의 2배 이하이다.

01	02	03	04						
②	②	④	①						

01

정답 ②

평균속력은 $\dfrac{(총이동거리)}{(총걸린시간)}$ 이며, B대리가 이동한 총거리를 구하면 $14+6.8+10=30.8$km이다.

이동하는 데 걸린 시간(모든 시간 단위는 시간으로 환산)은 $1.5+\dfrac{18}{60}+1=2.5+\dfrac{3}{10}=2.8$시간이다.

따라서 B대리가 출·퇴근하는 평균속력은 $\dfrac{30.8}{2.8}=11$km/h이다.

02

정답 ②

농도가 14%인 A설탕물 300g과 18%인 B설탕물 200g을 합친 후 100g의 물을 더 넣으면 600g의 설탕물이 되고, 이 설탕물에 녹아있는 설탕의 양은 $300\times0.14+200\times0.18=78$g이다.

여기에 C설탕물을 합치면 $600+150=750$g의 설탕물이 되고, 이 설탕물에 녹아있는 설탕의 양은 $78+150\times0.12=96$g이다.

따라서 합친 후 200g에 들어있는 설탕의 양은 $200\times\dfrac{96}{750}=200\times0.128=25.6$g이다.

03

정답 ④

1급 한 명에게 지급할 성과금이 x이면, 2급 한 명에게 지급할 성과금은 $\dfrac{1}{2}x$이고, 3급 한 명에게 지급할 성과금은 $\dfrac{1}{2}x\times\dfrac{2}{3}=\dfrac{1}{3}x$,

4급 한 명에게 지급할 성과금은 $\dfrac{1}{3}x\times\dfrac{3}{4}=\dfrac{1}{4}x$이다.

$3x+12\times\dfrac{1}{2}x+18\times\dfrac{1}{3}x+20\times\dfrac{1}{4}x=50,000,000$

$\rightarrow 20x=50,000,000$

$\therefore\ x=2,500,000$

따라서 1급에 지급되는 성과금은 모두 $3\times2,500,000=7,500,000$원이다.

04

정답 ①

초콜릿의 개수를 x개라고 하자.

초콜릿을 3명이 나눠 먹었을 때 2개가 남고, 4명이 나눠 먹었을 때도 2개가 남았으므로 $(x-2)$는 3과 4의 배수이다.

$x-2$	x
12	14
24	26
36	38
…	…

따라서 $x\le25$이므로 $x=14$이고, 초콜릿을 7명이 나눠 먹었을 때 남는 초콜릿은 0개이다.

01	02	03							
①	③	①							

01

정답 ①

D가 4등일 경우에는 C - E - A - D - F - B 순으로 들어오게 된다.

02

정답 ③

01번 문제와 같이 D가 4등이라는 조건이 있다면 C가 1등이 되지만, 주어진 제시문으로는 C가 1등 또는 4등이기 때문에 알 수 없다.

03

정답 ①

첫 번째 정보에서 3종류의 과자를 2개 이상씩 구입했다는 것을 알 수 있고, 두 번째 정보를 보면 B과자를 A과자보다 많이 샀다고 한다. 세 번째 정보까지 적용하면 3종류 과자의 구입한 개수는 'A<B≤C'임을 알 수 있다. 따라서 가장 적게 산 A과자를 2개 또는 3개 구입했을 때의 구입 방법을 정리하면 다음 표와 같다.

(단위 : 개)

구분	A과자	B과자	C과자
경우 1	2	4	9
경우 2	2	5	8
경우 3	2	6	7
경우 4	2	7	6
경우 5	3	6	6

경우 1은 마지막 정보를 만족시키지 못하므로 제외된다. 그리고 경우 4는 C과자 개수보다 B과자가 더 많으므로 세 번째 정보에 맞지 않는다. 따라서 가능한 방법은 경우 2, 경우 3, 경우 5로 총 3가지로, 하경이가 B과자를 살 수 있는 개수는 5개 또는 6개이다.

오답분석

ㄴ. 경우 5에서 C과자는 6개 구입 가능하다.
ㄷ. 경우 5에서 A과자는 3개 구입 가능하다.

01 언어이해

01	02	03							
④	④	③							

01

정답 ④

1998년 개발도상국에 대한 은행 융자 총액은 500억 달러였는데, 2005년에는 670억 달러가 되었으므로 1998년 수준을 회복하였다고 볼 수 있다.

오답분석

① 경제적 수익을 추구하기 위한 것으로 포트폴리오 투자를 들 수 있으며, 회사 경영에 영향력을 행사하기 위한 것으로 외국인 직접투자를 들 수 있다.

② 지금까지 해외 원조는 개발도상국에 대한 경제적 효과가 있다고 여겨져 왔으나, 최근 경제학자들 사이에서는 그러한 경제적 효과가 없다는 주장이 힘을 얻고 있다고 하였다.

③ 개발도상국으로 흘러드는 외국자본은 크게 원조, 부채, 투자가 있는데, 그중 부채는 은행 융자와 채권, 투자는 포트폴리오 투자와 외국인 직접투자로 나눌 수 있다.

⑤ 개발도상국에 대한 포트폴리오 투자액은 90억 달러에서 410억 달러로 320억 달러 증가하였고, 채권은 230억 달러에서 440억 달러로 210억 달러 증가하였다. 따라서 포트폴리오의 증감액이 더 크다.

02

정답 ④

A연구팀은 신경교 세포가 전체 뉴런을 조정하면서 기억력과 사고력을 향상시킨다는 가설하에, 인간의 신경교 세포를 갓 태어난 생쥐의 두뇌에 주입하는 실험을 하였다. 그리고 그 실험결과는 이 같은 가설을 뒷받침해주는 결과를 가져왔으므로 ④는 적절한 내용이라고 할 수 있다.

오답분석

① 인간의 신경교 세포를 생쥐의 두뇌에 주입하였더니 쥐가 자라면서 주입된 인간의 신경교 세포도 성장했고, 이 세포들이 주위의 뉴런들과 완벽하게 결합되어 쥐의 두뇌 전체에 걸쳐 퍼지게 되었다고 하였다. 그러나 이 과정에서 쥐의 뉴런에 어떠한 영향을 주는지에 대해서는 언급하고 있지 않으므로 추론할 수 없는 내용이다.

②·③ 제시문의 실험은 인간의 신경교 세포를 쥐의 두뇌에 주입했을 때의 변화를 살펴본 것이지 인간의 뉴런 세포를 주입한 것이 아니므로 추론할 수 없는 내용이다.

⑤ 쥐에 주입된 인간의 신경교 세포는 그 기능을 그대로 간직한다고 하였으므로 적절하지 않은 내용이다.

03

정답 ③

세 번째 문단의 혁신적 기술 등에 의한 성장이 아닌 외형성장에 주력해온 국내 경제의 체질을 변화시키기 위해 벤처기업 육성에 관한 특별조치법이 제정되었다고 하는 부분을 통해 알 수 있는 내용이다.

오답분석

① 해외 주식시장의 주가 상승과 국내 벤처버블 발생이 비슷한 시기에 일어난 것은 알 수 있으나, 전자가 후자의 원인이라는 것은 제시문을 통해서는 알 수 없는 내용이다.
② 벤처버블이 1999 ~ 2000년 동안의 기간 동안 국내 뿐 아니라 미국, 유럽 등 전세계 주요 국가에서 나타난 것은 알 수 있으나, 전세계 모든 국가에서 일어났는지는 알 수 없다.
④ 뚜렷한 수익모델이 없다고 하더라도 인터넷을 활용한 비즈니스를 내세우면 높은 잠재력을 가진 기업으로 인식되었다는 부분을 통해 벤처기업이 활성화되었으리라는 것을 유추할 수는 있다. 하지만 그것이 대기업과 어떠한 연관을 가지는지는 제시문을 통해서는 알 수 없는 내용이다.
⑤ 외환위기로 인해 우리 경제에 고용창출과 경제성장을 주도할 새로운 기업군이 필요해졌다는 부분은 알 수 있으나, 외환위기가 해외 주식을 대규모로 매입하는 계기가 되었는지는 알 수 없다.

02 　자료해석

01	02									
⑤	④									

01

정답 ⑤

주어진 정보는 미지수가 3개씩인 방정식이므로 연립하여 미지수를 2개로 줄인다.
- 조합 1+조합 3 : $(A+B+C)+(A+D+E)=2A+B+C+D+E=10+13=23$
- (조합 1+조합 3)-조합 4 : $(2A+B+C+D+E)-(B+C+D)=2A+E=23-12=11 \cdots$ ㉠
- 조합 1-조합 2=$(A+B+C)-(B+C+E)=A-E=10-15=-5 \cdots$ ㉡

A와 E에 대한 방정식 ㉠, ㉡을 연립하면 다음과 같다.
㉠+㉡=3A=6
→ A=2, E=7
A=2, E=7을 조합 3에 대입하면 D=4이다.
D=4, E=7을 조합 5에 대입하면 B=30이다.
A=2, B=3을 조합 1에 대입하면 C=5이다.
∴ A=2, B=3, C=5, D=4, E=7이므로, 가장 무거운 추는 E이고 그 무게는 7kg이다.

02

정답 ④

구분	필요한 타일 개수(개)	가격(원)
A타일	$(8m \div 20cm) \times (10m \div 20cm)=2,000$	$2,000 \times 1,000+50,000=2,050,000$
B타일	$(8m \div 250mm) \times (10m \div 250mm)=1,280$	$1,280 \times 1,500+30,000=1,950,000$
C타일	$(8m \div 25cm) \times (10m \div 20cm)=1,600$	$1,600 \times 1,250+75,000=2,075,000$

따라서 가장 저렴한 타일은 B타일이고 가격은 1,950,000원이다.

01	02	03							
①	②	④							

01

정답 ①

- A상품 6개와 B상품 5개 구매 가격 : $(7,500\times6)+(8,000\times5)=85,000$원
- A상품과 B상품 반품 배송비 : 5,000원
- C상품 배송비 : 3,000원
- C상품을 구매할 수 있는 금액 : $85,000-(5,000+3,000)=77,000$원
- ∴ C상품 구매 개수 : $77,000\div5,500=14$개

02

정답 ②

첫 번째에서 세 번째 자리까지 변경할 수 있는 경우의 수는 $0\sim9$의 숫자를 사용하고 이를 중복해서 사용할 수 있으므로 $10\times10\times10$가지이고, 네 번째 자리를 변경할 수 있는 경우의 수는 특수기호 #, * 2가지를 사용하므로 2가지이다. 그러므로 변경할 수 있는 비밀번호의 경우의 수는 $10\times10\times10\times2$가지이다.

변경된 비밀번호와 기존 비밀번호 네 자리 중 자리와 그 문자가 하나만 같은 경우는 비밀번호가 네 자리이므로 모두 4가지이다. 앞서 구한 변경할 수 있는 비밀번호의 경우의 수로 변경된 비밀번호와 기존 비밀번호의 각 자리가 일치할 확률을 구하면 다음과 같다.

ⅰ) 변경된 비밀번호와 기존 비밀번호의 첫 번째 자리가 일치하는 경우의 수

변경된 비밀번호와 기존 비밀번호의 첫 번째 자리가 8로 일치하고 나머지 세 자리는 일치하지 않아야 한다. 즉, 변경된 비밀번호의 두 번째 자리는 기존 비밀번호의 두 번째 자리의 기호였던 6이 될 수 없다. 변경된 비밀번호의 세 번째도 마찬가지로 2를 제외한 기호가 들어갈 수 있다. 마지막 네 번째 자리는 기존 비밀번호의 네 번째 자리의 기호가 #이므로 *이 되어야 한다.

$1\times9\times9\times1=81$가지

ⅱ) 변경된 비밀번호와 기존 비밀번호의 두 번째 자리가 일치하는 경우의 수

$9\times1\times9\times1=81$가지

ⅲ) 변경된 비밀번호와 기존 비밀번호의 세 번째 자리가 일치하는 경우의 수

$9\times9\times1\times1=81$가지

ⅳ) 변경된 비밀번호와 기존 비밀번호의 네 번째 자리가 일치하는 경우의 수

$9\times9\times9\times1=729$가지

따라서 변경된 비밀번호가 기존 비밀번호 네 자리 중 한 자리와 그 문자가 같을 확률은 $\dfrac{81+81+81+729}{10\times10\times10\times2}=\dfrac{972}{2,000}=\dfrac{486}{1,000}$이다.

03

정답 ④

주사위 2개를 한 번 던졌을 때

- 0점을 얻을 확률(=주사위 눈의 합이 2, 6, 9, 11, 12일 확률) : $\dfrac{1}{36}+\dfrac{5}{36}+\dfrac{4}{36}+\dfrac{2}{36}+\dfrac{1}{36}=\dfrac{13}{36}$

- 1점을 얻을 확률(=주사위 눈의 합이 4, 7, 8일 확률) : $\dfrac{3}{36}+\dfrac{6}{36}+\dfrac{5}{36}=\dfrac{14}{36}$

- 2점을 얻을 확률(=주사위 눈의 합이 3, 5, 10일 확률) : $\dfrac{2}{36}+\dfrac{4}{36}+\dfrac{3}{36}=\dfrac{9}{36}$

게임판에서 얻을 수 있는 점수는 0점, 1점, 2점이므로 A가 첫 판에 던진 주사위의 눈의 합이 4(1점)였을 때 B가 이길 수 있는 경우는 다음 표와 같다.

첫 번째 판		두 번째 판	
A	B	A	B
	0점	0점	2점
	1점	0점	1점
			2점
1점		1점	2점
		0점	0점
			1점
	2점		2점
		1점	1점
			2점
		2점	2점

∴ B가 이길 확률

$$\frac{13}{36} \times \frac{13}{36} \times \frac{9}{36} + \frac{14}{36} \times \left\{ \frac{13}{36} \times \left(\frac{14}{36} + \frac{9}{36} \right) + \frac{14}{36} \times \frac{9}{36} \right\} + \frac{9}{36} \times \left\{ \frac{13}{36} \times \left(\frac{13}{36} + \frac{14}{36} + \frac{9}{36} \right) + \frac{14}{36} \times \left(\frac{14}{36} + \frac{9}{36} \right) + \frac{9}{36} \times$$

$$\frac{9}{36} \right\} = \frac{1,521}{36^3} + \frac{5,950}{36^3} + \frac{7,839}{36^3} = \frac{15,310}{36^3}$$

04 언어추리

01									
②									

01

정답 ②

F와 G지원자는 같은 학과를 졸업하였으므로 2명 이상의 신입사원을 뽑은 배터리개발부나 품질보증부에 지원하였다. 그런데 D지원자가 배터리개발의 신입사원으로 뽑혔다고 했으므로 F와 G지원자는 품질보증부에 신입사원으로 뽑혔다는 것이 된다. 또한 C지원자는 품질보증부에 지원하였다고 하였고 복수전공을 하지 않았으므로 C, F, G지원자가 품질보증부의 신입사원임을 알 수 있다. B지원자는 경영학과 정보통신학을 전공하였으므로 전략기획부와 품질보증부에서 뽑을 수 있다. 하지만 품질보증부는 이미 3명의 신입사원이 뽑혔으므로 B지원자는 전략기획부이다.

E지원자는 화학공학과 경영학을 전공하였으므로 생산기술부와 전략기획부에서 뽑을 수 있다. 하지만 전략기획부는 1명의 신입사원을 뽑는다고 하였으므로 E지원자는 생산기술부의 신입사원으로 뽑혔음을 알 수 있다. 마지막으로 A지원자는 배터리개발부와 생산기술부에 지원하였지만 생산기술부는 1명의 신입사원을 뽑으므로 배터리개발부에 뽑혔음을 알 수 있다.

이를 표로 정리하면 다음과 같다.

구분	배터리개발부	생산기술부	전략기획부	품질보증부
A지원자	○	○	–	–
B지원자	–	–	○	○
C지원자	–	–	–	○
D지원자	○	–	–	–
E지원자	–	○	○	–
F지원자	–	–	–	○
G지원자	–	–	–	○

따라서 'E지원자는 생산기술부의 신입사원으로 뽑혔다.'인 ②는 참이다.

01   언어이해

01	02								
①	③								

01

 정답   ①

제시문의 마지막 문단에 따르면 레드 와인의 탄닌 성분이 위벽에 부담을 줄 수 있으므로 스파클링 와인이나 화이트 와인을 먼저 마신 후 레드 와인을 마시는 것이 좋다. 따라서 레드 와인의 효능으로 위벽 보호는 적절하지 않다.

오답분석

② 마지막 문단에 따르면 레드 와인은 위액의 분비를 촉진하여 식욕을 촉진시킨다.

③ 세 번째 문단에 따르면 레드 와인에 함유된 항산화 성분이 노화 방지에 도움을 준다.

④ 네 번째 문단에 따르면 레드 와인에 함유된 레버라트롤 성분을 통해 기억력이 향상될 수 있다.

⑤ 다섯 번째 문단에 따르면 레드 와인에 함유된 퀘르세틴과 갈산이 체내의 면역력을 높인다.

02

정답   ③

(나)의 설립 목적은 신발을 신지 못한 채 살아가는 아이들을 돕기 위한 것이었고, 이러한 설립 목적은 가난으로 고통받는 제3세계의 아이들이라는 코즈(Cause)와 연계되어 소비자들은 제품 구매 시 만족감과 충족감을 얻을 수 있었다.

오답분석

①·⑤ 코즈 마케팅은 기업이 추구하는 사익과 사회가 추구하는 공익을 동시에 얻는 것을 목표로 하므로 기업의 실익을 얻으면서 공익과의 접점을 찾는 마케팅 기법으로 볼 수 있다.

②·④ 코즈 마케팅은 기업의 노력에 대한 소비자의 호의적인 반응과 그로 인한 기업의 이미지가 제품 구매에 영향을 미친다. 따라서 기업과 소비자의 관계가 중요한 역할을 하므로 소비자의 공감을 얻어낼 수 있어야 성공적으로 적용할 수 있다.

01	02								
③	⑤								

01

정답 ③

브랜드별 중성세제의 변경 후 판매 용량에 대한 가격에서 변경 전 판매 용량에 대한 가격을 빼면 다음과 같다.
- A브랜드 : $(8,200 \times 1.2) - (8,000 \times 1.3) = 9,840 - 10,400 = -560$원
- B브랜드 : $(6,900 \times 1.6) - (7,000 \times 1.4) = 11,040 - 9,800 = 1,240$원
- C브랜드 : $(4,000 \times 2.0) - (3,960 \times 2.5) = 8,000 - 9,900 = -1,900$원
- D브랜드 : $(4,500 \times 2.5) - (4,300 \times 2.4) = 11,250 - 10,320 = 930$원

따라서 A브랜드는 560원 감소, B브랜드는 1,240원 증가, C브랜드는 1,900원 감소, D브랜드는 930원 증가로 정답은 ③이다.

02

정답 ⑤

S씨는 휴일 오후 3시에 택시를 타고 서울에서 경기도 맛집으로 이동하였다. 택시요금 계산표에 따라 경기도 진입 전까지 기본요금으로 2km까지 3,800원이며, $4.64 - 2 = 2.64$km는 주간 거리요금으로 계산하면 $\frac{2,640}{132} \times 100 = 2,000$원이 나온다.

경기도에 진입 후 맛집 도착까지 거리는 $12.56 - 4.64 = 7.92$km로 시계 외 할증이 적용되어 심야 거리요금으로 계산하면 $\frac{7,920}{132} \times 120 = 7,200$원이고, 경기도 진입 후 8분의 시간요금은 $\frac{8 \times 60}{30} \times 120 = 1,920$원이다.

따라서 S씨가 가족과 맛집에 도착하여 지불하는 택시요금은 $3,800 + 2,000 + 7,200 + 1,920 = 14,920$원이다.

01	02	03	04	05					
②	④	④	④	②					

01

정답 ②

나누는 수보다 남는 수가 2씩 적으므로 3, 4, 5, 6의 공배수보다 2 적은 수가 조건을 만족하는 자연수이다.
3, 4, 5, 6의 최소공배수는 60이므로 100보다 작은 자연수는 $60 - 2 = 58$이다.
따라서 $58 = 7 \times 8 + 2$이므로 58을 7로 나눴을 때 나머지는 2이다.

02

정답 ④

ⅰ) 1~3번째 자리 조합 경우의 수
1~3번째 자리에는 영문자를 배치할 수 있으며, 1번째 자리에 가능한 문자는 주어진 영문자 A, B, C 모두 올 수 있다. 2번째 자리에는 1번째 자리에 배치한 영문자를 제외한 두 개의 영문자가 올 수 있고 3번째 자리에는 2번째 자리에 배치한 영문자를 제외한 두 개의 영문자가 올 수 있으므로 총 $3 \times 2 \times 2$가지이다.

ii) 4~6번째 자리 조합 경우의 수

　　4~6번째 자리에는 숫자를 배치할 수 있으며, 중복 사용이 가능하고 연속으로 배치할 수 있으므로 3×3×3가지이다.
따라서 가능한 여섯 자리 조합의 경우의 수는 (3×2×2)×(3×3×3)＝324가지이다.

03

정답 ④

B사원의 속력보다 2배 빠른 A사원이 30걸음을 걸었을 때 B사원은 30÷2＝15걸음을 걸었다. 그런데 B사원은 20걸음을 걸어 올라갔
다고 했으므로 A사원보다 (20÷15)배의 시간이 걸렸다. 에스컬레이터는 일정한 속력으로 올라간다고 했으므로, A사원이 올라갈
때 에스컬레이터가 일정한 속력으로 올라간 계단의 수를 x개라고 하면 올라가는 시간이 (20÷15)배가 걸린 B사원이 올라갈 때
에스컬레이터가 일정한 속력으로 올라간 계단의 수는 (20÷15)x개다. 에스컬레이터가 일정한 속력으로 올라간 계단의 수와 사원이
걸어 올라간 계단의 수를 합하면 에스컬레이터에서 항상 일정하게 보이는 계단의 수이다.
$30+x=20+(20÷15)x$
$\therefore x=30$
따라서 에스컬레이터에서 항상 일정하게 보이는 계단의 수는 30＋30＝60개이다.

04

정답 ④

• 자리에 앉는 경우의 수 : 6!가지
• E를 포함한 4명은 지정석에 앉지 않고 나머지 2명은 지정석에 앉을 경우의 수 : 먼저 E를 제외한 나머지 5명 중 2명이 지정석에
　앉을 경우의 수는 $_5C_2$가지이다.
　A, B가 지정석에 앉았다고 가정하고 나머지 E를 포함한 4명이 지정석에 앉지 않는 경우의 수를 구하면 다음과 같다.

구분	C지정석	D지정석	E지정석	F지정석
경우 1		C	F	E
경우 2	D	E	F	C
경우 3		F	C	E
경우 4		C	F	D
경우 5	E	F	C	D
경우 6			D	C
경우 7		C	D	E
경우 8	F	E	C	D
경우 9			D	C

　그러므로 E를 포함한 4명은 지정석에 앉지 않고 나머지 2명은 지정석에 앉을 경우의 수는 ($_5C_2×9$)가지이다.

따라서 구하고자 하는 확률은 $\dfrac{_5C_2×9}{6!}=\dfrac{5×4÷2×9}{6×5×4×3×2×1}=\dfrac{1}{8}$이다.

05

정답 ②

주어진 7명의 점수 합은 78＋86＋61＋74＋62＋67＋76＝504점이고 9명의 총점은 72×9＝648점이다. 그러므로 나머지 2명의
점수 합은 648－504＝144점이다. 50점 이상만이 합격했으므로 2명 중 1명의 최소 점수는 50점이고 나머지 1명의 최대 점수는
144－50＝94점이다. 따라서 9명 중 최고점은 94점이고 중앙값은 74점일 때 차이가 20점으로 가장 크다.

합격의 공식
SD에듀

우리 인생의 가장 큰 영광은
절대 넘어지지 않는 데 있는 것이 아니라
넘어질 때마다 일어서는 데 있다.

– 넬슨 만델라 –

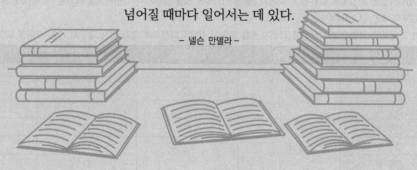

4일 차

모의고사

SKCT 모의고사

01	02	03	04	05	06	07	08	09	10
①	③	②	①	③	⑤	④	③	③	①
11	12	13	14	15	16	17	18	19	20
③	②	②	③	⑤	①	②	④	④	②

01
정답 ①

제시문의 첫 번째 문단에서는 '사회적 자본'이 늘어나면 정치 참여도가 높아진다는 주장을 하였고, 두 번째 문단에서는 사회적 자본의 개념을 사이버공동체에 도입하였으나 현실과 잘 맞지 않는다고 하면서 사회적 자본의 한계를 서술했다. 그리고 마지막 문단에서는 이 같은 사회적 자본만으로는 정치 참여가 늘어나기 어렵고 이른바 '정치적 자본'의 매개를 통해서만이 가능하다는 주장을 하고 있다. 따라서 ①이 제시문의 주제로 가장 적절하다.

02
정답 ③

마지막 문단에 따르면 유전거리 비교의 한계를 보완하기 위해 나온 방법이 유전체 유사도를 측정하는 방법이며, 유전체 유사도는 종의 경계를 확정하는 데 유용한 기준을 제공한다고 하였으므로 ③은 적절하다.

오답분석
① 두 번째 문단 첫 번째 문장에 따르면 미생물의 종 구분에 외양과 생리적 특성을 이용한 방법이 사용되기도 한다.
② 마지막 문단에 따르면 수많은 유전자를 모두 비교하는 것은 현실적으로 어렵기 때문에 유전체의 특성을 화학적으로 비교하는 방법이 주로 사용되고 있다.
④ 제시문만으로 확인할 수 없는 내용이다.
⑤ 마지막 문단에 따르면 유전체의 특성을 화학적으로 비교하는 방법이 주로 사용되고 있다.

03
정답 ②

세 번째 문단에서 출생 전 안드로겐 호르몬 노출 정도가 남성의 성적 방향성을 결정하는 요인 중 하나라고 언급하고 있다.

오답분석
① 두 번째 문단에서 뇌 영역 및 그 크기의 차이가 인간의 성적 방향성과 직접적인 인과 관계를 맺고 있다는 증거는 발견되지 않았다고 하였다.
③ 첫 번째 문단에서 동성애자가 강압적인 어머니와 복종적인 아버지에 의해 양육되었다는 아무런 증거도 발견하지 못하였다고 하였다.
④ 세 번째 문단에서 안드로겐 호르몬은 정소에서 분비된다고 밝혔다.
⑤ 마지막 문단에서 일란성 쌍생아의 동성애 일치 비율은 유전이 성적 방향성을 결정짓는 요인 중 하나라는 것을 보여주는 증거라고 하였다.

04

제시문에 따르면 다리뼈는 연골세포의 세포분열로 인해 뼈대의 성장이 일어난다.

오답분석

② 뼈끝판의 세포층 중 뼈대의 경계면에 있는 세포층이 아닌 뼈끝과 경계면이 있는 세포층에서만 세포분열이 일어난다.
③ 사춘기 이후 호르몬에 의한 뼈의 길이 성장은 일어나지 않는다.
④ 뇌에서 분비하는 성장호르몬은 뼈에 직접적으로 도움을 준다.
⑤ 남성호르몬인 안드로겐은 사춘기 여자에서도 분비된다.

05

네 번째와 다섯 번째 문단을 통해 알 수 있다.

오답분석

① 정상 과학의 시기에는 이미 이론의 핵심 부분들은 정립되어 있으며 이 시기에는 새로움을 좇기보다는 기존 연구의 세부 내용이 깊어진다. 따라서 다양한 학설과 이론의 등장은 적절하지 않다.
② 어떤 현상의 결과가 충분히 예측된다 할지라도 그 세세한 과정은 의문 속에 있기 마련이다. 정상 과학의 시기에 과학자들의 열정과 헌신성은 예측 결과와 실제의 현상을 일치시키기 위한 연구로 유지될 수 있다.
④ 과학적 사고방식과 관습, 기법 등이 하나의 기반으로 통일되어 있을 뿐이지 해결해야 할 과제가 없는 것은 아니다. 따라서 완성된 과학이라고 부를 수 없다.
⑤ 이론의 핵심 부분들은 정립된 상태이므로 과학자들은 심오한 작은 영역에 집중하게 되고 그에 따라 각종 실험 장치들의 다양화, 정밀화와 더불어 문제를 해결해 가는 특정 기법과 규칙들이 만들어진다. 따라서 문제를 해결해가는 과정이 주가 된다.

06

현존하는 가장 오래된 실록은 전주에 전주 사고에 보관되어 있던 것으로, 강화도 마니산에 봉안되었다가 1936년 병자호란에 의해 훼손된 것을 현종 때 보수하여 숙종 때 강화도 정족산에 다시 봉안했다가 현재 서울대학교에서 보관하고 있다.

오답분석

① 원본을 포함해 모두 5벌의 실록을 갖추게 되었으므로 재인쇄하였던 실록은 모두 4벌이다.
② 강원도 태백산에 보관하였던 실록은 서울대학교에 있다.
③ 현재 한반도에 남아 있는 실록은 강원도 태백산, 강화도 정족산, 장서각의 것으로 모두 3벌이다.
④ 적상산에 보관하였던 실록은 구황국 장서각으로 옮겨졌으며, 이는 6·25 전쟁 때 북한으로 옮겨져 현재 김일성종합대학에서 소장하고 있다.

07

제시문에서 스피노자는 삶을 지속하고자 하는 인간의 욕망을 코나투스라 정의하며, 코나투스인 욕망을 긍정하고 욕망에 따라 행동해야 한다고 주장하였다. 따라서 스피노자의 주장에 대한 반박으로는 인간의 욕망을 부정적으로 바라보며, 이러한 욕망을 절제해야 한다는 내용의 ④가 가장 적절하다.

오답분석

③ 스피노자는 모든 동물들이 코나투스를 가지고 있으나, 인간은 자신의 충동을 의식할 수 있다는 점에서 차이가 있다고 주장하므로 스피노자와 동일한 입장임을 알 수 있다.

08

제시문은 우유니 사막의 위치와 형성, 특징 등 우유니 사막의 자연지리적 특징에 대한 글이다.

09

정답 ③

제시문은 동양과 서양에서 서로 다른 의미를 부여하고 있는 달에 대해 설명하고 있는 글이다. 따라서 (나) 동양에서 나타나는 해와 달의 의미 – (라) 동양과 상반되는 서양에서의 해와 달의 의미 – (다) 최근까지 지속되고 있는 달에 대한 서양의 부정적 의미 – (가) 동양에서의 변화된 달의 이미지 순으로 나열하는 것이 적절하다.

10

정답 ①

제시문은 2,500년 전 인간과 현대의 인간의 공통점을 언급하며 2,500년 전에 쓰인 『논어』가 현대에서 지니는 가치에 대해 설명하고 있다. 따라서 (가) 『논어』가 쓰인 2,500년 전 과거와 현대의 차이점 – (마) 2,500년 전의 책인 『논어』가 폐기되지 않고 현대에서도 읽히는 이유에 대한 의문 – (나) 인간이라는 공통점을 지닌 2,500년 전 공자와 우리들 – (다) 2,500년의 시간이 흐르는 동안 인간의 달라진 부분과 달라지지 않은 부분에 대한 설명 – (라) 시대가 흐름에 따라 폐기될 부분을 제외하더라도 여전히 오래된 미래로서의 가치를 지니는 『논어』 순으로 나열하는 것이 적절하다.

11

정답 ③

제시문은 메타 윤리학에서 도덕 실재론과 정서주의의 주장에 대해 설명하는 글이다. 제일 처음 문단이 '도덕 실재론과 정서주의는 ~ 상반된 주장을 펼친다.'고 끝남으로 이어지는 문단은 도덕 실재론과 정서주의의 입장을 차례로 소개해야 할 것이다. 도덕 실재론에 대한 설명인 (나)와 정서주의에 대한 설명인 (다) 중 접속어 '한편'이 (다)에 포함되어 있으므로 (나)가 먼저 위치해야 한다. 그 다음으로 도덕 실재론에 대한 부연설명을 하는 (라) – 정서주의의 특징에 대해 설명하는 (다) – 정서주의에 대한 부연설명인 (가) 순으로 나열되어야 한다. 따라서 (나) – (라) – (다) – (가) 순으로 나열하는 것이 적절하다.

12

정답 ②

제시문의 중심 내용은 '반대는 필수불가결한 것이다.', '자유의지를 가진 국민의 범국가적 화합은 정부의 독단과 반대당의 혁명적 비타협성을 무력화시키는 정치권력의 충분한 균형에 의존하고 있다.', '그 균형이 더 이상 존재하지 않는다면 민주주의는 사라지고 만다.'로 요약할 수 있다. 따라서 제목으로 ②가 가장 적절하다.

13

정답 ②

제시문에 따르면 청색기술의 대상이 되는 동식물은 모든 동식물이 아닌 오랫동안 진화를 거듭하여 자연에 적응한 동식물이다.

14

정답 ③

네 번째 문단의 '거래에 참여하는 목적이나 재산 등의 측면에서 큰 차이가 존재하는 것이 보통이다. 이런 경우에는 어떤 상품의 가격이 우리의 상식으로는 도저히 이해하기 힘든 수준까지 일시적으로 뛰어오르는 현상이 나타날 가능성이 있다.'를 통해 판단할 수 있다.

[오답분석]
①·④는 네 번째 문단, ②는 마지막 문단, ⑤는 세 번째 문단에서 확인할 수 있다.

15

정답 ⑤

네 번째 문단의 마지막 두 문장을 보면 편협형 정치 문화와 달리 최소한의 인식이 있는 신민형 정치 문화의 예로 독재 국가를 언급하고 있으므로 ⑤는 적절하지 않다.

16

정답 ①

제시문은 창조 도시가 가져올 경제적인 효과를 언급하며 창조 도시의 동력을 무엇으로 볼 것이냐에 따라 창조 산업과 창조 계층에 대한 입장을 설명하고 있다. 따라서 창조 도시가 무조건적으로 경제적인 효과를 가져오지는 않을 것이라는 논지의 반박을 제시할 수 있다.

오답분석
② 창조 도시에 대한 설명이다.
③·④ 창조 산업을 동력으로 삼는 입장이다.
⑤ 창조 계층을 동력으로 삼는 입장이다.

17

정답 ②

(가) : 빈칸 다음 문장에서 사회의 기본 구조를 통해 이것을 공정하게 분배해야 된다고 했으므로 ⓒ이 가장 적절하다.
(나) : '원초적 상황'에서 합의 당사자들은 인간의 심리, 본성 등에 대한 지식 등 사회에 대한 일반적인 지식은 알고 있지만, 이것에 대한 정보를 모르는 무지의 베일 상태에 놓인다고 했으므로 사회에 대한 일반적인 지식과 반대되는 개념, 즉 개인적 측면의 정보인 ⓒ이 가장 적절하다.
(다) : 빈칸에 대하여 사회에 대한 일반적인 지식이라고 하였으므로 ⓒ이 가장 적절하다.

18

정답 ④

제시문은 서양의 자연관은 인간이 자연보다 우월한 자연지배관이며, 동양의 자연관은 인간과 자연을 동일 선상에 놓거나 조화를 중요시한다고 설명한다. 따라서 제시문의 중심 내용은 '서양의 자연관과 동양의 자연관의 차이'가 가장 적절하다.

19

정답 ④

제시문은 스티븐 와이즈의 '동물의 권리를 인정해야 한다.'는 주장에 대해 반박하는 글이다. 글쓴이의 주장은 '인간이 권리를 갖는 이유는 법적 권리와 의무의 주체가 될 수 있는 인격체이기 때문'인 것으로 보고 '동물의 권리는 법적으로 인격체임을 인정받는 것이므로 그것은 자연과학이 아닌 법철학에서 다루어야 할 개념'이라고 설명하고 있다. 또한 '인격체는 공동체의 일원이 될 수 있는 개체를 의미하며, 공동체의 일원이 되기 위해서는 협상, 타협, 동의의 능력이 필요하므로 동물은 인격체가 아니며 법적 권리를 가질 수 없다.'고 주장하고 있다. 이 주장을 강화하는 진술은 ④로, 동물에게 해를 입어도 그 동물에게 법적 책임을 묻지 않는 것은 '동물은 인격체가 아니다.'라는 글쓴이의 주장을 강화한다.

20

정답 ②

제시문은 자연법의 권위를 중요하게 생각하는 주장들을 담고 있다. 그러나 자연법이 인간의 경험에 근거하기 때문에 구체적으로 정의하기 어렵다는 문제점을 가지고 있다는 점은 반론으로 적절하다.

오답분석
① 때와 장소에 관계없이 누구에게나 보편적으로 받아들여질 수 있는 정의롭고 도덕적인 법을 자연법이라 정의한다.
③ 특히 인간의 본성에 깃든 이성, 다시 말해 참과 거짓, 선과 악을 분별할 수 있는 인간만의 자질은 자연법을 발견해 낼 수 있는 수단이 된다고 밝히고 있다.
④ 근대의 자연법 사상에서는 신학의 의존으로부터 독립하여 자연법을 오직 이성으로써 확인할 수 있다고 보았다고 한다.
⑤ 그로티우스는 이성의 올바른 인도를 통해 다다르게 되는 자연법은 국가와 실정법을 초월하는 규범이라고 보았다.

01	02	03	04	05	06	07	08	09	10
②	③	②	④	⑤	④	⑤	①	⑤	③
11	12	13	14	15	16	17	18	19	20
③	①	⑤	①	②	③	⑤	③	⑤	⑤

01

정답 ②

S통신회사의 기본요금을 x원이라 하면 다음과 같다.

$x+60a+30\times2a=21,600 \rightarrow x+120a=21,600 \cdots \bigcirc$

$x+20a=13,600 \cdots \bigcirc$

$\bigcirc-\bigcirc$을 하면

$100a=8,000$

$\therefore a=80$

따라서 a의 값은 80이다.

02

정답 ③

- (2016 · 2017년의 평균)$=\dfrac{826.9+806.9}{2}=816.9$만 명
- (2022 · 2023년의 평균)$=\dfrac{796.3+813.0}{2}=804.65$만 명

따라서 $816.9-804.65=12.25$만 명이다.

03

정답 ②

2023년 1위 흑자국 중국의 흑자액은 10위 흑자국 인도 흑자액의 $\dfrac{47,779}{4,793}≒9.97$배이므로 10배 미만이다.

[오답분석]

① 2021년의 10개 국가 중에서 폴란드를 제외한 나머지 9개 국가는 모두 2021~2023년에 흑자국에 2번 이상 포함된 것을 확인할 수 있다.

③ 싱가포르의 2021년 대비 2023년의 흑자액은 $\dfrac{11,890}{5,745}≒2.07$배이므로 옳다.

④ 베트남의 경우 흑자 증가율은 $\dfrac{8,466-4,780}{4,780}\times100≒77.1\%$이므로 가장 높다.

⑤ 조사기간 동안 싱가포르와 베트남만이 매년 순위가 상승했다.

04

정답 ④

국민연금 전체 운용수익률은 연평균기간이 짧을수록 $5.24\% \rightarrow 3.97\% \rightarrow 3.48\% \rightarrow -0.92\%$로 감소하고 있다.

[오답분석]

① 2023년 운용수익률에서 기타부문은 흑자를 기록했고, 공공부문은 알 수 없다.

② 금융부문 운용수익률은 연평균기간이 짧을수록 감소하고 있다.

③ 공공부문의 경우 11년 연평균(2013~2023년)의 수치만 있으므로 알 수 없다.

⑤ 기간별 연평균으로 분류하여 수익률을 나타내므로 매년 증가하고 있는지 알 수 없다.

05

2022년 11월 공산품 물가지수는 85.71이므로 2021년 11월에 비해 공산품의 물가는 $\frac{(100-85.71)}{100} \times 100 = 14.29\%$ 감소하였음을 알 수 있다. 따라서 공산품 분야의 2021년 11월 물가지수를 250이라고 한다면, 2022년 11월 물가는 $250 \times (1-0.1429) = 214.30$이다.

[오답분석]

① 해당 지수는 2021년 동월 기준이므로, 2021년 11월 정밀기기 분야의 물가지수를 100이라고 하였을 때 2022년 11월 정밀기기 분야의 물가지수는 76.03임을 의미한다. 따라서 2022년 11월 정밀기기 분야의 전년 동월 대비 감소율은 $\frac{100-76.03}{100} \times 100 =$ 23.97%이다.

② 2023년 2월 농산물 분야의 수출물가지수는 2021년 2월 농산물 분야의 물가지수를 기준으로 산출된 것이고, 2022년 2월 수산물 분야의 수출물가지수는 2021년 2월 수산물 분야의 물가지수를 기준으로 산출된 것이므로 기준이 다르기 때문에 비교할 수 없다.

③ 수출물가지수는 2021년 동월의 물가지수를 기준으로 하고 있다. 즉 2023년 1월은 2021년 1월 물가지수 기준, 2022년 12월은 2021년 12월 물가지수를 기준으로 했기 때문에 물가 자체를 비교할 수 없다.

④ 전년 동월 대비 물가가 증가한 분야의 수출물가지수는 100을 초과할 것이다. 2022년 11월과 2022년 12월에 수출물가지수가 100을 넘는 분야는 각각 6개 분야로 동일하다.

06

ㄱ. 초등학생의 경우 남자의 스마트폰 중독 비율이 33.35%로 29.58%인 여자보다 높지만, 중고생의 경우 남자의 스마트폰 중독비율이 32.71%로 32.72%인 여자보다 0.01%p 낮으므로 옳지 않은 설명이다.

ㄷ. 대도시에 사는 초등학생 수를 a명, 중고생 수를 b명, 전체 인원은 $(a+b)$명이라고 할 때 대도시에 사는 학생 중 스마트폰 중독 인원은 다음과 같다.
$0.308 \times a + 0.324 \times b = 0.3195 \times (a+b) \rightarrow 0.0115 \times a = 0.0045 \times b$
$\therefore b = 2.6a$
따라서 대도시에 사는 중고생 수 b가 초등학생 수 a보다 2.6배 많으므로 옳지 않은 설명이다.

ㄹ. 초등학생의 경우 기초수급가구의 스마트폰 중독 비율이 30.35%로, 31.56%인 일반가구의 경우보다 스마트폰 중독 비율이 낮다. 중고생의 경우에도 기초수급가구의 스마트폰 중독 비율이 31.05%로, 32.81%인 일반가구보다 스마트폰 중독 비율이 낮으므로 옳지 않은 설명이다.

[오답분석]

ㄴ. 한 부모·조손 가족의 스마트폰 중독 비율은 초등학생의 경우가 28.83%로, 중고생의 70%인 $31.79 \times 0.7 = 22.3\%$ 이상이다. 따라서 옳은 설명이다.

07

ㄱ. 면적이 넓은 유형의 주택일수록 공사완료 후 미분양된 민간부문 주택이 많은 지역은 인천, 경기 두 곳이다.

ㄴ. 부산의 공사완료 후 미분양된 민간부문 주택 중 면적이 $60 \sim 85\text{m}^2$에 해당하는 주택이 차지하는 비중은 $\frac{179}{395} \times 100 = 45.3\%$로, 면적이 85m^2를 초과하는 주택이 차지하는 비중인 $\frac{133}{395} \times 100 = 33.7\%$보다 10%p 이상 높다.

ㄷ. 면적이 60m^2 미만인 공사완료 후 미분양된 민간부문 주택 수 대비 면적이 $60 \sim 85\text{m}^2$에 해당하는 공사완료 후 미분양된 민간부문 주택 수의 비율은 광주는 $\frac{27}{16} \times 100 = 168.8\%$이고, 울산은 $\frac{56}{38} \times 100 = 147.4\%$이므로 광주가 더 높다.

08

오답분석

② 2020년 연구 인력의 평균 연령 수치는 41.2세이다.
③ 2021년 지원 인력의 평균 연령 수치는 47.1세이다.
④ 범주가 바뀌었다.
⑤ 범주가 바뀌었으며, 일부 수치도 옳지 않다.

09

정답 ⑤

경제지수 대비 행복지수가 크려면, 행복지수가 경제지수에 비해 높고, 그 격차가 커야 한다. 따라서 이에 해당하는 국가는 멕시코이다.

10

정답 ③

합계 출산율은 2015년에 최저치를 기록했다.

오답분석

① 2015년 출생아 수(435천 명)는 2013년 출생아 수(490.5천 명)의 약 0.88배이다.
② 합계 출산율이 일정하게 증가하는 추세는 나타나지 않는다.
④ 2020년에 비해 2021년에는 합계 출산율이 0.014명 증가했다.
⑤ 주어진 그래프로 판단할 수 없다.

11

정답 ③

2015년 대비 2016년에 생산가능인구는 12명 증가했다.

오답분석

① 2017년과 2018년의 변화 추세가 다르다.
② 2014년과 비교했을 때, 2015년에 경제활동인구가 202명으로 가장 많이 감소했다.
④ 분모가 작고, 분자가 크면 비율이 높다. 따라서 고용률이 낮고 실업률이 높은 2018년과 2019년의 비율만 비교하면 된다.

2018년은 $\frac{8.1}{40.5}=0.2$, 2019년은 $\frac{8}{40.3}≒0.1985$이므로 2018년이 높다.

⑤ 2019년과 2020년의 경제활동참가율은 같지만, 전체적으로는 경제활동참가율이 감소하고 있다.

12

정답 ①

화재피해액은 매년 증가하지만, 화재 발생건수는 감소도 하고 증가도 한다. 따라서 비례한다고 볼 수 없다.

오답분석

② 화재피해액은 매년 증가한다.
③ 화재 발생건수는 2021년이 4.9만 건으로 가장 높다.
④ 화재피해액은 2020년까지는 2.8천억 원이었지만, 2021년에 4.3천억 원으로 4천억 원을 넘어섰다.
⑤ 화재 발생건수는 2021년이 가장 높지만, 화재피해액은 2022년이 가장 높다.

13

사고 전·후 이용 가구 수의 차이가 가장 큰 것은 생수이며, 가구 수의 차이는 140−70=70가구이다.

오답분석

① 사고 전에 수돗물을 이용하는 가구 수가 120가구로 가장 많다.

② 사고 전에 비해 사고 후에 수돗물과 약수를 이용하는 가구 수가 감소했다.

③ $\frac{230}{370} \times 100 ≒ 62$%로, 60% 이상이다.

④ 사고 전에 정수를 이용하던 가구 수는 100가구이며, 사고 후에도 정수를 이용하는 가구 수는 50가구이다.
따라서 나머지 50가구는 사고 후 다른 식수 조달원을 이용하므로 적절하지 않다.

14

ㄱ. 자체 재원조달금액 중 국내투자에 사용되는 금액이 차지하는 비중은 $\frac{2,682}{4,025} \times 100 ≒ 66.6$%이므로 옳다.

ㄴ. 해외재원은 국내투자와 해외투자로 양분되나 국내투자분이 없으므로 옳다.

오답분석

ㄷ. 국내재원 중 정부조달금액이 차지하는 비중은 $\frac{2,288}{6,669} \times 100 ≒ 34.3$%이므로 40% 미만이므로 옳지 않다.

ㄹ. 국내재원 중 해외투자금액 대비 국내투자금액의 비율은 $\frac{5,096}{1,573} \times 100 ≒ 323.9$%이므로 3배 이상이므로 옳지 않다.

15

3월에 사고가 가장 많이 발생한 도로 종류는 특별·광역시도이지만, 사망자 수가 가장 많은 도로는 시도이다.

오답분석

① 특별·광역시도의 교통사고 발생 건수는 지속적으로 증가했다.

③ 해당 기간 동안 부상자 수가 감소하는 도로는 없다.

④ 사망자 수가 100명을 초과하는 것은 3월과 4월의 시도가 유일하다.

⑤ 고속국도는 2월부터 4월까지 부상자 수가 746명, 765명, 859명으로 가장 적다.

16

20 ~ 30대 청년들 중에서 자가에 사는 청년은 $\frac{5,657}{80,110} \times 100 ≒ 7.1$%이며, 20대 청년 중에서 자가의 비중은 $\frac{537+795}{13,874+15,258} \times 100 = \frac{1,332}{29,132} \times 100 ≒ 4.6$%이므로 20 ~ 30대 인원 대비 자가 비율보다 20대 청년 중에서 자가가 차지하는 비율이 더 낮다.

오답분석

① 20 ~ 24세 전체 가구 수 중 월세 비중은 $\frac{5,722}{13,874} \times 100 ≒ 41.2$%이고, 자가는 $\frac{537}{13,874} \times 100 ≒ 3.9$%이다.

② 20 ~ 24세를 제외한 연령대 청년 중에서 무상이 차지하는 비중과 월세가 차지하는 비중은 분모가 같으므로 분자의 크기만 비교하면 된다. 따라서 무상은 13,091−5,753=7,338이고, 월세는 45,778−5,722=40,056이므로 월세가 더 크다.

④ 자료를 통해 확인할 수 있다.

⑤ 20 ~ 30대 연령대에서 월세에 사는 25 ~ 29세 연령대가 차지하는 비율은 $\frac{7,853}{80,110} \times 100 ≒ 9.8$%로 10% 미만이다.

17

이온음료는 7월에서 8월로 넘어가면서 판매량이 줄어드는 모습을 보이고 있다.

오답분석

① 맥주의 판매량은 매월 커피 판매량의 2배 이상임을 알 수 있다.
② 3 ~ 5월 판매현황과 6 ~ 8월 판매현황을 비교해볼 때, 모든 캔 음료는 봄보다 여름에 더 잘 팔린다.
③ 3 ~ 5월 판매현황을 보면, 이온음료는 탄산음료보다 더 잘 팔리는 것을 알 수 있다.
④ 맥주가 매월 다른 캔 음료보다 많은 판매량을 보이고 있음을 볼 때, 가장 많은 판매 비중을 보임을 알 수 있다.

18

총전입자 수는 서울이 가장 높지만, 총전입률은 인천이 가장 높다.

오답분석

① 전국의 총전입자 수 중에서 서울의 총전입자 수가 차지하는 비율은 $\frac{132,012}{650,197} \times 100 = 20.3$이므로 20% 이상이다.

② 대구의 총전입률이 1.14%로 가장 낮다.

④ 부산의 총전입자 수는 42,243명으로 광주의 총전입자 수 17,962명의 2배 이상이다.

⑤ 광주의 총전입자 수는 17,962명으로 가장 적다.

19

ㄷ. 2018년 대비 2022년 청소년 비만율의 증가율은 $\frac{26.1-18}{18} \times 100 = 45\%$이다.

ㄹ. 2022년과 2020년의 비만율 차이를 구하면 다음과 같다.
- 유아 : 10.2-5.8=4.4%p
- 어린이 : 19.7-14.5=5.2%p
- 청소년 : 26.1-21.5=4.6%p
따라서 2022년과 2020년의 비만율 차이가 가장 큰 아동은 어린이임을 알 수 있다.

오답분석

ㄱ. 유아의 비만율은 전년 대비 감소하고 있고, 어린이와 청소년의 비만율은 전년 대비 증가하고 있다.

ㄴ. 2019년 이후의 어린이 비만율은 유아보다 크고 청소년보다 작지만, 2018년 어린이 비만율은 9.8%로, 유아 비만율인 11%와 청소년 비만율인 18%보다 작다.

20

2021년 30 ~ 99인 사업체 근로시간은 183.3시간이다. 따라서 ⑤의 그래프가 자료를 나타낸 것으로 옳지 않다.

01	02	03	04	05	06	07	08	09	10
③	③	①	②	③	②	②	⑤	⑤	④

11	12	13	14	15	16	17	18	19	20
②	③	④	③	③	②	⑤	②	②	①

01 　　　　　　　　정답 ③

시속 6km로 뛰어간 거리를 $x$km라 하면, 시속 3km로 걸어간 거리는 $(10-x)$가 된다.

$$\frac{x}{6}+\frac{10-x}{3}=2 \rightarrow x+2\times(10-x)=6\times2 \rightarrow -x=12-20$$

$$\therefore x=8$$

따라서 시속 6km로 뛰어간 거리는 8km이다.

02 　　　　　　　　정답 ③

처음에 퍼낸 소금물의 양을 xg이라고 하면 식은 다음과 같다.

$$\frac{(800-x)\times0.15}{800-x+150}=0.12 \rightarrow 800-x=\frac{0.12}{0.15}\times(950-x) \rightarrow 800-760=x-0.8x$$

$$\therefore x=200$$

따라서 처음에 퍼낸 소금물의 양은 200g이다.

03 　　　　　　　　정답 ①

A, B제품의 원가를 a만 원이라고 하자.

A제품의 정가는 $(a\times1.25)$만 원, B제품은 A제품 정가보다 10% 저렴한 가격이므로 $(a\times1.25\times0.9)$만 원이다.

$$(a\times1.25)\times192+(a\times1.25\times0.9)\times960=6,600 \rightarrow (a\times1.25)\times(192+0.9\times960)=6,600 \rightarrow a\times1.25=\frac{6,600}{1,056}=6.25$$

$$\therefore a=\frac{6.25}{1.25}=5$$

따라서 A제품의 원가는 5만 원이고, 400개의 총원가는 $5\times400=2,000$만 원이다.

04 　　　　　　　　정답 ②

일의 양을 1이라고 하면 A, B가 하루에 할 수 있는 일의 양은 각각 $\frac{1}{4}$, $\frac{1}{6}$이다.

B가 혼자 일해야 하는 기간을 x일이라고 하면 식은 다음과 같다.

$$\frac{1}{4}\times2+\frac{1}{6}\times x=1$$

$$\therefore x=3$$

따라서 B가 혼자 일해야 하는 기간은 3일이다.

05

정답 ③

장난감 A기차와 B기차가 터널을 완전히 지났을 때의 이동거리는 터널의 길이에 기차의 길이를 더한 값이다.
A, B기차의 길이를 각각 $a$cm, $b$cm로 가정하고, 터널을 나오는 데 걸리는 시간에 대한 방정식을 세우면 다음과 같다.
- A기차 길이 : $12 \times 4 = 30 + a \rightarrow 48 = 30 + a \rightarrow a = 18$
- B기차 길이 : $15 \times 4 = 30 + b \rightarrow 60 = 30 + b \rightarrow b = 30$

따라서 A, B기차의 길이는 각각 18cm, 30cm이며, 합은 48cm이다.

06

정답 ②

- A대리(1시간 30분)의 주차요금 계산식 : $5,000 = 2,000 + 3x \rightarrow x = 1,000$
- 거래처 직원(2시간 30분)의 주차요금 계산식 : $11,000 = 2,000 + 6 \times 1,000 + 2y = 8,000 + 2y \rightarrow y = 1,500$

따라서 $x + y = 2,500$이다.

07

정답 ②

30% 설탕물의 양을 xg이라 하면, 증발시킨 후 설탕의 양은 같으므로 $\dfrac{30}{100}x = \dfrac{35}{100} \times (x - 50) \rightarrow x = 350$

즉, 35% 설탕물의 양은 300g이다.

여기에 더 넣을 설탕의 양을 yg이라 하면, $300 \times \dfrac{35}{100} + y = (300 + y) \times \dfrac{40}{100} \rightarrow 10,500 + 100y = 12,000 + 40y$

$\therefore y = 25$

따라서 40g 설탕물을 만들려면 25g의 설탕을 더 넣어야 한다.

08

정답 ⑤

평상시에 12층까지 올라가는 데 걸리는 시간은 엘리베이터를 이용할 때 75초, 비상계단을 이용할 때 410초로, 335초의 차이가 난다.
엘리베이터를 이용하는 것보다 계단을 이용할 때 12층에 빨리 도착하는 시각을 저녁 8시 x분이라 하면 다음과 같다.

$\dfrac{x}{2} \times 35 \geq 335 \rightarrow \dfrac{x}{2} \geq \dfrac{67}{7} \fallingdotseq 9.6$

$\therefore x \geq 19.2$

따라서 정수 단위로 분을 계산하므로, 저녁 8시 20분부터는 계단을 이용하면 12층에 빨리 도착한다.

09

정답 ⑤

7일 중 4일은 수영을 한다고 했으므로 수영을 하는 날을 고르는 경우의 수는 $_7C_4 = \dfrac{7 \times 6 \times 5 \times 4}{4 \times 3 \times 2 \times 1} = 35$가지이다.

다음으로 3일 중 2일은 농구, 야구, 테니스 중 하나씩을 고른다고 했으므로, 이틀을 고르는 경우의 수는 $_3C_2 = 3$가지이고, 세 가지 종목 중 2가지를 고르고, 이틀 동안 계획하는 경우의 수는 $_3C_2 \times 2! = 6$가지이다.
마지막 남은 하루에 계획할 수 있는 운동의 종류는 배드민턴, 검도, 줄넘기 중 하나이므로 3가지이다.
따라서 일주일간 세울 수 있는 계획의 수는 $35 \times 3 \times 6 \times 3 = 1,890$가지이다.

10

정답 ④

총경비를 x만 원이라고 하자.
- 숙박비와 항공권 비용 : $\dfrac{2}{3}x$

- 교통비 : $\left(\dfrac{1}{3}x \times \dfrac{1}{6}\right)$

- 교통비까지 쓰고 남은 경비 : $\left(\dfrac{1}{3}x \times \dfrac{5}{6}\right) = 40$

$\therefore x = 144$

따라서 총경비는 144만 원이다.

11

정답 ②

- 내일 비가 왔을 때 이길 확률 : $\dfrac{2}{5} \times \dfrac{1}{3} = \dfrac{2}{15}$

- 내일 비가 오지 않았을 때 이길 확률 : $\dfrac{3}{5} \times \dfrac{1}{4} = \dfrac{3}{20}$

$\therefore \dfrac{2}{15} + \dfrac{3}{20} = \dfrac{17}{60}$

따라서 내일 축구경기가 이길 확률은 $\dfrac{17}{60}$ 이다.

12

정답 ③

민솔이와 현진이가 만날 때까지 걸린 시간을 x초라고 하면 두 사람이 달린 거리가 같으므로 식을 세우면 다음과 같다.

$7x = 40 + 5x \rightarrow 2x = 40$

$\therefore x = 20$

따라서 두 사람은 출발한 지 20초 후에 만난다.

13

정답 ④

물을 가득 채우는 것을 1이라고 하면 A관은 1분에 $\dfrac{1}{10}$, B관은 1분에 $\dfrac{1}{15}$ 만큼을 채운다.

따라서 두 관을 동시에 사용하면 1분에 $\dfrac{1}{10} + \dfrac{1}{15} = \dfrac{1}{6}$ 만큼을 채울 수 있으므로, 가득 채우는 데 걸리는 시간은 6분이다.

14

정답 ③

농도를 알 수 없는 소금물의 소금 농도를 $x\%$라고 하면 식은 다음과 같다.

$\left(\dfrac{13}{100} \times 400\right) + \left(\dfrac{7}{100} \times 200\right) + \left(\dfrac{x}{100} \times 100\right) = \dfrac{22}{100} \times 700 \rightarrow 52 + 14 + x = 154$

$\therefore x = 88$

따라서 농도를 알 수 없는 소금물의 소금 농도는 88%이다.

15

정답 ③

- 첫 번째 문제를 맞힐 확률 : $\dfrac{1}{5}$

- 첫 번째 문제를 틀릴 확률 : $1 - \dfrac{1}{5} = \dfrac{4}{5}$

- 두 번째 문제를 맞힐 확률 : $\dfrac{2}{5} \times \dfrac{1}{4} = \dfrac{1}{10}$

• 두 번째 문제를 틀릴 확률 : $1 - \dfrac{1}{10} = \dfrac{9}{10}$

따라서 두 문제 중 하나만 맞힐 확률은 $\left(\dfrac{1}{5} \times \dfrac{9}{10}\right) + \left(\dfrac{4}{5} \times \dfrac{1}{10}\right) = \dfrac{13}{50} \times 100 = 26\%$이다.

16

정답 ②

(속력)×(시간)=(거리)이고, 경림이와 소정이가 $2\dfrac{1}{3}$시간 걸어갔을 때 둘 사이의 거리가 24.5km가 되었으므로, 다음과 같다.

$(6+x) \times 2\dfrac{1}{3} = 24.5 \;\rightarrow\; \dfrac{7}{3}x = 10.5$

$\therefore\; x = 4.5$

따라서 경림이의 걸음 속도는 4.5km/h이다.

17

정답 ⑤

위원회를 구성할 수 있는 경우의 수는 학생회장과 A교수가 동시에 뽑히는 경우를 제외한 것과 같다.

전체 인원 12명 중 5명을 뽑는 경우의 수는 $_{12}C_5 = \dfrac{12 \times 11 \times 10 \times 9 \times 8}{5 \times 4 \times 3 \times 2 \times 1} = 792$가지이고, 학생회장과 A교수가 같이 대표로 뽑힐

경우의 수는 12명 중 이 2명을 제외한 10명에서 3명을 뽑는 경우이므로 $_{10}C_3 = \dfrac{10 \times 9 \times 8}{3 \times 2 \times 1} = 120$가지이다.

따라서 위원회를 구성하는 경우의 수는 $792 - 120 = 672$가지이다.

18

정답 ②

A와 B, B와 C가 각각 3살 차이가 나므로 B의 나이를 x세라 하면 A의 나이는 $x+3$세, C는 $x-3$세이다.

3년 후 C의 나이가 A의 $\dfrac{2}{3}$이므로, 식을 세우면 다음과 같다.

$\dfrac{2}{3}(x+3+3) = x-3+3 \;\rightarrow\; \dfrac{1}{3}x = 4$

$\therefore\; x = 12$

따라서 B는 12세, A는 $12+3=15$세, C는 $12-3=9$세이므로 A, B, C의 나이를 모두 더하면 $15+12+9=36$이다.

19

정답 ②

톱니바퀴 수와 톱니바퀴의 회전수는 서로 반비례 관계이며 서로의 곱은 일정하다.

따라서 A는 6(톱니수)×12(회전수)=72로 일정하므로 B는 $\dfrac{72}{8} = 9$회전하고, D는 $\dfrac{72}{12} = 6$회전한다.

20

정답 ①

3%의 소금물을 xg이라고 하면 다음과 같다.

$\dfrac{8}{100} \times 400 + \dfrac{3}{100} \times x = \dfrac{5}{100}(400+x) \;\rightarrow\; 3{,}200 + 3x = 2{,}000 + 5x$

$\rightarrow\; 2x = 1{,}200$

$\therefore\; x = 600$

따라서 3%의 소금물 600g을 넣어야 한다.

01	02	03	04	05	06	07	08	09	10
④	③	①	①	②	③	④	③	②	④
11	12	13	14	15	16	17	18	19	20
⑤	③	④	①	⑤	③	④	④	②	⑤

01

정답 ④

'낡은 것을 버리다.'를 p, '새로운 것을 채우다.'를 q, '더 많은 세계를 경험하다.'를 r이라고 하면, 첫 번째 명제는 $p \rightarrow q$이며, 마지막 명제는 $\sim q \rightarrow \sim r$이다. 이때, 첫 번째 명제의 대우는 $\sim q \rightarrow \sim p$이므로 마지막 명제가 참이 되기 위해서는 $\sim p \rightarrow \sim r$이 필요하다. 따라서 빈칸에 들어갈 명제는 $\sim p \rightarrow \sim r$인 ④이다.

02

정답 ③

'A세포가 있다.'를 p, '물체의 상을 감지하다.'를 q, 'B세포가 있다.'를 r, '빛의 유무를 감지하다.'를 s라 하면, 첫 번째, 두 번째, 마지막 명제는 각각 $p \rightarrow \sim q$, $\sim r \rightarrow q$, $p \rightarrow s$이다. 첫 번째 명제와 두 번째 명제의 대우에 따라 $p \rightarrow \sim q \rightarrow r$이 되어 $p \rightarrow r$이 성립하고, 마지막 명제가 $p \rightarrow s$가 되기 위해서는 $r \rightarrow s$가 추가로 필요하다. 따라서 빈칸에 들어갈 명제는 $r \rightarrow s$인 ③이다.

03

정답 ①

첫 번째 명제의 대우 명제는 '팀플레이가 안 되면 승리하지 못한다.'이다. 삼단논법이 성립하려면 '패스하지 않으면 팀플레이가 안 된다.'라는 명제가 필요한데, 이 명제의 대우 명제는 ①이다.

04

정답 ①

오른쪽 끝자리에는 30대 남성이, 왼쪽에서 두 번째 자리에는 40대 남성이 앉으므로 네 번째 조건에 따라 30대 여성은 왼쪽에서 네 번째 자리에 앉아야 한다. 이때, 40대 여성은 왼쪽에서 첫 번째 자리에 앉아야 하므로 남은 자리에 20대 남녀가 앉을 수 있다.

ⅰ) 경우 1

40대 여성	40대 남성	20대 여성	30대 여성	20대 남성	30대 남성

ⅱ) 경우 2

40대 여성	40대 남성	20대 남성	30대 여성	20대 여성	30대 남성

따라서 항상 옳은 것은 ①이다.

05

정답 ②

B가 과장이므로 대리가 아닌 A는 부장의 직책을 가진다.

오답분석

조건에 따라 A, B, C, D의 사무실 위치를 정리하면 다음과 같다.

구분	2층	3층	4층	5층
경우 1	부장	B과장	대리	A부장
경우 2	B과장	대리	부장	A부장
경우 3	B과장	부장	대리	A부장

① A부장 외의 또 다른 부장은 2층, 3층 또는 4층에 근무한다.
③ 대리는 3층 또는 4층에 근무한다.
④ B는 2층 또는 3층에 근무한다.
⑤ C의 직책은 알 수 없다.

06

• 운동을 좋아하는 사람 → 담배를 좋아하지 않음 → 커피를 좋아하지 않음 → 주스를 좋아함
• 과일을 좋아하는 사람 → 커피를 좋아하지 않음 → 주스를 좋아함
따라서 ③은 추론할 수 없다.

오답분석
① 1번째 명제와 2번째 명제의 대우로 추론할 수 있다.
② 3번째 명제의 대우와 2번째 명제로 추론할 수 있다.
④ 1번째 명제, 2번째 명제의 대우, 3번째 명제로 추론할 수 있다.
⑤ 4번째 명제와 3번째 명제로 추론할 수 있다.

07

정답 ④

먼저 첫 번째 조건과 두 번째 조건에 따라 6명의 신입 사원을 부서별로 1명, 2명, 3명으로 나누어 배치한다. 이때, 세 번째 조건에 따라 기획부에 3명, 구매부에 1명이 배치되므로 인사부에는 2명의 신입 사원이 배치된다. 또한 1명이 배치되는 구매부에는 마지막 조건에 따라 여자 신입 사원이 배치될 수 없으므로 반드시 1명의 남자 신입 사원이 배치된다. 남은 5명의 신입 사원을 기획부와 인사부에 배치하는 방법은 다음과 같다.

구분	기획부(3명)	인사부(2명)	구매부(1명)
경우 1	남자 1명, 여자 2명	남자 2명	남자 1명
경우 2	남자 2명, 여자 1명	남자 1명, 여자 1명	

경우 1에서는 인사부에 남자 신입 사원만 배치되므로 '인사부에는 반드시 여자 신입 사원이 배치된다.'의 ④는 옳지 않다.

08

정답 ③

'한씨'를 'A', '부동산을 구두로 양도했다.'를 'B', '무효'를 'C'라고 하자.

구분	명제	대우
전제1	A → B	~B → ~A
결론	A → C	~C → ~A

전제1이 결론으로 연결되려면, 전제2는 'B → C'가 되어야 한다. 따라서 전제2는 '부동산을 구두로 양도하면, 무효다.'인 ③이다.

09

정답 ②

'봄이 온다.'를 'A', '꽃이 핀다.'를 'B', '제비가 돌아온다.'를 'C'라고 하자.

구분	명제	대우
전제1	A → B	~B → ~A
결론	A → C	~C → ~A

전제1이 결론으로 연결되려면, 전제2는 'B → C'나 '~C → ~B'가 되어야 한다. 따라서 전제2는 '제비가 돌아오지 않으면, 꽃이 피지 않는다.'인 ②이다.

10

'연예인이 모델이다.'를 '연', '매출액이 증가한다.'를 '매', '브랜드 인지도가 높아진다.'를 '브'라고 하자.

구분	명제	대우
전제1	연 → 매	매× → 연×
결론	연 → 브	브× → 연×

전제1이 결론으로 연결되려면, 전제2는 '매 → 브'가 되어야 한다. 따라서 전제2는 '매출액이 증가하면, 브랜드 인지도가 높아진다.' 인 ④이다.

11

월요일부터 토요일까지 각 팀의 회의 진행 횟수가 같으므로 6일 동안 6개 팀은 각각 두 번씩 회의를 진행해야 한다. 주어진 조건에 따라 A ~ F팀의 회의 진행 요일을 정리하면 다음과 같다.

월	화	수	목	금	토
C, B	D, B	C, E D, E	A, F	A, F	D, E C, E

따라서 F팀은 목요일과 금요일에 회의를 진행함을 알 수 있다.

[오답분석]
① E팀은 수요일과 토요일에 모두 회의를 진행한다.
② 화요일에 회의를 진행한 팀은 B팀과 D팀이다.
③ C팀과 E팀은 수요일과 토요일 중 하루는 함께 회의를 진행한다.
④ C팀은 월요일에 한 번 회의를 진행하였고, 수요일 또는 토요일 중 하루만 회의를 진행한다.

12

주어진 조건에 따라 A ~ D업체가 유통하는 재료를 정리하면 다음과 같다.

구분	A업체	B업체	C업체	D업체
커피 원두	○	○	○	
우유	○	○	×	×
아이스크림	×	×	○	
팥	○	×	○	○
딸기	×	○	×	○

위 자료처럼 D업체가 유통하는 재료가 전부 정해지지 않았어도, 모든 업체가 유통하는 재료는 커피 원두임을 알 수 있다. 따라서 D업체는 커피 원두를 유통하고, 아이스크림을 유통하지 않는다.
이를 바탕으로 A ~ D업체가 담당할 수 있는 메뉴는 다음과 같다.
• A업체 : 카페라테
• B업체 : 카페라테, 딸기라테
• C업체 : 아포가토, 팥빙수
• D업체 : 없음
따라서 서로 다른 메뉴를 담당하면서 4가지 메뉴의 재료를 유통할 수 있는 업체는 B업체와 C업체뿐이므로 S씨는 B업체와 C업체를 선정한다.

13

8조각으로 나누어져 있는 피자 3판을 6명이 같은 양으로 나누어 먹으려면 한 사람당 8×3÷6=4조각씩 먹어야 한다.

A, B, E는 같은 양을 먹었으므로 A, B, E가 1조각, 2조각, 3조각, 4조각을 먹었을 때로 나누어볼 수 있다.

ⅰ) A, B, E가 1조각을 먹었을 때

　　A, B, E를 제외한 나머지는 모두 먹은 양이 달랐으므로 D, F, C는 각각 4, 3, 2조각을 먹었을 것이다.

　　하지만 6조각이 남았다고 했으므로 24−6=18조각을 먹었어야 하는데 총 1+1+1+4+3+2=12조각이므로 옳지 않다.

ⅱ) A, B, E가 2조각을 먹었을 때

　　2+2+2+4+3+1=14조각이므로 옳지 않다.

ⅲ) A, B, E가 3조각을 먹었을 때

　　3+3+3+4+2+1=16조각이므로 옳지 않다.

ⅳ) A, B, E가 4조각을 먹었을 때

　　4+4+4+3+2+1=18조각이므로 A, B, E는 4조각씩 먹었음을 알 수 있다.

F는 D보다 적게 먹었으며, C보다는 많이 먹었다고 하였으므로 C가 1조각, F가 2조각, D가 3조각을 먹었다.

따라서 2조각을 더 먹어야 하는 사람은 현재 2조각을 먹은 F이다.

14

ⅰ) C가 참이면 D도 참이므로 C, D는 모두 참을 말하거나 모두 거짓을 말한다. 그런데 A와 E의 진술이 서로 모순이므로 둘 중에 한 명은 참이고 다른 한 명은 거짓인데, 만약 C, D가 모두 참이면 참을 말한 사람이 적어도 3명이 되므로 2명만 참을 말한다는 조건에 맞지 않는다. 따라서 C, D는 모두 거짓을 말한다.

ⅱ) ⅰ)에서 C와 D가 모두 거짓을 말하고, A와 E 중 한 명은 참, 다른 한 명은 거짓을 말한다. 따라서 B는 참을 말한다.

ⅲ) ⅱ)에 따라 A와 B가 참이거나 B와 E가 참이다. 그런데 A는 '나와 E만 범행 현장에 있었다.'고 했으므로 B의 진술(참)인 '목격자는 2명이다'와 모순된다(목격자가 2명이면 범인을 포함해서 3명이 범행 현장에 있어야 하므로). 또한 A가 참일 경우, A의 진술 중 '나와 E만 범행 현장에 있었다.'는 참이면서 E의 '나는 범행 현장에 있었고'는 거짓이 되므로 모순이 된다.

따라서 B와 E가 참이므로, E의 진술에 따라 A가 범인이다.

15

명제가 참이면 대우 명제도 참이므로 두 번째 명제의 대우 명제인 '배를 좋아하지 않으면 귤을 좋아하지 않는다.' 역시 참이다. 첫 번째, 세 번째 명제에 따라 '사과를 좋아함 → 배를 좋아하지 않음 → 귤을 좋아하지 않음 → 오이를 좋아함'이 성립한다. 따라서 '사과를 좋아하면 오이를 좋아한다.'가 성립한다.

16

명제가 참이면 대우 명제도 참이다. 즉, '을이 좋아하는 과자는 갑이 싫어하는 과자이다.'가 참이면 '갑이 좋아하는 과자는 을이 싫어하는 과자이다.'도 참이다. 따라서 갑은 비스킷을 좋아하고, 을은 비스킷을 싫어한다.

17

$p=$'도보로 걸음', $q=$'자가용 이용', $r=$'자전거 이용', $s=$'버스 이용'이라고 하면 $p \rightarrow \sim q$, $r \rightarrow q$, $\sim r \rightarrow s$이며, 두 번째 명제의 대우인 $\sim q \rightarrow \sim r$이 성립함에 따라 $p \rightarrow \sim q \rightarrow \sim r \rightarrow s$가 성립한다. 따라서 '도보로 걷는 사람은 버스를 탄다.'는 명제는 반드시 참이다.

18

D가 산악회 회원인 경우와 아닌 경우로 나누어보면 다음과 같다.

ⅰ) D가 산악회 회원인 경우
네 번째 조건에 따라 D가 산악회 회원이면 B와 C도 산악회 회원이 되며, A는 두 번째 조건의 대우에 따라 산악회 회원이 될 수 없다. 따라서 B, C, D가 산악회 회원이다.

ⅱ) D가 산악회 회원이 아닌 경우
세 번째 조건에 따라 D가 산악회 회원이 아니면 B가 산악회 회원이 아니거나 C가 산악회 회원이어야 한다. 그러나 첫 번째 조건의 대우에 따라 C는 산악회 회원이 될 수 없으므로 B가 산악회 회원이 아님을 알 수 있다. 따라서 B, C, D 모두 산악회 회원이 아니다. 이때 최소 1명 이상은 산악회 회원이어야 하므로 A는 산악회 회원이다.

따라서 항상 옳은 것은 ④이다.

19

주어진 조건에 따라 머리가 긴 순서대로 나열하면 '슬기 – 민경 – 경애 – 정서 – 수영'이 된다.
따라서 슬기의 머리가 가장 긴 것을 알 수 있다.

[오답분석]
① 경애가 단발머리인지는 주어진 조건만으로 알 수 없다.

20

B와 D는 동시에 참말 혹은 거짓말을 한다. A와 C의 장소에 대한 진술이 모순되기 때문에 B와 D는 참말을 하고 있음이 틀림없다. 따라서 B, D와 진술 내용이 다른 E는 무조건 거짓말을 하고 있는 것이고, 거짓말을 하고 있는 사람은 두 명이므로 A와 C 중 한 명은 거짓말을 하고 있다. A가 거짓말을 하는 경우 A, B, C 모두 부산에 있었고, D는 참말을 하였으므로 범인은 E가 된다. 또한 C가 거짓말을 하는 경우 A, B, C는 모두 학교에 있었고, D는 참말을 하였으므로 범인은 역시 E가 된다.

01	02	03	04	05	06	07	08	09	10
③	②	③	②	③	②	②	④	③	④
11	12	13	14	15	16	17	18	19	20
①	③	④	①	③	①	③	⑤	③	③

01

정답 ③

앞의 항이 $\dfrac{B}{A}$일 때 다음 항은 $\dfrac{A-1}{A \times B}$인 수열이다.

따라서 ( )$=\dfrac{59}{60 \times 11}=\dfrac{59}{660}$이다.

02

정답 ②

앞의 항에 2.5, 3.5, 4.5, 5.5, …을 더하는 수열이다.
따라서 ( )$=-1+4.5=3.5$이다.

03

정답 ③

(앞의 항)$\times \dfrac{2}{3} =$(뒤의 항)인 수열이다.

따라서 ( )$=\dfrac{2}{7} \times \dfrac{3}{2}=\dfrac{3}{7}$이다.

04

정답 ②

분자는 $\times 3$, 분모는 $+4$, $+8$, $+12$, $+16$, $+20$, …을 하는 수열이다.

따라서 ( )$=\dfrac{243 \times 3}{57+20}=\dfrac{729}{77}$이다.

05

정답 ③

홀수 항은 $\times 5$를 하고, 짝수 항은 $+7$을 하는 수열이다.
따라서 ( )$=50 \times 5=250$이다.

06

정답 ②

앞의 항에 3의 제곱수 3, 9, 27, 81, 243, …를 더하는 수열이다.
따라서 ( )$=125+243=368$이다.

07

정답 ②

앞의 항에 소수 2, 3, 5, 7, 11, …를 더하는 수열이다.

따라서 (　)=11+7=18이다.

08

정답 ④

11, 12, 13, 14, 15의 제곱수를 나열한 수열이다.

따라서 (　)=14^2=196이다.

09

정답 ③

앞의 항에 1, 2, 4, 8, 16, 32, …을 더하는 수열이다.

따라서 (　)=33+32=65이다.

10

정답 ④

{(앞의 항)+7}×2=(뒤의 항)인 수열이다.

따라서 (　)=(178+7)×2=370이다.

11

정답 ①

×(-2), +4가 반복되는 수열이다.

따라서 (　)=2÷(-2)=-1이다.

12

정답 ③

$+1^2$, $+2^2$, $+3^2$, $+4^2$, $+5^2$,…인 수열이다.

따라서 (　)=57+6^2=93이다.

13

정답 ④

나열된 수를 각각 A, B, C라고 하면 다음과 같은 식이 성립한다.

$\underline{A\ B\ C} \rightarrow A^2+B^2=C$

따라서 (　)=$\sqrt{74-5^2} = \sqrt{49}$ =7이다.

14

정답 ①

나열된 수를 각각 A, B, C라고 하면 다음과 같은 식이 성립한다.

$\underline{A\ B\ C} \rightarrow (A+B)\times5=C$

따라서 (　)=60÷5-10=20이다.

15

정답 ③

나열된 수를 각각 A, B, C라고 하면 다음과 같은 식이 성립한다.
$\underline{A\ B\ C} \to (A+B) \div 3 = C$
따라서 (　)$=6 \times 3 - 8 = 10$이다.

16

정답 ①

나열된 수를 각각 A, B, C라고 하면 다음과 같은 식이 성립한다.
$\underline{A\ B\ C} \to (A \div B) + 1 = C$
따라서 (　)$=10 \div (6-1) = 2$이다.

17

정답 ③

분모는 11의 배수, 분자는 -5를 하는 수열이다.

101번째 항의 분모는 $11 \times 101 = 1,111$이고, 101번째 항의 분자는 $7 + (-5) \times 100 = -493$이므로 101번째 항은 $-\dfrac{493}{1,111}$이다.

18

정답 ⑤

앞의 항에 $+7$, $+13$, $+19$, $+25$, …을 더하는 수열이다.
수열의 일반항을 a_n이라고 하면, 다음과 같다.

- $a_8 = 138 + 43 = 181$
- $a_9 = 181 + 49 = 230$
- $a_{10} = 230 + 55 = 285$
- $a_{11} = 285 + 61 = 346$
- $a_{12} = 346 + 67 = 413$
- $a_{13} = 413 + 73 = 486$
- $a_{14} = 486 + 79 = 565$
- $a_{15} = 565 + 85 = 650$

따라서 15번째 항의 값은 650이다.

19

정답 ③

홀수 항은 -2를 하고, 짝수 항은 $\times 2$를 하는 수열이다.
따라서 제시된 수열의 2,023번째 항의 값은 $-3 + \{(-2) \times 1,011\} = -3 + (-2,022) = -2,025$이다.

20

정답 ③

앞의 항에 -5, $+10$, -20, $+40$, …을 하는 수열이다. 수열의 일반항을 a_n이라 하면, 다음과 같다.

- $a_9 = 785 + 640 = 1,425$
- $a_{10} = 1,425 - 1,280 = 145$
- $a_{11} = 145 + 2,560 = 2,705$

따라서 11번째 항의 값은 2,705이다.

SKCT SK그룹 모의고사 답안카드

※ 절취선을 따라 분리하여 실제 시험과 같이 사용하면 더욱 효과적입니다.

문번	언어이해 1 2 3 4 5		문번	자료해석 1 2 3 4 5		문번	창의수리 1 2 3 4 5		문번	언어추리 1 2 3 4 5		문번	수열추리 1 2 3 4 5
1	① ② ③ ④ ⑤		1	① ② ③ ④ ⑤		1	① ② ③ ④ ⑤		1	① ② ③ ④ ⑤		1	① ② ③ ④ ⑤
2	① ② ③ ④ ⑤		2	① ② ③ ④ ⑤		2	① ② ③ ④ ⑤		2	① ② ③ ④ ⑤		2	① ② ③ ④ ⑤
3	① ② ③ ④ ⑤		3	① ② ③ ④ ⑤		3	① ② ③ ④ ⑤		3	① ② ③ ④ ⑤		3	① ② ③ ④ ⑤
4	① ② ③ ④ ⑤		4	① ② ③ ④ ⑤		4	① ② ③ ④ ⑤		4	① ② ③ ④ ⑤		4	① ② ③ ④ ⑤
5	① ② ③ ④ ⑤		5	① ② ③ ④ ⑤		5	① ② ③ ④ ⑤		5	① ② ③ ④ ⑤		5	① ② ③ ④ ⑤
6	① ② ③ ④ ⑤		6	① ② ③ ④ ⑤		6	① ② ③ ④ ⑤		6	① ② ③ ④ ⑤		6	① ② ③ ④ ⑤
7	① ② ③ ④ ⑤		7	① ② ③ ④ ⑤		7	① ② ③ ④ ⑤		7	① ② ③ ④ ⑤		7	① ② ③ ④ ⑤
8	① ② ③ ④ ⑤		8	① ② ③ ④ ⑤		8	① ② ③ ④ ⑤		8	① ② ③ ④ ⑤		8	① ② ③ ④ ⑤
9	① ② ③ ④ ⑤		9	① ② ③ ④ ⑤		9	① ② ③ ④ ⑤		9	① ② ③ ④ ⑤		9	① ② ③ ④ ⑤
10	① ② ③ ④ ⑤		10	① ② ③ ④ ⑤		10	① ② ③ ④ ⑤		10	① ② ③ ④ ⑤		10	① ② ③ ④ ⑤
11	① ② ③ ④ ⑤		11	① ② ③ ④ ⑤		11	① ② ③ ④ ⑤		11	① ② ③ ④ ⑤		11	① ② ③ ④ ⑤
12	① ② ③ ④ ⑤		12	① ② ③ ④ ⑤		12	① ② ③ ④ ⑤		12	① ② ③ ④ ⑤		12	① ② ③ ④ ⑤
13	① ② ③ ④ ⑤		13	① ② ③ ④ ⑤		13	① ② ③ ④ ⑤		13	① ② ③ ④ ⑤		13	① ② ③ ④ ⑤
14	① ② ③ ④ ⑤		14	① ② ③ ④ ⑤		14	① ② ③ ④ ⑤		14	① ② ③ ④ ⑤		14	① ② ③ ④ ⑤
15	① ② ③ ④ ⑤		15	① ② ③ ④ ⑤		15	① ② ③ ④ ⑤		15	① ② ③ ④ ⑤		15	① ② ③ ④ ⑤
16	① ② ③ ④ ⑤		16	① ② ③ ④ ⑤		16	① ② ③ ④ ⑤		16	① ② ③ ④ ⑤		16	① ② ③ ④ ⑤
17	① ② ③ ④ ⑤		17	① ② ③ ④ ⑤		17	① ② ③ ④ ⑤		17	① ② ③ ④ ⑤		17	① ② ③ ④ ⑤
18	① ② ③ ④ ⑤		18	① ② ③ ④ ⑤		18	① ② ③ ④ ⑤		18	① ② ③ ④ ⑤		18	① ② ③ ④ ⑤
19	① ② ③ ④ ⑤		19	① ② ③ ④ ⑤		19	① ② ③ ④ ⑤		19	① ② ③ ④ ⑤		19	① ② ③ ④ ⑤
20	① ② ③ ④ ⑤		20	① ② ③ ④ ⑤		20	① ② ③ ④ ⑤		20	① ② ③ ④ ⑤		20	① ② ③ ④ ⑤

※ 본 답안카드는 마킹연습용 모의 답안카드입니다.

고사장

성 명

수 험 번 호

| ⊖ ① ② ③ ④ ⑤ ⑥ ⑦ ⑧ ⑨ |
| ⊖ ① ② ③ ④ ⑤ ⑥ ⑦ ⑧ ⑨ |
| ⊖ ① ② ③ ④ ⑤ ⑥ ⑦ ⑧ ⑨ |
| ⊖ ① ② ③ ④ ⑤ ⑥ ⑦ ⑧ ⑨ |
| ⊖ ① ② ③ ④ ⑤ ⑥ ⑦ ⑧ ⑨ |
| ⊖ ① ② ③ ④ ⑤ ⑥ ⑦ ⑧ ⑨ |
| ⊖ ① ② ③ ④ ⑤ ⑥ ⑦ ⑧ ⑨ |
| ⊖ ① ② ③ ④ ⑤ ⑥ ⑦ ⑧ ⑨ |

감독위원 확인

㊞

SKCT SK그룹 모의고사 답안카드

고사장	

성 명	

수 험 번 호

⓪	⓪	⓪	⓪	⓪	⓪	⓪
①	①	①	①	①	①	①
②	②	②	②	②	②	②
③	③	③	③	③	③	③
④	④	④	④	④	④	④
⑤	⑤	⑤	⑤	⑤	⑤	⑤
⑥	⑥	⑥	⑥	⑥	⑥	⑥
⑦	⑦	⑦	⑦	⑦	⑦	⑦
⑧	⑧	⑧	⑧	⑧	⑧	⑧
⑨	⑨	⑨	⑨	⑨	⑨	⑨

감독위원 확인	
(인)	

언어이해

문번	1	2	3	4	5
1	①	②	③	④	⑤
2	①	②	③	④	⑤
3	①	②	③	④	⑤
4	①	②	③	④	⑤
5	①	②	③	④	⑤
6	①	②	③	④	⑤
7	①	②	③	④	⑤
8	①	②	③	④	⑤
9	①	②	③	④	⑤
10	①	②	③	④	⑤
11	①	②	③	④	⑤
12	①	②	③	④	⑤
13	①	②	③	④	⑤
14	①	②	③	④	⑤
15	①	②	③	④	⑤
16	①	②	③	④	⑤
17	①	②	③	④	⑤
18	①	②	③	④	⑤
19	①	②	③	④	⑤
20	①	②	③	④	⑤

자료해석

문번	1	2	3	4	5
1	①	②	③	④	⑤
2	①	②	③	④	⑤
3	①	②	③	④	⑤
4	①	②	③	④	⑤
5	①	②	③	④	⑤
6	①	②	③	④	⑤
7	①	②	③	④	⑤
8	①	②	③	④	⑤
9	①	②	③	④	⑤
10	①	②	③	④	⑤
11	①	②	③	④	⑤
12	①	②	③	④	⑤
13	①	②	③	④	⑤
14	①	②	③	④	⑤
15	①	②	③	④	⑤
16	①	②	③	④	⑤
17	①	②	③	④	⑤
18	①	②	③	④	⑤
19	①	②	③	④	⑤
20	①	②	③	④	⑤

창의수리

문번	1	2	3	4	5
1	①	②	③	④	⑤
2	①	②	③	④	⑤
3	①	②	③	④	⑤
4	①	②	③	④	⑤
5	①	②	③	④	⑤
6	①	②	③	④	⑤
7	①	②	③	④	⑤
8	①	②	③	④	⑤
9	①	②	③	④	⑤
10	①	②	③	④	⑤
11	①	②	③	④	⑤
12	①	②	③	④	⑤
13	①	②	③	④	⑤
14	①	②	③	④	⑤
15	①	②	③	④	⑤
16	①	②	③	④	⑤
17	①	②	③	④	⑤
18	①	②	③	④	⑤
19	①	②	③	④	⑤
20	①	②	③	④	⑤

언어추리

문번	1	2	3	4	5
1	①	②	③	④	⑤
2	①	②	③	④	⑤
3	①	②	③	④	⑤
4	①	②	③	④	⑤
5	①	②	③	④	⑤
6	①	②	③	④	⑤
7	①	②	③	④	⑤
8	①	②	③	④	⑤
9	①	②	③	④	⑤
10	①	②	③	④	⑤
11	①	②	③	④	⑤
12	①	②	③	④	⑤
13	①	②	③	④	⑤
14	①	②	③	④	⑤
15	①	②	③	④	⑤
16	①	②	③	④	⑤
17	①	②	③	④	⑤
18	①	②	③	④	⑤
19	①	②	③	④	⑤
20	①	②	③	④	⑤

수열추리

문번	1	2	3	4	5
1	①	②	③	④	⑤
2	①	②	③	④	⑤
3	①	②	③	④	⑤
4	①	②	③	④	⑤
5	①	②	③	④	⑤
6	①	②	③	④	⑤
7	①	②	③	④	⑤
8	①	②	③	④	⑤
9	①	②	③	④	⑤
10	①	②	③	④	⑤
11	①	②	③	④	⑤
12	①	②	③	④	⑤
13	①	②	③	④	⑤
14	①	②	③	④	⑤
15	①	②	③	④	⑤
16	①	②	③	④	⑤
17	①	②	③	④	⑤
18	①	②	③	④	⑤
19	①	②	③	④	⑤
20	①	②	③	④	⑤

2024 최신판 SD에듀 유튜브로 쉽게 배우는 5일 특강 SKCT SK그룹 온라인 종합역량검사

개정6판1쇄 발행	2024년 05월 20일 (인쇄 2024년 04월 22일)
초 판 발 행	2020년 04월 30일 (인쇄 2020년 04월 16일)
발 행 인	박영일
책 임 편 집	이해욱
편 저	SDC(Sidae Data Center)
편 집 진 행	안희선 · 신주희
표지디자인	김지수
편집디자인	최미란 · 남수영
발 행 처	(주)시대고시기획
출 판 등 록	제10-1521호
주 소	서울시 마포구 큰우물로 75 [도화동 538 성지 B/D] 9F
전 화	1600-3600
팩 스	02-701-8823
홈 페 이 지	www.sdedu.co.kr
I S B N	979-11-383-7121-6 (13320)
정 가	20,000원

※ 이 책은 저작권법의 보호를 받는 저작물이므로 동영상 제작 및 무단전재와 배포를 금합니다.
※ 잘못된 책은 구입하신 서점에서 바꾸어 드립니다.

유튜브로 쉽게 배우는

5일 특강
SKCT

SK그룹 온라인
종합역량검사

정답 및 해설

시대교육그룹

(주)시대고시기획 시대교육(주)	고득점 합격 노하우를 집약한 최고의 전략 수험서 **www.sidaegosi**.com
시대에듀	자격증 · 공무원 · 취업까지 분야별 BEST 온라인 강의 **www.sdedu**.co.kr
이슈&시사상식	최신 주요 시사이슈와 취업 정보를 담은 취준생 시사지 **격월 발행**
나우	외국어 · IT · 취미 · 요리 생활 밀착형 교육 연구 **실용서 전문 브랜드**

꿈을 지원하는 행복…

여러분이 구입해 주신 도서 판매수익금의 일부가
국군장병 1인 1자격 취득 및 학점취득 지원사업과
낙도 도서관 지원사업에 쓰이고 있습니다.

대기업 인적성 "기출이 답이다" 시리즈

역대 기출문제와 주요기업 기출문제를 한 권에! 합격을 위한

Only Way!

대기업 인적성 "봉투모의고사" 시리즈

실제 시험과 동일하게 마무리! 합격으로 가는

Last Spurt!

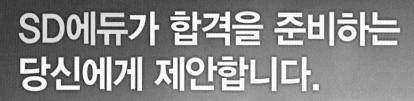